古代歷史文化 研究輯刊

十二編

王明蓀 主編

第 **13** 冊

盛宣懷近代化思想與官督商辦模式研究
——對洋務運動的一種重新評價

徐 晨 著

國家圖書館出版品預行編目資料

盛宣懷近代化思想與官督商辦模式研究——對洋務運動的一種重新
評價／徐晨 著 – 初版 – 新北市：花木蘭文化出版社，2014〔民 103〕
目 4+184 面；19×26 公分
（古代歷史文化研究輯刊 十二編；第 13 冊）
ISBN 978-986-322-893-6（精裝）
1.（清）盛宣懷 2.學術思想 3.自強運動
618   103013899

ISBN-978-986-322-893-6

9 789863 228936

古代歷史文化研究輯刊
十二編　第十三冊　　　　　　　ISBN：978-986-322-893-6

盛宣懷近代化思想與官督商辦模式研究
——對洋務運動的一種重新評價

作　　　者　徐　晨
主　　　編　王明蓀
總 編 輯　杜潔祥
副總編輯　楊嘉樂
編　　　輯　許郁翎
出　　　版　花木蘭文化出版社
社　　　長　高小娟
聯絡地址　235 新北市中和區中安街七二號十三樓
　　　　　　電話：02-2923-1455 ／傳眞：02-2923-1452
網　　　址　http://www.huamulan.tw 信箱 hml 810518@gmail.com
印　　　刷　普羅文化出版廣告事業
初　　　版　2014 年 9 月
定　　　價　十二編 20 冊（精裝）新台幣 38,000 元

盛宣懷近代化思想與官督商辦模式研究
——對洋務運動的一種重新評價

徐 晨 著

作者簡介

徐晨，男，1974 年生人。2010 年獲南開大學哲學博士學位。祖籍江都，西安生長，天津讀博，蝸居北京。現為對外經濟貿易大學公共管理學院公共經濟系教師。2011 年至 2012 年，以訪問學者的身份分別在奧地利維也納大學與瑞士高級公共管理學院訪學。

提　　要

　　洋務運動是在危機與困境中中國人首次在思想 制度和器物層面上全面「回應」的一場改革。長期以來，國人對「用機器興實業」的典型即盛宣懷及其所實踐的官督商辦模式存在觀點上的分歧。雖然他具有完整且初步的國家近代化思想，並先後首創多個新式工商企業，主張通過經濟改革實現國家富強，但同時也由於堅定地主張國家在近代化過程中的主導地位和作用而被質疑。

　　通過現代化視角的審視，本書認為，洋務運動的經驗和教訓都說明了在後發型現代化國家的現代轉變中，國家居於核心的不可替代的積極作用，因此不可對傳統政治及其中體西用思想作單純的否定；另一方面，經濟基礎是現代化這一歷史進程的最終動力源泉，在充滿自發性活力的經濟社會和國家層面的調適上，中國近代化思想由於多種原因存在著難以克服的思維局限和社會基礎，官商之間或者說政企之間難以建立良性互動的現代化推動機制，甚至有走入誤區的危險。本書從生產方式變遷和國家社會關係構建的角度對洋務運動進行新的評價，重點分析了官督商辦在中國近代社會轉型中所引發的思想表現、深刻影響以及現代化轉型過程中政府權力的功能和職責，以此來揭示政府與市場、企業的關係在中國思想語境下的現實意義，呈現出中國近代化思想變遷發展的一個側面真實的面貌。

目

次

緒　論 ……………………………………………………………… 1

一、盛宣懷近代化思想與官督商辦研究綜述 ……………… 1

（一）盛宣懷生平簡介 ……………………………… 1

（二）盛宣懷近代化思想研究綜述 ……………… 5

（三）官督商辦研究綜述 ………………………… 9

（四）存在問題 …………………………………… 19

二、選題意義 …………………………………………… 20

三、研究創新 …………………………………………… 24

第一章　解釋與限度 —— 對洋務運動研究範式的
　　　　評價 ………………………………………… 27

第一節　西方中心觀 ………………………………… 30

一、西方中心觀的評價方式 ……………………… 30

二、現代化與西化的大爭論 ……………………… 32

第二節　中國中心觀 ………………………………… 34

一、中國中心觀的評價方式 ……………………… 34

二、中體西用思維模式 …………………………… 36

第三節　革命史觀 …………………………………… 38

一、革命史觀的評價方式 ………………………… 38

二、重新評價洋務運動的積極意義 ……………… 38

第四節　評價與借鑒 …………………………………… 40

第二章　傳統與變革 —— 近代化的思想淵源和
　　　　　背景 ……………………………………………… 45

第一節　變局之下的艱難開端 ………………………… 47

第二節　以師夷倡經世 ………………………………… 49

　　一、師夷說對夷夏之辨的思想突破 ……………… 49

　　二、師夷說對經世致用學風的繼承 ……………… 51

　　三、洋務運動是師夷說的實際運用 ……………… 54

第三節　中西體用之間 ………………………………… 56

　　一、中西學關係的問題定位 ……………………… 57

　　二、中體西用思想的轉變 ………………………… 61

　　三、現代意識的顯露與局限 ……………………… 63

第四節　以洋務興富強 ………………………………… 67

　　一、有關名詞的整理 ……………………………… 68

　　二、富強思想的提出 ……………………………… 70

　　三、求富與振興工商 ……………………………… 72

第三章　經世與致用 —— 盛宣懷的近代化思想 … 83

第一節　繼承儒家經世傳統 …………………………… 84

　　一、經世傳統與尊君思想 ………………………… 84

　　二、經世實學的明清轉向 ………………………… 86

第二節　條陳自強大計 —— 近代化的思想綱領 … 92

　　一、條陳自強大計的提出背景 …………………… 92

　　二、洋務思想體系和完整反映 …………………… 93

　　三、難以逾越的君權政治觀念 …………………… 95

第三節　自強之本 —— 練兵與理財 ……………… 96

　　一、西法練兵以保業 ……………………………… 96

　　二、開源節流以理財 ……………………………… 98

第四節　富國之基 —— 銀行與教育 ……………… 104

　　一、建立銀行以足國 ……………………………… 104

　　二、辦學育才爲根本 ……………………………… 107

第五節　利用厚生 —— 實業與商戰 ……………… 111

　　一、振興實業利商戰 ……………………………… 111

　　二、商戰富國方自強 ……………………………… 114

第四章　國家與社會 —— 官督商辦的思想與作用
　　　　　⋯⋯⋯⋯⋯⋯⋯⋯⋯⋯⋯⋯⋯⋯⋯⋯⋯⋯⋯⋯ 119
　第一節　洋務時期官督商辦思想的形成與轉變 ⋯⋯ 120
　　一、官督商辦模式的原則源自李鴻章 ⋯⋯⋯⋯⋯ 121
　　二、盛宣懷官督商辦思想的合理之處 ⋯⋯⋯⋯⋯ 124
　　三、張之洞對官督商辦中官權的強調 ⋯⋯⋯⋯⋯ 128
　　四、鄭觀應對官督商辦的認識與批判 ⋯⋯⋯⋯⋯ 131
　　五、嚴復等人對官督商辦不同角度的批評 ⋯⋯⋯ 133
　第二節　官督商辦模式與國家 —— 社會關係的
　　　　　構建 ⋯⋯⋯⋯⋯⋯⋯⋯⋯⋯⋯⋯⋯⋯⋯⋯⋯ 139
　　一、抑商思想下商人階層的興起 ⋯⋯⋯⋯⋯⋯⋯ 141
　　二、官督商辦模式下商人的轉型 ⋯⋯⋯⋯⋯⋯⋯ 143
　　三、新型國家 —— 社會關係的構建與反思 ⋯⋯⋯ 146
　第三節　國家功能的忽視 —— 對部分觀點的探析
　　　　　⋯⋯⋯⋯⋯⋯⋯⋯⋯⋯⋯⋯⋯⋯⋯⋯⋯⋯⋯⋯ 150
　　一、官督商辦合理的歷史慣性 ⋯⋯⋯⋯⋯⋯⋯⋯ 150
　　二、官督商辦的公共壟斷性質 ⋯⋯⋯⋯⋯⋯⋯⋯ 154
　　三、官督商辦的反殖積極作用 ⋯⋯⋯⋯⋯⋯⋯⋯ 158
第五章　比較與反思 —— 官商模式的現代化功能
　　　　　及啟示 ⋯⋯⋯⋯⋯⋯⋯⋯⋯⋯⋯⋯⋯⋯⋯⋯ 161
　第一節　現代化早期官商關係的普遍強化 ⋯⋯⋯⋯ 162
　　一、現代化進程中強化官商關係的普遍性 ⋯⋯⋯ 162
　　二、官商關係強化帶來的現代化發展悖論 ⋯⋯⋯ 165
　第二節　強化官商關係後的現代化進程 ⋯⋯⋯⋯⋯ 167
　　一、日本二次現代化的教訓 ⋯⋯⋯⋯⋯⋯⋯⋯⋯ 168
　　二、中國現代化受到的制約 ⋯⋯⋯⋯⋯⋯⋯⋯⋯ 169
餘論　不可複製的盛宣懷 ⋯⋯⋯⋯⋯⋯⋯⋯⋯⋯⋯⋯ 171
參考文獻 ⋯⋯⋯⋯⋯⋯⋯⋯⋯⋯⋯⋯⋯⋯⋯⋯⋯⋯⋯⋯ 173

緒　論

一、盛宣懷近代化思想與官督商辦研究綜述

（一）盛宣懷生平簡介

盛宣懷，字杏蓀，又字幼勖，號次沂，又號補樓，別號愚齋，晚號止叟；另有思惠齋、東海、孤山居士等字號。常州府武進縣（今江蘇省常州市）人，生於 1844 年 11 月 4 日（道光二十四年九月二十四日），卒於 1916 年（民國五年）4 月 27 日〔註1〕。其祖父盛隆爲嘉慶庚午（1810 年）舉人，曾任浙江海寧州知州（正五品）。父親盛康係道光甲辰（即宣懷出生之年）進士，〔註2〕侍郎銜（從二品），1860 年前後以布政使銜（從二品）任湖北鹽法武昌道（正四品）。盛康在行動和思想上都注重經世致用之學，輯有《皇朝經世文編續編》，因此盛宣懷深受其父經世致用思想影響。《皇朝經世文編續編》也由盛宣懷益加編次，收集了道咸同光四朝的六政、時務文章，在同時期《皇朝經世文編》的多種續書中，盛宣懷更將中外交涉專門編爲外編，於 1897 年（光緒二十三年）校刊始畢。盛宣懷幼年「端凝朗秀，舉止如成人」，「穎悟洞澈，好深湛之思，質疑問難，每出所肄諸經外，塾師或無以對，而心奇之。」〔註3〕十七歲時，爲躲避太平天國戰亂，盛宣懷隨祖父母輾轉至湖北，此後居鄂五六年。這一時期是影

〔註 1〕 夏東元：《盛宣懷傳》，上海交通大學出版社，2007 年版，第 3，357 頁。
〔註 2〕 夏東元：《盛宣懷傳》，第 3 頁，該處誤爲 1884 年。
〔註 3〕 盛宣懷：《愚齋存稿》，臺北：文海出版社 1974 年版，行述第 2 頁。

響他一生的思想和社會實踐的基礎。同治元年，盛宣懷獻策其父解決了川、淮互爭引地的問題，於是盛康更加勉勵他致力於「有用之學」。〔註4〕《愚齋存稿》行述中說，盛宣懷在湖北期間，「入秉庭訓，出與鄂中賢士大夫遊」，「既事事研求，益以耳濡目染，遂慨然以匡時濟世自期，生平事功基於此矣。」〔註5〕1866年（同治五年）22歲的盛宣懷初次參加童子試中秀才，翌年秋鄉試不中，又於1873年（同治十二年）、1876年（光緒二年）兩次應考舉人均落第。後兩次應試時，他已入李鴻章幕府並參與洋務運動中輪船招商局經營和湖北煤鐵開採，經保舉由朝廷賜以布政使銜（從二品）。由此，盛宣懷由於家學影響和傾心於洋務建設，遂絕意科場。

盛宣懷的洋務及官宦經歷從1870年（同治九年）入李鴻章幕始至1911年（宣統三年）辛亥革命爆發被罷免郵傳部大臣（1907年設，從一品）告終，先後約四十年。1870年，27歲的盛宣懷以世侄之誼投身時任湖廣總督李鴻章幕下。從被委派為行營文案兼充營務處會辦隨侍左右開始，由於卓有成效的工作，從軍逾年即被薦升知府（從四品），道員銜（正四品），並賞花翎二品頂戴。李鴻章調任直隸總督後，盛宣懷隨李赴津，追隨李鴻章經辦洋務，「歷練日深，聲譽亦日起。」〔註6〕在經辦洋務的過程中，盛宣懷在軍事、實業、中外交涉等各方面均表現出才識膽略，因此李鴻章對他頗為器重和賞識，奠定了他後來成為洋務巨匠的基礎。《盛公墓誌銘》作者陳三立〔註7〕說「公以諸生起監司，最受知李文忠公。」〔註8〕「時文忠為直隸總督，務輸海國新法，圖富強，尤重外交、兵備。公則議輔以路、礦、電線、航船諸大端為立國之要，與文忠意合。」〔註9〕可見，盛宣懷的主要經歷是以實踐洋務運動「師西洋之新法」，仿傚西方近代化的道路，建立中國的鐵路、礦山、航運、軍事等近代立國之大端為主的。實際上，盛宣懷自己關於國家「自強」、「富強」的思想內容，也以政治、經濟、教育等多方面的學習西方走中國自己的近代

〔註4〕 盛宣懷：《愚齋存稿》，行述第3頁。

〔註5〕 盛宣懷：《愚齋存稿》，行述第3頁。

〔註6〕 盛宣懷：《愚齋存稿》，行述第2頁。

〔註7〕 陳三立（1859～1937），字伯嚴，號散原，江西義寧（今修水）人。維新人士湖南巡撫陳寶箴之子，國學大師陳寅恪之父。曾與黃遵憲創辦湖南時務學堂，深受張之洞器重。

〔註8〕 夏東元：《盛宣懷傳》，第7頁。

〔註9〕 盛宣懷：《愚齋存稿》，卷首。

化道路爲主要內容。洋務運動實質上是第一次中國的近代化運動。

　　1872 年盛宣懷奉命擬訂輪船招商局章程，將李鴻章提出的官督商辦創議付諸實施，這是洋務運動和中國近代史中的一個標誌性事件。同年 9 月，年僅 29 歲的盛宣懷參與創辦了中國第一個大型民用航運企業輪船招商局（官督商辦），從此開始了他的實業家生涯。在十九世紀七八十年代，他以官督商辦模式先後創辦並經營了湖北煤鐵開採總局、荊門礦務總局、廣生煤鐵公司、金州礦務總局、中國電報總局、山東內河小火輪航運公司等實業。九十年代後，他又以官督商辦模式恢復了被火災燒毀的上海機器織布局並改辦爲華盛紡織總廠；接辦了張之洞因虧損無法辦下去的漢陽鐵廠；又獲准在上海成立中國鐵路總公司，主持鋪設縱貫中國南北鐵路大動脈蘆漢鐵路；創設國人自辦的第一家近代金融企業中國通商銀行；成立全國勘礦總公司，勘查全國礦產，擇要開發，以保利要；主持成立了亞洲最大的煤鐵聯合企業漢冶萍煤鐵廠礦有限公司等大型民用企業。官督商辦是盛宣懷興辦民用企事業的重要特徵，根據不完全的統計，近代中國通過官督商辦形式興辦的民用工礦交通企業有 30 多個，而盛宣懷一生創辦的大型企事業則不下十餘個。

　　由於盛宣懷大力經營洋務並在對外商約外交中積累了豐富的經驗，他被清廷從四品道員提拔爲從一品尚書大臣。1901 年（光緒二十七年）升任商務大臣；1911 年又任「皇族內閣」郵傳部大臣。李鴻章評價他「欲辦大事，兼作高官」，「才具優長，心精力果，能任重大事件，足以幹濟時艱」。〔註10〕張之洞、王文韶〔註11〕稱讚他通曉「官法」、「商業」和「洋務」。雖然後人經常批評盛宣懷由於經辦洋務而受到清政府重用的「官商」人生道路，可是曾由盛宣懷向李鴻章推薦過的孫中山卻說他「興實業以振時局，爲今日不可少之著。執事偉論實獲我心。」孫中山在 1900 年籌建中央政府時，曾把清政府唯一的官員盛宣懷列爲新政府掌管內政的委員，並且以他作爲修建全國 20 萬公里鐵路的主要合作者。

　　盛宣懷在辦洋務實踐中還深切體會到人才是西方強盛的重要原因，因此他將辦學作爲「急務」，辦起了北洋西學學堂（今天津大學）、南洋公學（今上海交通大學）等多所新式學校，培養技術、經濟、政治、外交等各類人才。前者是中國第一所工科大學，後者所辦達成館是中國第一個正規的高等師範

〔註10〕夏東元：《盛宣懷傳》，第 101 頁。

〔註11〕王文韶（1830～1908 年），1895 年在李鴻章之後任直隸總督兼北洋大臣。

學堂。盛宣懷爲官除了洋務建設之外，在吏治民生方面也有頗多建樹，常爲世人所忽略，其中尤以任職登萊青道兼煙臺東海關監督時振興山東水利成效顯著。由於受到其祖父和父親的影響，盛宣懷畢生亦以籌賑爲己任，從事大小賑災救濟的福利事業不可勝數。他在 1910 年（宣統二年）成爲中國首任紅十字會會長。在晚清諸多洋務人才中，像盛氏這樣能兼顧吏治民生者，實爲不可多得。與盛宣懷共事半個世紀的思想家鄭觀應爲他撰寫的輓聯爲：「憶昔同辦義賑，創設電報、織布、繅絲、採礦公司，共事輪船、鐵廠、鐵路閱四十餘年，自顧兩袖清風，無慚知己。記公曆任關道，升授宗丞、太理、侍郎、尚書官職，迭建善堂、醫院、禪院於二三名郡，此是一生偉業，可對蒼穹。」〔註 12〕雖有過譽之嫌，但無濫用之詞。陳夔龍〔註 13〕爲盛宣懷撰神道碑中說：「天性仁厚，勇於爲善，前後所籌大小賑務，至不可勝計，捐私帑無慮百數十萬，最後被朝旨爲紅十字會長，專以慈善爲職責，其規撫皆公所手定者也」，當不是虛言。從以上這些方面來看，盛宣懷對中國近代化起到了積極的推動作用，確實是「順應歷史潮流的佼佼者」。當我們今天回溯中國現代化的腳步時，盛宣懷作爲中國近代化的開拓者，確實具有無可爭議的特殊地位。

　　同時，盛宣懷是中國近代史上一位褒貶不一，疑謗叢生的關鍵人物。他的許多思想內容經常被有意或無意地省略，迄今也因各種複雜的原因而出現不同的認識。如魯迅先生在《僞自由書》中著有《從盛宣懷說到有理的壓迫》一文，稱其爲「第一名的賣國賊」、「土豪劣紳」，側面反映出民國時期社會對盛宣懷評價的環境。而夏東元教授認爲盛宣懷是「處於非常之世的非常之人，走著非常之路」，「順應曆史發展趨勢的佼佼者」，「終其身不失爲一個愛國的實業家」。臺灣吳相湘教授認爲，「盛宣懷在清末政治上地位之重要，不下於李鴻章、張之洞、袁世凱，而所從事建設各端，對於國家關係之大，尤遠非李、張輩所能及」。美國包華德〔註 14〕主編的《民國名人傳記辭典》中認爲盛宣懷的經歷及其創辦企業的歷史，「在晚清的中國這樣不順利的境況之中」，是有「不容否認的實際成就」。

〔註 12〕 夏東元：《盛宣懷傳》，第 357 頁。

〔註 13〕 陳夔龍（1857～1948），字筱石，號庸庵。晚清最後一名直隸總督兼北洋大臣。

〔註 14〕 包華德（Howard L. Boorman），1967～1971 年間主編四卷本《中華民國人物傳記辭典》（Biographical Dictionary of Republican China）由哥倫比亞大學出版社出版。這部巨著是明清以降中國著名人物的大彙編，用英文編寫，在國際漢學界有很大影響。

（二）盛宣懷近代化思想研究綜述

　　盛宣懷 1916 年去世後，盛氏家族後人在 1939 年編印有《愚齋存稿》（思補樓藏版），收錄有盛宣懷奏稿、電奏稿、電稿 100 卷。1942 年北京修綆堂書店重印該書，後收入 1974 年臺北文海出版社出版，沈雲龍主編的《近代中國史料叢刊續編》第十三輯，《續編》同時還收錄了《愚齋未刊信稿》。這是盛宣懷本人原始資料的最初文獻，本書所引錄盛氏《條陳自強大計》即出自這個版本。易惠莉教授指出，直至解放前國內並沒有人以《愚齋存稿》等原始資料爲依據對盛宣懷進行研究。盛宣懷作爲歷史人物只廣泛存在於各類文人筆記、年譜等材料之中，出現了不少誤讀。〔註 15〕我們也認爲，這正說明對盛宣懷的評價必須拋棄簡單的思維，即首先要對近代中國的轉型有一種客觀的評價。例如由於盛宣懷的鐵路國有政策引發了辛亥革命，以肯定辛亥革命歷史地位便簡單地否定盛宣懷，應該不是正確的評價。〔註 16〕但這恰恰成爲建國後甚至改革開放後對於盛宣懷的研究並未得到相應重視的原因。

　　中華人民共和國建國以後，1957 年孫毓棠作序《中國近代工業史資料第一輯（1840～1895 年）》，題爲《十九世紀中國近代工業的興起與工業無產階級的誕生》。基於評價洋務企業而評價了盛宣懷，得出徹底否定的結論。同一時期，邵循正主持了對上海圖書館館藏盛宣懷部分親筆函稿的整理和標點，於 1960 年以北京大學歷史系近代史教研室的名義出版《盛宣懷未刊信稿》。這是自《愚齋存稿》出版以來，再次有盛宣懷原始檔案資料的面世。邵循正對該書的評價是：「這是帝國主義通過地主階級和買辦勢力奴役舊中國的一個很典型的記錄。」上世紀七十年代，對盛宣懷檔案資料進行整理的工作於 1976 年在尋找「對批判資產階級、洋奴哲學有用的材料」的背景下啓動。陳旭麓、顧廷龍、汪熙等對上海圖書館館藏的盛宣懷檔案資料進行專題的選輯整理。選輯《辛亥革命前後》、《湖北開採煤鐵總局、荊門礦務總局》、《甲午中日戰爭》、《漢冶萍公司》、《中國通商銀行》、《上海機器織布局》、《義和團運動》、

〔註15〕　至上世紀 90 年代末期國內外有關盛宣懷檔案的編輯整理及研究可參見易惠莉：《二十世紀盛宣懷研究之回顧》，《常州工學院學報》2002 年第 3 期。第18～23 頁；同時參見易惠莉主編：《二十世紀盛宣懷研究》論文集序言，南京：江蘇古籍出版社 2002 年版。

〔註16〕　易惠莉主編：《二十世紀盛宣懷研究》論文集序言，南京：江蘇古籍出版社2002 年版，第 1 頁。還可參見蕭功秦：《危機中的變革——清末現代化進程中的激進與保守》，上海三聯書店 1999 年版，第 292～293，308 頁。

《輪船招商局》分別自 1979 年至 2002 年出版。長時間的編纂過程中，關於盛宣懷的評價逐漸轉變，對盛宣懷已經隱含了某種積極的評價。

這裡還必須提到盛宣懷檔案的編輯整理。在中國近代史研究中，「盛檔」是一個專用概念，指盛宣懷家族自 1850 年至 1936 年的各種記錄，內容異常豐富。收藏於上海圖書館的盛宣懷檔案有約 17 萬件，約 1 億字，〔註17〕因其規模之大、史料之豐富備受史學界青睞，被譽為研究中國近代歷史的「寶庫」，又稱「中國第一私人檔案」。盛宣懷本人並未著書立說，但是在盛檔中保存有異常豐富的思想記錄和資料，是對其進行思想研究的重要基礎。盛宣懷個人的奏稿、電稿、函稿、文稿，據估計可以編成一部約達 2500 萬字的「盛宣懷全集」，超過李鴻章（李鴻章約有 2000 萬字），是中國近代史上所有歷史人物中最多的。〔註18〕盛檔從時間上可分為三個部分。第一部分是前 20 年其父盛康的檔案；第三部分是盛宣懷 1916 年逝世後 20 年由後人記寫的；第二部分是盛檔的主體，是盛宣懷自 1870 年入李鴻章幕府後 40 多年所積累形成。保存有盛宣懷幾乎所有的文字底稿，包括日記、文稿、信箋、賬冊以及來信、來電、來文等等；內容涉及中國近代史上重大歷史事件和名人、要人。1996 年，胡繩、顧廷龍、王元化等大師級學者發出整理盛宣懷檔案的呼籲。目前經過 10 多年努力完成了編目和原件掃描，建立了全文數據庫，已出版《上海圖書館藏盛宣懷檔案萃編》大型圖錄，《盛宣懷檔案全編》的出版正在進行中。王元化先生對盛檔有「補史之闕，糾史之偏，正史之訛」的積極評價。2004 年，夏東元先生集四十年之功，拾遺補缺，編成《盛宣懷年譜長編》一書約百萬字，是迄今有關盛宣懷言行和事業的原始第一手資料的巨作。該書呈現出盛宣懷的真實面目，是全面瞭解盛宣懷思想不可或缺的資料。

以上所述均為盛氏檔案資料的整理，雖偶有評價但研究性不足。上世紀八十年代，夏東元先生首先涉足於對盛宣懷的重新評價。1988 年出版的專著《盛宣懷傳》（四川版）是國內外第一部完整研究盛宣懷的傳記性專著。該書對盛宣懷的評價是：「盛宣懷站在清王朝立場上，曾參與和策劃過鎮壓人民起義和革命，並在其後期發展了買辦性，但其一生主要是資本主義工商業的有力經營者，對中國資本主義發生發展起了積極的作用，應該予以恰如其分的歷史地位。」此書分別於 1998 年（南開版）和 2007 年（交大版）增訂再版，

〔註17〕上海圖書館藏盛宣懷檔案目錄可見 www.libnet.sh.cn/digilib/zjxm/sxh.htm。
〔註18〕夏東元：《盛宣懷年譜長編》，上海交通大學出版社 2004 年版，前言。

評價愈發積極，是目前國內對盛宣懷研究的少有力作。但縱觀八十年代和九十年代，盛宣懷研究的其他成果數量雖然不少，但研究內容和基礎卻比較薄弱。《二十世紀盛宣懷研究》附錄有「盛宣懷研究資料論著目錄」，統計有這一時期國內各種論文及資料合計 75 篇，經過查證，多數爲史料性質；同一時期除夏東元《盛宣懷傳》外並沒有學術專著問世。易惠莉在總結二十世紀盛宣懷研究狀況時就認爲，盛宣懷作爲歷史人物的積極一面，但既不能像洋務官僚李鴻章、左宗棠、張之洞等一樣予以重視或肯定，也不能如同張謇一樣得到認可。盛宣懷在研究者視界下的消失是大陸近代史研究模式化思想方法的結果和反映。因此，盛宣懷作爲對中國近代化歷史進程有重要影響意義的人物，十分尷尬地處在不適宜目前關於中國近代歷史解讀模式的地位上，既不能否定又難以肯定，只有無視爲最佳的處置方式。〔註 19〕2002 年 8 月，國內第一部研究盛宣懷的論文集《二十世紀盛宣懷研究》出版，收錄了盛宣懷研究論文 21 篇（海外 7 篇）。該書對盛宣懷參與洋務運動和經營官督商辦企業進行了多角度的研究，充實了對盛宣懷的研究與評價。

　　縱覽最近十餘年來對盛宣懷研究的各類成果，除了夏東元爲其立傳之外，對盛宣懷的研究主要以實業經營（鐵路、銀行等）思想和教育、慈善思想爲主，還沒有回到對中國近代化歷史解讀的核心上去，因此難以影響到對盛宣懷的評價。在中國知網上以題名「盛宣懷」對 1979～2009 時間段進行檢索，結果爲 162 篇；以題名「盛宣懷」和「思想」交叉檢索，結果僅爲 8 篇，其中論人才思想的 2 篇，論教育思想的 3 篇，論實業思想的 2 篇，論鐵路思想的 1 篇；若以關鍵詞「盛宣懷」對 2000～2009 時間段進行檢索，查詢結果達到 508 篇，但以關鍵詞「盛宣懷」和「思想」交叉檢索，結果爲零；以關鍵詞「盛宣懷」和「近代化」交叉檢索，結果仍爲零。可見，上述如夏東元、易惠莉等學者早已揭示出的盛宣懷對中國早期近代化研究的重要意義，仍然沒有得到重視。僅有部分學者對盛宣懷的思想層面展開了尚不充分的分析，仍然以對盛宣懷的總體評價和思想矛盾爲主。如趙曉雷認爲盛氏中既有先進管理思想又存在封建和買辦殘餘，盛氏亦官亦商的矛盾是中國社會經濟、政治矛盾關係的具體反映。〔註 20〕昌文彬、劉長征認爲盛宣懷是清末政治經濟

〔註 19〕易惠莉主編：《二十世紀盛宣懷研究》論文集序言，第 18 頁。
〔註 20〕趙曉雷：《盛宣懷與輪船招商局》，《財經研究》1993 年第 8 期。

舞臺上舉足輕重的人物，在晚清史上是西學爲用的傑出實踐者。〔註 21〕閻小波則認爲他具有保守的政治主張，1896 年後發展爲對外妥協及帶官僚資本主義的色彩，違反爭取民主的歷史趨勢。〔註 22〕程霖提出盛宣懷在晚清史上是西學爲用的傑出實踐者，有許多先進思想。〔註 23〕還有的學者對盛宣懷實業富國思想給予了肯定。〔註 24〕可以看出，關於盛宣懷的研究近十年來與同時期的洋務人物李鴻章，張之洞等人相比還非常單薄；僅以西學爲用突出其思想特點也是不夠全面的。

　　海外學界對盛宣懷的關注要早於國內。1958 年，費正清學生費維愷的專著《中國早期工業化 ── 盛宣懷（1844～1916）和官督商辦企業》問世。這是國內外第一部盛宣懷研究專著，也是一部涉及到中國早期近代化研究學術意義上的盛宣懷傳記。費維愷將盛宣懷視作「一位具有企業家精神的，眞正富有革新精神的經營管理者」，認爲「晚清政治缺乏上下聯繫仍然是盛宣懷的工業冒險的直接成果較小的一個主要原因。就像現在一樣，官僚政治、經營管理和經濟效益的問題都是重要的變項。」在研究中國早期工業化進程的視角中研究盛宣懷是費維凱研究的特色和學術創見。他繼承了費正清的「衝擊－回應」式中國研究方法，提出了幾個深刻的問題：洋務運動的眞實動力是什麼？是不是中國回應現代化的積極反應？中國近代史中現代化主題的一般動力是什麼？這種一般動力與歐美資本主義現代化的一般動力有何差別？這種動力同中國現代化歷程的艱難曲折之間有著怎麼樣的內在關係？這種官督商辦企業爲什麼會在中國出現？它對今天的影響表現在那些方面？〔註 25〕這些問題迄今都仍然極具挑戰性。費維凱的著作影響很大，同時也奠定了以官督商辦模式來評價盛宣懷的方法，但是其資料的不完整和「西方中心觀」的學術範式在後來也受到了一些學者的質疑。可以說，後來的盛宣懷研究都是在追隨費維凱研究的基礎上開展的。

〔註21〕 昌文彬、劉長征：《盛宣懷辯》，《伊犂教育學院學報》2004 年第 1 期。
〔註22〕 閻小波：《夏東元及其盛宣懷研究》，《社會科學戰線》2000 年第 3 期。
〔註23〕 程霖：《盛宣懷興辦銀行思想評議》，《寧夏大學學報》（哲社版）1998 年第 1 期。
〔註24〕 張慶鋒：《盛宣懷的實業富國思想及實踐》，《華北水利水電學院學報》（社科版）2007 年第 10 期。
〔註25〕 〔美〕費維愷：《中國早期工業化：盛宣懷（1844～1916）和官督商辦企業》，虞和平譯，吳乾兌校，北京：中國社會科學出版社 2001 年版。

　　在史料整理方面，除了上述臺版《近代中國史料叢刊續編》選輯之外，
香港中文大學整理出版盛宣懷檔案資料是海外研究領域最引人矚目的成果。
香港中文大學中國文化研究所自 1983 年開始典藏盛宣懷家傳文獻《愚齋往來
函電書稿》。自 1987 年後相繼整編出版的有：王爾敏、陳善偉編：《清季議訂
中外商約交涉》香港中文大學出版社 1993 年版；王爾敏、吳倫霓霞編：《盛
宣懷實業朋僚函稿》，臺北中央研究院 1993 年版（中央研究院近代史研究所
史料叢刊第 35 卷）；吳倫霓霞、王爾敏編：《盛宣懷實業函電稿》，香港中文
大學出版社 1993 年版；吳倫霓霞、王爾敏編：《清季外交因應函電資料》，香
港中文大學出版社 1993 年版；吳倫霓霞、王爾敏編：《盛宣懷實業朋僚函稿》，
臺北中央研究院 1997 年版。憑藉整理盛檔資料的長期積累，80 年代以來王爾
敏著有《盛宣懷與中國電報事業之經營》、《盛宣懷與中國實業利權之維護》
等論文，〔註26〕以及《晚清商約外交》等專著問世。這些論著是 90 年代海內
外盛宣懷研究及晚清政治思想領域的代表性成果。王爾敏對盛宣懷的評價是
「晚清工商企業家，俱在惡劣環境中，洋人侵淩下，創造生機，奮力求活。
彼翠百川競流，各自奔趨。而其中經營領域最廣，而才識最超卓者，當推盛
宣懷，允為晚清企業界一代領袖。盛氏畢生貢獻芒多，自無從一一交代。本
書惟僅就其肆應外國對手，周旋於外商竟逐之場，為中國新興企業爭取立足
之地，亦即維護中國商業利權方面，作一研討考究，用以考見盛氏作為，或
足以改正鄙薄盛氏之俗見。」〔註27〕這些觀點也應得到應有的重視。

（三）官督商辦研究綜述

　　盛宣懷與官督商辦、洋務運動是不可分離的研究對象。官督商辦的形成、
發展和得失原因複雜，一旦涉入其中，我們會發現無論如何定位或者強調其
歷史作用的某一方面，似乎都可以找到足夠的證據來證明。這正是中國近代

〔註26〕《盛宣懷與中國實業利權之維護》與《盛宣懷與中國電報事業之經營》兩篇
　　　　論文可見於易惠莉主編：《二十世紀盛宣懷研究》論文集，南京：江蘇古籍出
　　　　版社 2002 年版，第 150～201 頁，第 279～329 頁；原出處可見中央研究院近
　　　　代史研究所集刊第 27 期（1997 年 6 月），第 5～43 頁；以及中央研究院近代
　　　　史研究所編，1988 年 6 月《清季自強運動研討會論文集》（下冊），第 755～
　　　　790 頁。
〔註27〕王爾敏：《盛宣懷與中國實業利權之維護》，見易惠莉主編：《二十世紀盛宣懷
　　　　研究》論文集，南京：江蘇古籍出版社 2002 年版，第 153～154 頁。

化研究的學術魅力所在。幾十年來，學術界已經從多個學科角度對晚清官督商辦模式進行了研究，對所涉及到的盛宣懷之外的人物思想也有很多個體、群體或總體的考察，探討了官督商辦模式的方方面面。其中值得注意的是，20 世紀 90 年代初期，直接源於現實問題的感召啟發了從經濟思想和企業制度角度進行的系統研究，其現實意義得到顯現。這種狀況使我們意識到，我國經濟體制改革的深化以及對社會主義市場經濟體制的現實需求，促使學術界更多地從現代化發展道路和模式的層面加強對近代化的研究和邏輯反思是非常有必要的。

在洋務運動初期，洋務思想還屬於當時社會中先進的改革思潮，因此官督商辦模式受到了具有變革意識的士人官僚的廣泛支持。19 世紀 70 年代後，李鴻章等洋務官僚繼續以這種模式力圖實現「富強」的目標，而以王韜、鄭觀應為代表的改良思想家已經開始對其提出批評。梁啟超在《戊戌政變記》中認為洋務運動為維新變法起了「篳山開路」的作用，認為官督商辦模式為近代工業在中國的發展開闢了道路，但是卻壓制了民權。

民國時期學者開始從工業化及資本主義發展角度伴隨洋務運動研究來研究官督商辦模式，同時由於意識形態和歷史觀的分歧而立場觀點迥異。一類是對官督商辦採取肯定的態度，蕭一山、蔣廷黻、錢穆均持有類似觀點，這一類觀點直接影響到後來港臺學術界對官督商辦的認識。蔣廷黻《中國近代史》對洋務運動未能救國的原因也做了比較深刻的剖析，比起梁啟超來已有所提高。另一類則對官督商辦持否定態度。如瞿秋白認為官督商辦企業在生產技術上依靠外國技師，在經營管理上採取腐朽的官僚制度，企圖借用西方資本主義的生產技術來維持封建統治，是官僚資本主義的最初形式。李鼎聲、李達都認為官督商辦模式逐漸形成了具有封建性質的官僚資本，對民族資本主義的發展構成了桎梏。鄧拓認為官督商辦包含濃厚的封建因素，仍然是「半殖民的附庸工業的發展道路」。以上觀點對建國後官督商辦與洋務運動研究也產生了深遠影響。

建國後，50 年代至 80 年代初期的研究以革命史觀為範式，以揭露和批判階級矛盾，突出階級鬥爭不斷掀起革命高潮的歷史線索為主。對官督商辦模式的研究服務於確立近代中國資本主義發展的邏輯線索從而建立中國近代社會性質與革命道路的判斷。由於定位於舊民主主義革命之前，基本上就否定了其任何積極意義的可能性。總其扼要，多數觀點認為官督商辦客觀上有利

於民族資本但同時又壓制了民族資本，與外國資本存在顯著矛盾但又有廣泛的聯繫，總體上持否定的立場。還認爲其仿傚西方資本主義經濟模式是中體西用思想的具體應用，帶有民族主義色彩並最終失敗。〔註 28〕這一時期在事實研究上非常雄厚但有所取捨，具體觀點豐富而結論比較單一，並在一段時間裏由於受到政治運動影響而失去了應有的局面。〔註 29〕

改革開放之後，學術界展開了對官督商辦的重新評價，初期仍然是以否定爲主流。在綜合性的洋務運動專著中，張國輝的《洋務運動與中國近代企業》以及樊百川的《清季的洋務新政》〔註 30〕一書以大量的篇幅分析官督商辦企業，對官督商辦企業的性質和與中國近代社會階級關係的變化有詳細論述。〔註 31〕1988 年出版的李時岳、胡濱著《從閉關到開放》已基本上立足於對洋務運動的整體肯定，因此對官督商辦的積極意義有所闡發。華東師範大學出版社 1992 年出版的夏東元著《洋務運動史》則主張「發展論」，對官督商辦加以歷史的同情和理解。

隨後多年以來，研究角度豐富而多元化，並且也逐步顯現出對海外研究成果的重視，研究成果大量湧現。如以「官督商辦」作爲關鍵詞對 1979～2009 年所發表的論文進行檢索，可以在中華知網上查詢到 500 多篇論文。但是值得注意的是，若以「官督商辦」和「近代化」進行關鍵詞交叉檢索，則結果爲零。因此，對於近十年的相關研究，根據本書研究的目的，我們從以下幾個方面進行歸納，然後對部分最新成果進行重點評述。

〔註 28〕 詳見梁景和：《中國近代史基本線索的論辯》，南昌：百花洲文藝出版社 2004年版；蕭黎主編，《20 世紀中國史學重大問題論爭》，北京師範大學出版社 2007 年版。

〔註 29〕 這個時期的主要論述有：邵循正的《洋務運動和資本主義發展關係問題》，載於《新建設》1963 年 3 月號；黃逸峰的《論洋務派所辦官督商辦的性質及其對私人資本的阻礙作用》，載於《新建設》1964 年 5、6 月號。另外根據王爾敏的總結，關於官督商辦問題的相關重要研究還有：劉世海：《薛福成的社會經濟思想及其社會經濟背景》，載《新建設》1955 年 3 月號；姜鐸：《洋務派經濟活動中的若干特點》，《學術月刊》1962 年 8 月號；汪熙：《從輪船招商局看洋務派經濟活動的歷史作用》，《歷史研究》1963 年第 2 期；邵循正：《關於洋務派民用企業的性質和道路—論官督商辦》，《新建設》1964 年 1 月號；黃逸平：《論洋務派所辦官督商辦企業的性質及其對私人資本的阻礙作用》，《新建設》1964 年 5～6 月合刊等。

〔註 30〕 該書 2003 年出版，但研究時間應該在八十年代。

〔註 31〕 張國輝：《洋務運動與中國近代企業》，北京：中國社會科學出版社 1979 年版。

　　第一，官督商辦的性質。這方面的研究一直延續了五六十年代的爭論，主要有官僚資本說、國家資本說和官僚資本與民族資本混合說。〔註 32〕除了官僚資本這一舊說之外，許滌新、吳承明就認爲官僚資本這個通俗名稱原義並不明確，官辦企業和國家與私人合作經營的官督商辦企業可統稱爲國家資本主義。〔註 33〕汪敬虞則認爲官督商辦有官僚資本和民族資本兩個性質的混合。〔註 34〕以上爲代表性觀點。

　　第二，官督商辦對近代化進程的影響。這是本書所關心的核心問題。徐泰來於舊論中另闢新論，認爲官督商辦企業給一部分官僚、地主、商人以投資機會，對中國民族資本起了催生扶幼的作用。〔註 35〕汪熙從集聚社會資本角度認爲官督商辦的企業形式對股份制的興起曾有一定的積極作用。〔註 36〕朱英、苑書義則認爲官督商辦的壟斷性是中國民族資本主義發展的障礙。〔註 37〕陳旭麓從現代轉型角度認爲官督商辦是現代轉型的動力之一。但官督商辦帶來的壟斷性又造成了民族資本主義萌生和發展的困難。〔註 38〕基於國家資本主義的定性，從國家作用的角度看官督商辦模式對中國近代化發展的影響時，李時岳指出沒有洋務派在政府中的支持，中國資本主義不可能在封建勢力和外國資本的雙重壓迫下破土而出。〔註 39〕杜恂誠也認爲這種國家資本主義對中國產業資本的發軔具有一定意義。〔註 40〕而鄭劍順通過分析洋務派

〔註 32〕 代表性成果如劉大年：《當前歷史研究的時代使命問題》，《近代史研究》1983
　　　　年第 3 期；黃逸峰、姜鐸：《如何正確評價洋務運動》，《紅旗》1984 年第 7
　　　　期；汪熙：《試論洋務派官督商辦企業的性質與作用》，《歷史研究》1983 年第
　　　　6 期；丁日初、沈祖煒：《論晚清的國家資本主義》，《歷史研究》1983 年第 6
　　　　期；李時岳、胡濱：《李鴻章與輪船招商局》，《歷史研究》1982 年第 4 期；夏
　　　　東元：《略論洋務運動》，《歷史教學問題》1981 年第 2 期等。
〔註 33〕 許滌新、吳承明：《中國資本主義發展史》，卷二，北京：社會科學文獻出版
　　　　社 2007 年版，第 343 頁。
〔註 34〕 汪敬虞：《論中國資本主義兩個部分的產生》，《近代史研究》1983 年第 3 期。
〔註 35〕 徐泰來：《也評洋務運動》，《歷史研究》1980 年 6 期。
〔註 36〕 汪熙：《試論洋務派官督商辦企業的性質與作用》，《歷史研究》1983 年第 6
　　　　期。
〔註 37〕 朱英：《清代商會「官督商辦」的性質與特點》，《歷史研究》1987 年第 6 期；
　　　　苑書義：《洋務運動與民族資本》，《吉林大學社會科學論叢·洋務運動討論專
　　　　輯》。
〔註 38〕 陳旭麓：《近代中國社會的新陳代謝》，上海社會科學院出版社 2006 年版。
〔註 39〕 李時岳：《洋務派的歷史任務及其他》，《歷史研究》1984 年第 4 期。
〔註 40〕 杜恂誠：《民族資本主義與舊中國政府》，上海社會科學院出版社 1991 年版。

經濟思想指出，官督商辦的必要性突顯在初期，即具有開啓風氣的作用；但是風氣開了之後，官方不但沒有起到保護、扶持私營工商業的作用，反而對之壓制、摧殘，阻礙了私營資本主義工商業的發展。〔註41〕羅耀九、林平漢指出，洋務派創辦官督商辦企業的主觀目的不是爲了發展西方式的資本主義，而是出於對封建性生產關係的一種補救，具有濃厚的封建性，僅在客觀上促進了中國工業的近代化。〔註42〕

　　第三，官商、政企關係角度的分析。90 年代以來國企改革的困境促使人們關注晚清企業的官商關係、政企關係，沿著國家資本主義發展這條線索繼續深入研究，研究者開始借鑒現代經濟理論與現代化思想。如劉偉認爲官督商辦使現代企業的二權分離模式在實質上轉換成了中國傳統官商體制中的二權結合模式。把官僚特權引入經濟運行之中不可能協調官商二者矛盾。同時認爲中國是一個後發現代化國家，國內缺乏自然生長的現代化主體，因而政府扮演了工業化啓動者的角色。但政府缺乏積極政策和相應規劃制約了工業化的進一步發展。〔註43〕李玉認爲官督商辦是時代條件下對現代公司制度的理解扭曲，對中國近代公司制度的健康發展產生了極爲不良的影響。〔註44〕鄭建華認爲，官督商辦是政企合一的形式，僅僅是政府的附屬機構。不對政治體制進行改革，政企關係實際對立的狀態就不會有實質性的改變。〔註45〕王玉茹指出，落後國家在開始實行工業化時，政府必須扮演重要角色才能推動近代工業的發展。因而官督商辦是最好的選擇。〔註46〕上述成果注意了結合晚清時代社會經濟的發展狀況討論官督商辦的時代合理性，雖然多數研究是從經濟理論的觀點和視角出發，但可以說大大深化了對官督商辦模式的思想認識。

〔註41〕　鄭建順：《論洋務官員的經濟思想》，《中國社會經濟史研究》，1992 年第 1期。

〔註42〕　羅耀九、林平漢：《洋務運動的歷史教訓》，《中國社會經濟史研究》1992 年第 1 期。

〔註43〕　劉偉：《洋務官商體制與中國早期工業化》，華中師範大學學報（哲社版）1995年第 4 期。

〔註44〕　李玉：《晚清國人公司意識的演進》，四川大學學報（哲社版）1996 年第 1期。

〔註45〕　鄭建華：《近代中國股份制企業的政企關係》，《學術界》1999 年第 1 期。

〔註46〕　王玉茹：《中國近代政府行爲的特徵及其對國家工業化的影響——關於近代中國制度變遷幾個理論問題的思考》，《南開經濟研究》2000 年年第 1 期。

　　第四，中日近代化進程中的國家作用比較研究。通過比較中日兩國近代化進程來反思中國官督商辦模式失敗的原因是思想解放後學術思維活躍的新領域。黃德林指出，明治維新後，日本政府很快從早期的官辦工業為中心轉為大力扶持民間工業；而洋務派卻頑固堅守官督商辦機制，且拒絕深入採用西方近代經濟制度。〔註 47〕江秀平通過對工業模式的比較指出，雖然日本明治維新的「殖產興業」也是以官營工廠、半官半民工廠為主要形式，但天皇政府積極扶植民間資本，主動出售官營工廠，而滿清政府卻始終徘徊在官督商辦的死胡同裏，未能發展為資本主義生產關係。〔註 48〕章開沅等也通過比較西歐、日本與洋務運動、清末和民國初年的官商關係認為官商矛盾既存在於官督商辦企業內部也存在於資本主義發展的整體環境中，這一矛盾是近代化挫折的主要原因之一。〔註 49〕朱蔭貴則認為明治政府利用國家力量來充實、支持企業，使它們同外國企業相抗衡。而清政府對招商局卻重在索取。日本的官商之間明確劃分了權利和義務，企業擁有相對自主權；而輪船招商局則沒有清楚劃分，造成官督壓服商辦。〔註 50〕

　　第五，近代經濟思想研究領域。近十年由於國有企業改革轉變為以股份制改造為目標，對官督商辦模式研究也隨之轉向，體現了思想研究對現實的關注，主要以股份制、公司制、國有經濟思想等研究層面為主。國有經濟思想層面的研究多積極肯定官督商辦模式的思想出發點。然而，多數研究只是將官督商辦作為研究的一部分而非主要研究對象，研究力度稍弱，少有專題性研究。〔註 51〕整體來看，學術界肯定官督商辦推動了近代中國工業由「官

〔註 47〕黃德林：《明治維新與洋務運動若干政策之比較》，《中南財經大學學報》1988年第 4 期。

〔註 48〕江秀平：《中國洋務運動和日本明治維新創辦近代企業的比較》，《中國社會經濟史研究》1992 年第 2 期。還可參見江秀平：《走向近代化的東方對話——洋務運動與明治維新的比較》，北京：中國社會科學出版社 1993 年版。

〔註 49〕章開沅：《比較中的審視——中國早期現代化研究》，杭州：浙江人民出版社1993 年版；以及章開沅、馬敏、朱英主編：《中國近代史上的官紳商學》，武漢：湖北人民出版社 2000 年版；馬敏：《官商之間——社會劇變中的近代紳商》，天津人民出版社 1995 年版。

〔註 50〕朱蔭貴：《國家干預經濟與中日近代化》，北京：東方出版社 1994 年版。

〔註 51〕如沈祖煒主編《近代中國企業：制度與發展》，其研究以上海為中心，論述重點是民國時期；又如豆建民著《中國公司制思想研究（1842～1996）》，篇幅上絕大部分集中在民國和建國後，晚清只占很小部分；再如張忠民著《艱難的變遷——近代中國公司制度研究》，主要篇幅也是民國時期。

辦」到「官督商辦」的體制轉換，認爲其具有改革和創新意義。豆建民認爲近代思想家在官督商辦上都肯定商辦的積極意義，還指出 1904 年清政府頒佈《公司律》和商部奏立的《公司註冊試辦章程》反映了「官督」思想轉向「依法保護」的意願。此外還分析了傳統價值觀念、倫理道德、意識形態等對官督商辦企業的影響。〔註 52〕張忠民認爲官督商辦企業不是眞正意義上的公司。他指出官督商辦企業的官利制度具有雙重歷史作用。一方面，官利制度在很大程度上加重企業經營負擔；另一方面，官利制度又符合傳統投資心理和傳統融資方式。〔註 53〕周建波對洋務運動時期股份制思想進行了論述，指出該時期主流思想是政府運用國家政權的力量支持股份公司的發展。洋務派的思想家們按照商業原則的理念進行經營督導，即通過降低「官」的權力、提高「商」的權力來改革官督商辦企業，迫使官督商辦企業走上按商業原則經營的道路。〔註 54〕杜恂誠認爲在傳統私有產權「不充分、不獨立、不完全」的思想背景下，政府爲解決財政困難拉攏民間資本，商人則有意借助官方來減少阻力，官督商辦可看作是官商雙方在利益驅動下的共同選擇。〔註 55〕朱蔭貴以資金運行爲中心考察了中國近代股份制企業的特點，指出其受到了濃厚的中國傳統經濟思想的影響。〔註 56〕特別需要提出的是，從思想史的角度來看，趙靖主編的《中國經濟思想通史續集》對近代的經濟思想有翔實的選編和評論，其中包含近代大量有關官督商辦模式的思想評價，具有不可替代的價值。〔註 57〕

　　第六，對官督商辦典型企業如輪船招商局的微觀研究。由於相關成果多集中在三本書集中，觀點相對繁雜，在此就不再贅述。〔註 58〕

〔註 52〕 豆建民：《中國公司制思想研究（1842～1996）》，上海財經大學出版社 1999年版。

〔註 53〕 張忠民：《艱難的變遷 —— 近代中國公司制度研究》，上海社會科學出版社 2002 年版。

〔註 54〕 周建波：《洋務運動與中國早期現代化思想》，濟南：山東人民出版社 2001年版。

〔註 55〕 杜恂誠：《中國近代國有經濟思想、制度與演變》，上海人民出版社 2007 年版。

〔註 56〕 朱蔭貴：《中國近代股份制企業的特點 —— 以資金運行爲中心的考察》，《中國社會科學》2006 年第 5 期。

〔註 57〕 趙靖主編，《中國經濟思想通史續集》，北京大學出版社 2004 年版。

〔註 58〕 即《招商局與近代中國研究》，易惠莉，胡政主編，中國社會科學出版社 2005

相對來說，研究比較系統的最新著作有以下幾部對本書研究有較大幫助：

楊在軍著《晚清公司與公司治理》是從經濟學公司治理角度專門研究晚清企業制度的力作。該書從公司制度由特許主義向準則主義演進的歷史角度，詳細分析了晚清企業的特點和模式。認爲官督商辦模式是一種新型的官商關係，然後從股東、經營者、政府三者的作用角度對官督商辦模式的效果進行評價。在思想方面重點研究了曾國藩與李鴻章官督商辦思想的形成過程。該書的結論是官督商辦是對傳統官辦制、業主制的制度創新，也是對一般公司制度的創新，突破了中國市場經濟不發達、信用基礎和公司文化匱乏的禁錮，使得一些近代具有戰略意義的產業和行業得以建立並具有示範作用。〔註59〕

楊勇著《近代中國公司治理 —— 思想演變與制度變遷》認爲，作爲中國工業化階段早期主導性形式的「官督商辦」制度模式，既作爲中國官本位傳統在社會轉型期延伸的產物，也是在社會化生產方面邁進過程中摹仿西方現代公司制度產生的新型經濟主體。該書指出資本應該是公司權力分配的基礎，而官督商辦企業引入政府力量，扭曲了資本經濟合約的性質，進而扭曲了權利的均衡。「官督商辦」的危害是官僚化管理和内部人控制。雖然本書綜合他人觀點後指出「官督商辦」是由中國近代特殊商情所造成，是公司制度在晚清的社會、經濟、政治、文化等環境下以及傳統的農業經濟和保守的價值觀念中產生的一種變異，也是當時中國某些階層和某些力量思考、行動和相互博弈的產物。由於研究對象和方法的差異，對此並沒有展開。〔註60〕作爲研究從晚清到1949年間經濟思想的專著，晚清雖然只是其中一章，但作者的研究資料翔實，論證有力。

年版，《招商局與中國近代化》，湯照連主編，廣東人民出版社1994年版，虞和平、胡政主編：《招商局與中國現代化》，北京：中國社會科學出版社2008年版。

〔註59〕 楊在軍：《晚清公司與公司治理》，北京：商務印書館2006年版，第96，109～145，268～269頁。

〔註60〕 楊勇：《近代中國公司治理：思想演變與制度變遷》，上海人民出版社2007年版，摘要，第46，51～57，57頁。

　　杜恂誠、嚴國海、孫林著《中國近代國有經濟思想、制度與演變》分別從國有工商業思想和行業壟斷等方面對官督商辦模式進行了研究，認爲官督商辦模式具有國有經濟的形態和内涵，洋務派對官督商辦企業既保護又壓制，想通過官督商辦模式實現國家的工業壟斷，但是始終是一種不合理的行政型行業壟斷。〔註61〕該書涉及官督商辦内容不多，但從國有經濟角度研究官督商辦是其特色。

　　朱蔭貴著《中國近代股份制企業研究》研究了官督商辦模式出現的歷史必然性和特點，並以資金運行爲中心研究了官督商辦企業的官利和報效制度，關於儒家傳統對近代企業的影響，該書選擇了張謇的大生集團而沒有對官督商辦模式做專門的分析。此外，該書中還對盛宣懷在招商局督辦時期的官商與政企關係進行了專門研究。該書以資金運行爲中心的微觀研究具有特色，對晚清這一過渡期官商矛盾的分析也令人有所啓發。〔註62〕值得注意的是，該作者認爲「對整個近代中國政企關係進行考察的研究成果則尚未見到」，一直呼籲對近代中國官商、政企關係進行更加深入的研究，從今天中國現代化的問題意識來看，是頗具遠見的。〔註63〕

　　官督商辦模式歷來受到海外學者的廣泛關注，從不同的視角以不同的切入點來解剖中國近代化這一特殊模式是海外研究的特點。

　　美國學者費維愷的專著《中國早期工業化——盛宣懷（1844～1916）和官督商辦企業》前面已經述及，這本書不僅是盛宣懷研究的名著，也是官督商辦模式研究的里程碑。費維愷不僅研究了官督商辦的歷史淵源，而且以盛宣懷所主持的幾個官督商辦企業爲中心，來研究中國早期工業化進程。作者透過制度與觀念的因素，探究中國早期工業化的遲滯與失敗的原因。該書的缺點是材料不夠完整豐富，書中強調官督商辦企業的地方性與地方政權的維持關係與陳錦江的研究課題頗爲接近，但這兩者都有待商榷。〔註64〕

〔註61〕　杜恂誠：《中國近代國有經濟思想、制度與演變》，上海人民出版社 2007 年版。

〔註62〕　朱蔭貴：《中國近代股份制企業研究》，上海財經大學出版社 2008 年版。

〔註63〕　朱蔭貴：《從招商局的歷史看近代中國的政企關係》，見虞和平、胡政主編，《招商局與中國現代化》，北京：中國社會科學出版社 2008 年版，第 24 頁。

〔註64〕　〔美〕費維愷著，虞和平譯，吳乾兌校，《中國早期工業化：盛宣懷（1844～1916）和官督商辦企業》，北京：中國社會科學出版社 2001 版。

美國學者陳錦江著《清末現代企業與官商關係》分三個部分歷時性的討論了商人、地方政府、中央政府作爲主體的變化和三者在創辦現代企業和國家管理體系中的努力。該書認爲現代工商業成功的基礎是有一個鼓勵商人積極經營、敢於冒險的機制，而洋務派的「官督商辦」並非僅是「監督」，而是代表官方的監督者成了實際的經營者，國家的監督變成了官僚的控制。作者也將清政府的舉措與日本明治維新作了比較，認爲日本的成功之處在於官方舉辦、扶植現代企業後，一旦企業能自立，政府便將企業轉售私人。經過深入的分析得出結論，雖然中國已經興辦了一些現代企業，其中有些還頗具規模，但由於沒有現代經濟的內部結構如現代信貸和市場設施等將其從功能上結爲整體，所以這些企業本質上是分散的，得不到制度的支持，也就難以發展。關於晚清自強運動中興起的現代企業爲什麼沒有使中國發生工業化。陳錦江認爲，影響晚清企業政策的關鍵問題「始終是控制和誰人行使控制」，商人與官僚之間的競爭和地方當局與中央當局之間競爭是這一時期經濟活動的「兩個最重要主題」。〔註65〕

澳大利亞學者黎志剛一直致力於晚清時期輪船招商局的國有問題研究。《盛宣懷等與輪船招商局經營管理問題（1872～1901）》主要研究輪船招商局自創立至20世紀初的經營管理問題，但其立意卻是要探討中國近代化延誤的原因。作者從管理角度對1872年至1901間輪船招商局從艱難起步到步入全盛、又由盛跌入泥淖的歷程，進行了全面和詳盡的分析，指出導致這一切變化的根本原因在於管理不善，而「管理不善」又與中國社會結構內的官商關係和商人人際關係網有著直接的關係，從而爲中國近代化延誤的原因提出新的解釋。〔註66〕《輪船招商局國有問題（1878～1881）》則深入細緻的探討了洋務派大力推行近代工業化的作用。〔註67〕作者肯定政府可以通過官員對本國的近代工業化起推進作用，但這種作用全視個人情況而定，是不穩定的，作者還引入亞歷山大·格琴克郎的替代理論來論述晚清政府在中國近代工業化中所起的作用。這種政府替代理論是在國際上對東亞經濟發展特點的主要

〔註65〕 〔美〕陳錦江著：《清末現代企業與官商關係》，王笛等譯，北京：中國社會科學出版社1997年版。

〔註66〕 該文見易惠莉主編：《二十世紀盛宣懷研究》論文集，南京：江蘇古籍出版社2002年版，第217～278頁。

〔註67〕 該文見「中央研究院」《近代史所集刊》第17期上冊，1988年版，第15～40頁。

制度經濟學觀點。

　　1987 年 8 月臺灣中央研究院近代史所召開「清季自強運動研討會」，舉行了 12 次全體研討會，會後出版了上下兩冊論文集，代表了臺灣地區洋務運動相關研究的最好水平。其中劉廣京著《經世、自強、新興企業 —— 中國現代化的開始》從官督商辦企業的角度研究了晚清自強運動的時代意義與失敗的背景。當然，這本書集中的許多論文思路開闊，材料翔實，是研究的絕佳參考。臺灣學者王爾敏基於對史料的詳細考察著有《官督商辦觀念之形成及其意義》一文，肯定了官督商辦模式在受到西方工商衝擊的情況下，收回利權宗旨的積極意義，亦指出其負擔巨大、人事腐化的流弊，阻礙了中國近代工商的自由發展。〔註68〕由於王爾敏是治近代思想史的權威學者，因此其所著《晚清政治思想史論》（廣西師範大學出版社 2005 年版）、《中國近代思想史論》（社會科學文獻出版社 2003 年版）及《中國近代思想史論續集》均可資參考。另外，比較有影響的研究還有臺灣學者金耀基，他認爲近代中國的現代化是在西方炮火威逼和打擊下產生的，官督商辦制度雖然在形式上學習西方的技術和管理方法，但是在文化背景上卻仍然堅持了傳統文化的指導。〔註69〕

（四）存在問題

　　經過上述不完善的文獻與研究觀點的綜述，我們可以發現，以上研究成果與本書的研究對象相同，但是在研究動機與方法上有差異；或者是屬於局部或者簡略地覆蓋了本書的研究課題。但是，前人研究成果尤其是筆者認爲有價值之處無疑將會被吸收到本書之中。我們認爲，對於盛宣懷與官督商辦模式的研究，還存在深化和反思的角度與空間。

　　其一，鑒於盛宣懷在中國近代化進程中的特殊意義，目前對盛宣懷思想的整體考察尤其是近代化思想的考察還不夠，其經濟層面的改革思想與洋務運動思想特徵的聯繫不夠深入；由於對盛宣懷的評價主要基於對官督商辦模式的評價，但是盛宣懷的官督商辦思想研究不足，總的說來，盛宣懷思想中

〔註68〕　王爾敏：《官督商辦觀念之形成及其意義》，見《中國近代思想史論續集》，北京：社會科學文獻出版社 2005 年版，第 217～255 頁。

〔註69〕　可參見金耀基：《從傳統到現代》，北京：中國人民大學出版社 1999 年版；《中國的現代化》，見《金耀基自選集》，上海教育出版社 2002 年版；《中國現代化與知識分子》，臺北：言心出版社 1977 年版。

的國家近代化的全貌還不夠清晰；我們認爲，應該把盛宣懷所從事的洋務運動實業建設、盛宣懷的國家近代化思想和其個人的道德評價合理的區分，從盛宣懷的思想和活動的主流來看待對洋務運動的整體評價。

其二，對官督商辦模式的研究比較零散，仍有迴避的傾向，沒有成爲相關研究的重點。在學術特點上關注「商辦」，而對「官督」缺乏必要的闡釋和批評。尤其是從學術研究的範式角度來看，官督商辦的研究突出體現了西方中心觀和中國中心觀兩種學術範式的可取之處，也同時反映出這兩種範式的風險，在更具重大價值的中西文化或者說傳統與現代化的角度上，沒有得到提升與呈現。

第三，官督商辦的本質是政府與企業、政府與市場的關係。在這個問題上，中國的傳統政治思想和體制對官商關係有著怎樣的影響，雖然目前基於晚清官督商辦模式得到的大多是否定的結論。但是從現代國家來看，仍然無法迴避這一問題，現代社會各國仍然存在廣泛的官辦和官督商辦企業，也同樣存在晚清官督商辦企業存在的一些問題。那麼，這些問題和現象是晚清社會在中國傳統政治思想和體制下固有的，還是近代化和現代化社會無法避免的？對此，學術界還沒有足夠的回應。

二、選題意義

現代化是指在 17 世紀歐洲起源之後逐漸影響到全球的一種器物、制度、文化思想以及社會組織和管理模式轉型的過程。這個過程的本質，是蘊含客觀邏輯的理性精神在人類思想與生活層面的普遍適用。因此，現代化超越了時間和空間概念，更重要的是指人類社會發展的階段。在這個意義上，現代化無所謂中西。但是，中國的現代化進程從啓動之初便在特殊的背景之下產生了種種思想的震蕩。

馮友蘭先生在《新事論》中曾認爲清末的「中學爲體，西學爲用」，以爲用機器興實業，在別的方面可以依然故我，只知西洋的物質文明，不知其精神文明。是「體用兩橛」。民國初期人認爲要有西學之用必先有西學之體，大談「精神文明」，對實用科學、機器、工業等，不知不覺地起了一種鄙視，這是「體用倒置」。到了中西文化互相闡明的時期應該認識到所謂「中學爲體，西學爲用」，如果是「以五經四書爲體，以槍炮爲用。這話誠然是不通底。讀

五經四書，是不會讀出槍炮來底。……如所謂中學為體，西學為用者，是說：
組織社會的道德是中國人所本有底，現在所須添加者是西洋的知識。技術、
工業。則此話是可說底」。因此，「若把中國近五十年底活動，作一整個看，
則在道德方面是繼往；在知識、技術、工業、方面是開來。這本是一個很明
顯底事實」。〔註70〕這個概括符合當時的歷史潮流，也說明了中國近代化探索
的艱難。同時，馮先生對洋務運動既肯定了「用機器興實業」的成績，也批
評了其局限性。

「用機器興實業」持續了至少30年的洋務運動在中國近代化中佔有最重
要地位，對研究現代化的成敗得失帶有典型意義。〔註 71〕而對洋務運動評價
的關鍵之一即「用機器興實業」的典型就是盛宣懷及其所實踐的官督商辦模
式，洋務運動的功過評價，就在於「用機器興實業」的近代化道路是否可行
以及在中國為什麼沒有成功。雖然盛宣懷與官督商辦模式在史學中研究較
多，是洋務運動及近代史的核心研究對象之一，但是從近代化即現代化的早
期階段這一思想意義的角度卻鮮有研究。

被譽為「非常之世的非常之人」的盛宣懷是洋務運動時期一位以「官
商」、「官督商辦」而盛名但頗具爭議的人物。值得注意的是，他絕非傳統意
義上的「官商」，而是多項洋務新政的實際策劃者和推動者，並具有完整且
初步的現代化思想。在其四十多年的官商生涯中，他先後參與航運、電報、
紡織、礦務、鐵路、銀行等現代新式企業的創辦與經營，並輔以教育、慈善
等具有現代特徵的社會事業。綜觀其一生之經歷，我們可發現盛氏代表了洋
務運動時期中國人抵禦列強經濟侵略和求富求強的不懈努力；更重要的是，
他代表著近代中國思想和經濟現代化的一段曲折歷程。對盛氏功過是非評論
的實質是世人對洋務運動以及中國現代化進程認識的變遷與嬗變。這種認識
嬗變中的重要基礎則是對中國傳統思想文化的態度，值得我們反思。專治近
代思想史的王爾敏說「任何一創新觀念，無不與固有傳統息息相關，其間關
鍵複雜，並不能以正面反面做解釋。尤不可追逐流行常說，輕易區分，草率
應用。」〔註 72〕歷來學者論及盛宣懷必討論「官督商辦」，對盛宣懷的評價

〔註70〕馮友蘭：《新事論》，《三松堂全集》第四卷，鄭州：河南人民出版社 2001 年
　　　　版，第 197～333 頁。
〔註71〕羅榮渠：《現代化新論：世界與中國的現代化進程》，北京：商務印書館 2004
　　　　年版，第 288 頁。
〔註72〕王爾敏：《中國近代思想史論續集》，北京：社會科學文獻出版社 2005 年版，

也多依據晚清官督商辦企業的興衰。而日本明治維新的軸心人物伊藤博文1898年訪問中國時曾對盛宣懷說，「輪船、電報兩局，譬如破屋內有兩張好桌子」〔註73〕。可見官督商辦企業並不能簡單的與晚清衰敗的封建統治體制相提並論。

對近代化思想和人物的研究還具有強烈的現實意義。世界範圍內的後發型現代化普遍具有政府推動的特點，在中國，其原因不能說和中國傳統政治思想毫無關係。可是，中國自洋務運動起政府推動的現代化進程就屢遭挫折，同時又難以擺脫這種現代化模式。改革開放以來從指令性的計劃經濟向宏觀調控的市場經濟轉型到目前為止在「官商」關係上仍處於難以調適的階段，同時還使政府和市場的關係陷入某種困境當中。盛宣懷與「官督商辦」已經凸顯出「官」即政府對實業（工業、交通、郵電、外貿等等甚至包括金融行業）的政府指導、督促和監督職能應如何發揮的問題。因此，洋務運動失敗的原因，也值得我們從這個角度進行深入的思考。

官督商辦集中體現了上述三種矛盾的交匯，盛宣懷對此有一些初步但不成熟的認識。如果從現代化模式的角度來看，官督商辦是一種面向現代經濟的管理模式和經營模式。在這種模式中，傳統上受到「輕商」、「抑商」思想壓制的工商業與商人成為國家現代化不可或缺的重要力量，國家或者政府力圖與其實現某種程度的聯盟，在後發型、防禦型、外源型的現代化進程中掌握主動權和國家的命運，採取最大可能集中社會資源的方式來爭取富強和經濟發展，應對內憂外患的雙重變局。這種變局的任其發展，是居於統治階層的政治力量和民間經濟力量都無法接受的。在這種聯盟中，政府不可遏止地希望牢牢掌握工業化進程和經濟發展方向與重點的主導權，於是突出了「官」的作用。我們認為，從後發型現代化國家的路徑規律和現代化早期的工業經濟特點來看，無論是橫向比較或者是歷史縱向觀察，這種做法有其合理的性質。其積極意義在於避免了中國向殖民地化的進一步發展，其產生的合理基礎是傳統權力壟斷利益的思維方式和非法理性的威權的政治統治。

可是，晚清官督商辦模式的產生具有雙重意義。一方面，這種治理模式的出現對後發型現代化國家的工業化有積極的作用。另一方面，無論其發動

第1頁。
〔註73〕盛宣懷：《愚齋存稿》，卷59頁8，附錄《行述》。

者是否有意爲之，改革之後改革者自身面對的改革悖論是從來無法迴避的。這也進一步說明了經濟基礎才是社會和生產力發展的最終動力源泉，扼殺市場經濟活力來折衷的做法只能腐蝕政治並導致社會動蕩，這是晚清和民國政府都興起國家資本主義經濟建設但均最終失敗的深層原因。

　　本書試圖將盛宣懷視作中國現代化的推動者加以同情之理解，試圖從其思想與時代背景中來探求近代中國追尋現代化時所遭遇的問題。這個問題涉及面自然廣泛，因此又採取以官督商辦模式爲研究中心的方法來方便展開集中的討論。「同情之理解」並不是爲之諱言，而是因爲許多學者已經指出，國家現代化進程的發展所依靠的不可能是某種全知全能式的優異計劃設計，更重要的是作爲思想者和行動者的不斷適應變化的人。盛宣懷「個人經歷所集中的問題或體現的類型也以某些方式在其他人那裡表現出來」，只是他更具典型意義。以盛氏集官紳商於一身的一生經歷作爲解讀近代中國現代化這一巨大歷史畫面是怎樣構成的，其價值應該是獨特的。〔註74〕

　　所以，本書通過洋務運動中盛宣懷的現代化思想和其所實踐的官督商辦模式，澄清人們對洋務運動的時代意義和對盛宣懷這樣一個典型人物的認識，詳細檢討現代化建設中的政府與市場之間的關係，再次來認識現代化的深刻思想內涵。通過下文的研究，作爲對當下的反思，我們認爲百多年來中國現代化的深層思想危機仍然存在。這種危機並非是外來思想、文化和經濟社會制度的巨大衝擊。比較而言，即便是馬克斯‧韋伯自圓其說，以新教倫理和資本主義精神的契合作爲現代化的內在動力不同，我們至今難以找到一種持久的現代化的內源性動力和中國現代化的清晰目標，難以形象地眞實地描述中國現代化之後的精神和實在（倘若可以的話），並由此來推動整個社會的現代化轉型。這也許是我們這個時代最應該解決的思想問題。而無論其是否源自西方的歷史和現實，如果說我們已經在中國現代化進程上追尋和試錯了一百多年，而今天仍然陷入在所謂「現代化陷阱」之中的話，瓶頸制約依然存在。不對此進行反思而自滿於物質層面的欲望的滿足，現代化與現代性的追尋將成爲空洞的口號。對西方的拙劣模仿和僞裝下的復舊主義仍將不斷造成中國現代化的延宕。所以，本書以盛宣懷和官督商辦模式爲探討的中

<hr>

〔註74〕易惠莉：《再現歷史過程的眞實——編輯「20 世紀盛宣懷研究」有感》，《檔案與史學》，2002 年第 1 期。

心，爭取既對中國現代化道路的實踐和反思進行思想史的研究；也爭取從經濟和政治的哲學概括角度回答中國應如何實現現代化的問題。

三、研究創新

（一）對洋務運動研究的三種學術研究範式進行了比較分析，從生產方式近代化的角度對洋務運動進行了重新評價。

論文通過現代化視角的審視，以還原歷史和回歸具體問題情境的方式論證了洋務運動的雙重意義。一方面，洋務運動的經驗和教訓都說明了在後發型現代化國家的現代轉變中，國家居於核心的不可替代的積極作用；洋務運動作為在危機與困境中中國人首次在思想、制度和器物層面上全面「回應」的一場改革，具有推動歷史發展的積極意義；另一方面，經濟基礎是現代化這一歷史進程的最終動力源泉，在充滿自發性活力的經濟社會和國家層面的調適上，中國近代化思想存在著難以克服的思維局限和社會基礎。論文指出由於官商之間或者說政企之間難以建立良性互動的現代化推動機制，洋務運動的近代化努力最終落寞在晚清政治體制的衰敗之中，這是中國現代化進程中多次國家資本主義經濟建設難以完整實現現代化的深層原因。

（二）對盛宣懷的近代化思想進行闡述和分析，對其思想和歷史地位作出新的評價。

論文通過對盛宣懷近代化思想和官督商辦模式的研究，挖掘了以前較少受到關注的盛宣懷近代化思想中具有鮮明特色和時代特徵的內容。通過對盛宣懷近代化思想的全面深入的結構、內容、特徵闡釋，論文認為盛宣懷與洋務運動中其他思想家以及政治家的區別在於，他對近代化進程中的工商、金融、教育、財政等宏觀問題具有非同一般的政治視野與識見，他的思想主張具有明顯的可行性和建設性，能夠緊密地與現代化進程的推進相聯繫；同時，他的思想又有著難以逾越的維護君權的特徵。儒家經世致用的傳統和晚清時代主題是把握盛宣懷思想的最佳起點，同時也決定了其思想的進步性和局限。

（三）對官督商辦在中國近現代社會轉型中的深刻影響以及
　　現代化轉型過程中政府權力的功能和職責進行了新的
　　研究和評價。

　　論文對「官督商辦」分別從思想發展、社會轉型和現代化過程中的政府作用三個方面進行了詳細的分析。針對既有研究中否定官督商辦和通過官督商辦否定中國傳統政治思想與體制的主流觀點，論文認爲官督商辦模式的出現在具體的時空環境下具有現實的合理因素和現代視角上的積極意義。論文指出在現代化的進程中，特別是從中國的歷史和文化發展脈絡上看，官督商辦模式的興起對於現代化社會中具有基礎地位的官商關係的構建是至關重要的變革過程；是理解中國近代化成敗得失的一個獨特視角。論文還通過公共壟斷和反對殖民化兩個現代視角指出對於洋務運動中出現的官督商辦模式決不可一概否定，應給予客觀和辯證的評價。對於在現代化轉型中政府權力的功能和職責，論文指出了其早期的積極意義和慣性發展所帶來的困境與問題。

第一章 解釋與限度──對洋務運動研究範式的評價

　　自「現代性」這個術語被法國詩人波德萊爾創造以來,「現代」、「現代性」、「現代主義」和「現代化」的理解就一直存在著分歧。今天,現代已經不僅僅是個時間概念。把「現代」理解為不斷地對過去的轉變同時又不斷再生,並且賦予「現代」以一種過去所不具有的新意或優越地位的觀念,是我們日常生活中最常見的一種關於「現代」的廣義理解。〔註1〕向任何一個更「新」的時期或狀態的進化過程就是「現代化」的過程,現代性蘊含於現代化的歷史進程之中。

　　源自西方的僅僅具有進化特徵的現代化在與非西方國家相遇時,普遍產生出與民族性和民族傳統的張力,現代性的內涵趨於複雜而矛盾,中國是其中最為典型的。時至今日,對現代化的追尋仍然是當代中國各領域最普遍和最顯著的特徵,堪稱這個時代的路標。自十九世紀中葉起,儒家思想的傳統範式由於無法解釋和應對隨著西方列強入侵而產生的嚴重的民族與社會危機,逐步受到懷疑、挑戰、乃至根本否定。中國知識界從十九世紀後半期開始從西方文化中尋求新的思想出路。在中國近代化的大變局下,現代化思潮因此具有不同於傳統思想自我發展的維度和特殊背景,甚至有一些人刻意去避免中國語境下的現代觀念同傳統價值產生本應具備的聯繫。這種由詮釋造成而非真實的斷裂狀態壓抑著厚德載物、自強不息的中華傳統,也壓抑著我們對現代化中民族性的追尋。這種斷裂還以編年定位的方式將時間壓縮成相

〔註1〕 謝立中:《「現代性」及其相關概念詞義辨析》,《北京大學學報》(哲社版),2001 年第 5 期。

對獨立的單元，使我們產生「幻覺」──似乎在中國的現代之前有著一個幼稚古舊如同黑白照片一樣幽暗的「近代」。

中國的近代概念與西方不同。在中國，現代化的早期階段被稱爲近代，所以，近代化便是指現代化的早期階段。〔註2〕中國近代史在時間劃分上有多種界定。馬克思主義史學的習慣分法認爲中國近代史起於 1840 年的鴉片戰爭，結束於 1919 年的五四運動，又稱爲「舊民主主義革命」時期。但近來觀點認爲應當自 1840 年鴉片戰爭開始至 1949 年 9 月底，以中國半殖民地半封建社會演變的完整過程作爲中國近代史劃分的標誌。無論哪種時間階段的劃分，中國的近代是中國人尋求國家現代化的奮鬥過程。這個過程與以前的歷史相比，其最顯著的特點是中國不再是一個封閉隔絕的地域，而是逐漸溶於世界；而另外一個顯著特點是，中國不再是農業帝國改朝換代的簡單重複過程，而是工業化啓動和資本主義發展，新的政治觀念和文化思潮不斷嬗變的過程。

中國近代的特殊性還在於其所引起的中西問題和傳統與現代的問題。現代化的內涵複雜而豐富，因此數個世紀以來，國家與民族的傳統、權威、價值皆受到其挑戰，愈是傳統悠久的國家，挑戰愈激烈。從學術研究方面看，在西方國家，現代化研究已經相當成熟，不僅學術傳統源遠流長，而且有一套被廣泛採用的話語體系。國內對現代化的研究也很豐富，然而中西之間的間隙也很明顯。國內對近代思想轉型的研究和對近代經濟與社會轉型的研究缺乏有效的溝通，難以找到一個能夠交流的學術語言暢通的平臺。例如，對於現代化概念本身，雖然學者們討論的範圍似乎很廣泛，卻並沒有一個統一的廣爲接受的解釋範式。以國內現代化研究開創學者羅榮渠的觀點爲例，「從歷史進程的角度看，廣義的現代化主要是指工業革命以來現代生產力導致社會生產方式的大變革，引起世界經濟加速發展和社會適應性變化的大趨勢。具體地說（狹義），就是以現代工業、科學和技術革命爲推動力，實現傳統的農業社會向現代工業社會的大轉變，使工業主義滲透到經濟、政治、文化、

〔註 2〕 在國內學術界，「近代化」和「早期現代化」是含義相同，可以通用的兩個概念。由於在日文中「現代」被譯爲「近代」，所以在日本學術界所稱「近代化」實際上是指「現代化」，和國內並不相同。詳見羅榮渠：《現代化新論：世界與中國的現代化進程》（增訂版），北京：商務印書館 2004 年版。第 3～8 頁；及中國社會科學院近代史研究所編，《中國近代通史》第一卷，張海鵬著《近代中國歷史進程概說》，南京：江蘇人民出版社 2007 年版。

思想各個領域並引起社會組織與社會行爲深刻變革的過程。」〔註 3〕由此看來，生產力等客觀經濟要素在現代化進程中無疑是重要的推動力、源泉、表現和標準。但是，生產力這種經濟因素能夠在多大程度上影響和決定一個社會的思想和文化以及政治轉型，仍然是一個學術界難以溝通的問題。也是本書針對不同閱讀對象時所要面臨的風險。

對於這種如同近代本身一樣複雜的局面，從研究範式的角度來建構我們研究中國近代化的基本理論框架就顯得十分必要。因爲理論框架是依託於核心的概念和組織問題的方式即「問題意識」所建立的，可見理論框架在類型學的意義上可以歸納爲研究範式。這種建構既可以首先呈現出研究者作爲哲學方法的信念，也可以呈現出對於學術傳統的繼承與不同，表現出研究者的努力所在。而且，還可以對研究對象進行更加深刻的把握，實現研究者與研究對象的內在統一。我們不妨以一個與本書有關的典型例子來具體地說明。在中國近代轉型的研究方面，史華茲的《尋求富強：嚴復與西方》就因其提供了一個研究中國近代思想發展的理論框架而聞名。史華茲從嚴復思想的研究入手，闡釋了中國近代思想與傳統思想以及與西方思想的關係，提出了關於中國近代思想轉型的原因、性質、特徵的一套整體分析，揭示出中國近代思想轉型的實質。史華茲的研究方法正是以研究範式的角度去看待思想史的，而他的研究對象嚴復的思想特徵也具有中國近代思想轉型的典型範式意義。史華茲指出，對於嚴復之前的中國知識階層而言，他們的問題意識在於「保教」，「保教」比「保國」更爲重要；而嚴復與其同時代知識階層的問題意識則在於對國家富強的追求。這二者是根本不同的。但是在如何通向國家富強的道路上，嚴復又與他人不同。表面上看來，他對中國文化的態度是消極的，因此從政治學、經濟學、社會學等多個方面引介西方現代思想進入中國，表現出對傳統文化的嚴厲批判甚至是決裂。但是實際上，嚴復的思想核心在於期望以歸納驗證的科學方法論來實現中國傳統學術思想的範式轉變以適應現代社會的多面性；而在終極意義上，嚴復還是從西方發現了儒家理想的實現而回歸傳統文化。〔註4〕可見，嚴復的思想內容和學術主張提出了中國近代問題意識和思維方法轉變的重大問題，帶有範式轉變的特徵。而史華茲

〔註 3〕 羅榮渠：《現代化新論：世界與中國的現代化進程》，北京：商務印書館 2004
　　　　年版，第 5 頁。
〔註 4〕 〔美〕史華茲：《尋求富強：嚴復與西方》，南京：江蘇人民出版社 1996 年版，
　　　　序言及第三章。

對此問題的揭示，也對如何研究中國近代思想與傳統思想以及與西方思想的關係樹立了學術研究的範式。

中國近代（現代化早期）的基本特徵是面向現代化的思想、社會、政治、經濟的全面轉型。對於這一轉型的研究範式則有西方中心觀、中國中心觀、革命史觀三種主要的研究範式，我們要採取的近代化或者稱現代化可以稱為第四種。前幾種範式都能夠有力地揭示出中國近代思想與社會轉型的部分意義，但也各自有所側重。西方中心觀在經濟與社會轉型方面解釋力較強，但在思想轉型方面難以解釋中國思想文化傳統與現代的連貫性；中國中心觀對思想文化的連貫性解釋力較強，民族精神凸顯，但對於經濟與社會轉型有所忽視。革命史觀關注的則是階級矛盾和階級鬥爭的發展。如果能夠準確地借鑒吸收這些研究範式的問題意識與思維方式，將可以對本書問題的提出展開起到澄清的作用。

第一節　西方中心觀

一、西方中心觀的評價方式

中國的近代是一個由傳統社會轉向現代社會的特定過渡階段，從現代化進程的角度也可以稱之為近代化階段。這個時代不僅被李鴻章認為是「三千年未有之大變局」，連梁啟超也在《戊戌政變記》中感歎到：「喚起吾國四千年之大夢，實自甲午一役始也。」長期以來一個明顯的事實是，西方學者和我們自己都曾經習慣把近代歐洲民族國家的形成和較早實現工業化歸之於歐洲的先進性，而認為明清時期的中國是處在停滯落後或「沉淪」狀態，鴉片戰爭以後中國發生的一些變化則是由西方文明的衝擊引起的。也就是說西方給中國帶來了「現代」，西方是中國進入「現代」的老師。換言之，在由傳統社會向現代社會的轉型中，中國傳統文化是古老而有惰性的，正是西方文明的衝擊推動了中國社會的轉型。在這種基本評價方式之下，必然導致出一個命題，即「現代化等於西化」。「歐洲中心論」和「衝擊 —— 回應」的基本理論框架都是以西化作為中國近代化和現代化的方向，是西方中心觀範式的兩種具體體現。

無論是我們熟練運用的種種西方現代化理論還是由費正清所開創的美國對中國近代研究的傳統，在來源於西方的大多數理論中，中國從來都不是

主題，而僅僅是「他者」，是用來作爲注腳說明西方文明發展和全球流行的過程。即使是在馬克思經典理論當中也是這樣。中國是理論闡述的策略而不是重點，而且總是作爲理論的反面來論證至關重要的突出西方的主題。比如，馬克思指出中國受所謂「亞細亞生產方式」的支配，這等於是說中國將排除在西方世界從封建主義到資本主義轉變的現代性之外。如果將韋伯對資本主義的研究與他對儒教和中國的研究聯繫起來，也可以得到相似的結論。「亞細亞生產方式」這個詞實際上是停滯、落後、專制主義、普遍奴隸制、東方家產製等的代名。因此，對於我們而言，如果接著他們的思路去講即強調中國根本不同於西方的異質性，〔註 5〕或者容易忽視的是，堅持中國與西方根本無所差異。那麼則意味著，我們都無疑地受到這種西方原創的非此即彼的話語結構的影響。這就是西方中心觀對中國近代轉變和現代化的評價方式。因此，在一些肯定是相當精闢的觀點背後，其對中國的基本假設和提出問題的方式也許是我們更應該注意的。即便是馬克思或者韋伯，我們也要首先檢驗他們對中國的基本估計。

在對洋務運動的評價上，上述西方中心觀範式可以簡單地轉化爲一個我們非常熟悉而自然的問題，即「洋務運動爲什麼沒有使中國實現現代化？」這個僞問題的眞實語境是「洋務運動爲什麼沒有使中國像西方那樣實現現代化？」該問題成爲美國中國學在相當長的一段時間裏對中國近代轉型的問題標杆，對它的回答的早期經典著作就包括了費維凱對盛宣懷研究而提出的「官督商辦」論，也就是本書的研究對象。原創者總是限定了後來者的思維方式。在這種範式影響的一系列回答中，西方社會現代進程產生的特殊歷史社會背景變成了普遍適用的標準而忽略了在邏輯上「西方」的現代性也只能是現代性一詞的殊相。因此，用有沒有實現向西方或者是日本一樣的現代化來評價洋務運動是不合適的。有學者已經指出類似的問題「如果不從這種西方中心來看問題，更好的問法就不是問爲什麼中國沒有發展出近代科學，而是問西方怎麼就發展出近代科學。〔註 6〕」我們可以從這種問題方式得到有

<hr/>

〔註 5〕 可惜的是在很多研究中所強調的正是這一點。

〔註 6〕 關於這個問題的提問方式，得益與我同趙中國博士的交流，可參見余英時《一個傳統，兩次革命》，載《讀書》2009 年第 3 期 14 頁，提到席文教授（Nathan Sivin）對李約瑟《中國科學技術史》第 7 卷第二分冊中的「李約瑟問題」的意見。趙中國博士推薦了陳嘉映著《哲學 科學 常識》，東方出版社 2007 年版，第 9 頁，同樣指出，這樣的問話方式才是非西方中心主義的。

益的借鑒。

一種有意思的現象是，當我們不再以西方爲中心討論中國的近代化問題時，這種範式的影響仍然存在。一些洋務運動同日本明治維新的比較甚至是二戰後東亞經濟崛起所引起的提問與討論，無形中仍然是以變形的西方中心觀作爲研究範式，仍然可以歸於此類。例如對於洋務運動和明治維新以及官督商辦和殖產興業的比較研究，一些研究就提出「中國爲什麼沒有明治維新？」這樣的問題並尋找答案。在東亞現代化研究中還是如此。我們在此必須指出，作爲學術研究的範式，上述問題意識並不是無意義的。因爲就現代化這種現象而言，進行中西比較是最眞實的研究方法。我們只是在強調它對中國自主性特徵的忽略而指出本書努力的方向。這也是我們認爲西方中心觀在經濟與社會轉型方面解釋力較強，但在思想轉型中，難以解釋中國思想文化傳統與現代連貫性的一種論證。

二、現代化與西化的大爭論

「現代化」不僅是時間概念，更重要的是指社會發展的階段。因此，縱觀世界發展的歷史過程，現代化是有客觀標誌的。在經濟領域是工業化占主導地位，農業實現機械化生產，商品經濟成爲社會生活的主流並實現了世界性的市場格局。在政治領域形成了民主制度，涉及權威的合理化、結構的分離和政治參與的擴大三個方面。〔註7〕從選舉到決策以至於監督形成了一整套有效的、有法律保障的機制。在文化領域形成現代科學和文化藝術。當然，這只是從一般意義上、從主要方面上說。現代化的標誌不屬於本書討論的重點。而我們所要說的是，現代化的進程是不平衡的，歐美國家首先進入現代化，而整個東亞地區（包括中國）、非洲、拉美都屬於後發型現代化。由於這種不平衡的狀況，非西方國家的後發型現代化往往被人們片面地稱作「西化」。西化使得非西方國家在現代化進程中成爲「他者」，引起了廣泛的爭論。

20 世紀 30 年代，中國思想界就提出用「現代化」概念代替「西化」概念，把中西文化爭論引向了中國如何實現現代化和實現什麼樣的現代化的爭論。1933 年上海《申報月刊》發行《中國現代化問題專號》特輯。征集到著名專家學者和教授的 10 篇短論和 16 篇專論。文章中贊成中國走私人資本主

〔註 7〕〔美〕塞繆爾・亨廷頓：《變化社會中的政治秩序》，三聯書店 1989 年版，第 87 頁。

義道路的有 1 篇，傾向於社會主義的有 5 篇，主張兼采社會主義和資本主義混合方式的有 5 篇。這些討論中國現代化前途的文章涉及到經濟、政治、思想文化各個領域。與此同時，留美的陳序經在《中國文化的出路》中提出「全盤西化」的觀點。1934 年王新命等 10 教授發表《中國本位的文化建設宣言》，進一步引起了西化論者與中國本位文化論者的爭論。在爭論中，胡適被陳序經指責為「折衷派」，他立即聲明：「文化折衷論的不可能，我是主張全盤西化的」，〔註 8〕但他很快快察覺到「全盤」有百分之百的意思，承認自己「用字的疏忽」，改用了「充分現代化」的提法。〔註 9〕因此，真正主張全盤西化的是陳序經，大多數西化論者並不主張排斥中國傳統文化。例如熊夢飛提出「西學為體，中學為用」。〔註 10〕中國本位文化派的學者也不排斥西方文化，有的學者指出，中國文化是世界文化中之一環。1935 年短短幾個月，這場討論的文章就有 150 篇。這場討論的結果是：第一，如何對待中國傳統文化與西方文化，即中國的新文化應該是哪種文化為主導。第二，吸取西方科學技術、政治民主，但是「現代化」不等於「歐美化」、「西方化」。第三，中國現代化是走社會主義道路，還是走資本主義道路，是否可以採取混合的方法。第四，在中國人口眾多的情況下，是「以農立國」還是「以工立國」。

在這些大討論中，中國知識分子提出了許多形形色色的理論，如「全盤西化論」、「全球化理論」、「充分西化論」、「中國本位論」、「中體西用論」、「西體中用論」、「中西互補論」、「中國國情論」、「中國特色論」等等。今天，當回過頭來重新審視這場大討論時我們看到，所有這些理論雖然名稱各異，但所要解決的基本問題不外是中國將要實現的現代化應當是西方式的還是中國式的。七十年後的今天，當所謂中國大國崛起的趨勢明顯時，關於中國的現代化模式問題又為國內學術界所關注，對現代化的討論再度成為理論熱點。但是我們發現，自 80 年代以來知識分子對現代化的許多討論仍未超越 30 年代那場關於現代化模式大討論的基本邏輯。而實際上這種討論，在洋務運動初期就已經存在了，不同的派別已經給出了自己的答案。難道我們不該擴展

〔註 8〕 胡適：《編輯後記》（1935 年 3 月），見羅榮渠主編，《從「西化」到現代化》中冊，合肥：黃山書社 2008 年版，第 445～446 頁。

〔註 9〕 胡適：《充分世界化與全盤西化》（1935 年 6 月），見羅榮渠主編，《從「西化」到現代化》中冊，合肥：黃山書社 2008 年版，第 591～594 頁。

〔註 10〕 熊夢飛：《談「中國本位文化建設」之鬧天》（1935 年 6 月），見羅榮渠主編，《從「西化」到現代化》中冊，合肥：黃山書社 2008 年版，第 560 頁。

我們的視野，看看歷史當中已然存在的答案可能嗎？

由此可見，「現代化」這個概念在中國歷史大背景下，存在一個特殊的語境問題：後發型現代化的西化趨勢是既明顯又是危險的，中國「現代化」不能等同於「歐美化」、「西方化」。那麼，洋務運動中的中體西用究竟應該怎樣評價，常被人們認爲是中體西用最爲典型的官督商辦模式，是否意味著中西結合的不可能？中國「現代化」如何才能不等同於「歐美化」、「西方化」，「中國式」現代化具備可能性嗎？

第二節　中國中心觀

一、中國中心觀的評價方式

脫離以西方爲中心的視角而觀察中國社會的內部，我們可以看到晚清之際的中國社會經濟及其背後的思想文化呈現出一致的緊張關係。一方面，封建制度的封閉性不斷強化，已經展露出明顯的危機。明清之際中國傳統思想在僵化的封建政治制度桎梏下已經從宋明理學的興盛走向衰落，不能夠解放和發揮人的創造性，不能再給社會的經濟發展提供思想的動力，反而遏制了社會生活的活力。因此，就自身社會的演變和進步而言，中國出現了「內源性」現代化轉變的可能，這也是不能否認的。另一方面，面對西方近代經濟和文化「西學東漸」的強大影響，雖然具有外來現代化特徵的商品經濟和科技成果不斷湧現，西方近代文化與中國傳統文化發生碰撞，中國傳統思想在精神困惑中也仍然具有自我改變的意識。「不能提供一條獨立富強的道路，但又不能割斷其思想的歷史聯繫；同時面臨西方列強從思想到器物層面的全面入侵，又不得不向西方學習。」〔註11〕

在一個很長的時間內，由於中國沒有表現出近代化和現代化的成功經驗，因此中國中心觀只能表現爲保守的文化觀而普遍受到批評。但中國近代史研究的開拓者蔣廷黻於 1938 年寫成《中國近代史》，以中國能否走出「中古」狀態，建立「近代的民族國家」爲全書立論主題。提出另一種問題的方式：「近百年的中華民族根本只有一個問題，那就是：中國人能近代化嗎？能

〔註11〕劉文英主編，中國哲學史（下卷），天津：南開大學出版社 2002 年版，第 656 頁。

趕上西洋人嗎？能利用科學和機械嗎？能廢除我們家族和家鄉觀念而組織一個近代的民族國家嗎？能的話，我們民族的前途是光明的；不能的話，我們這個民族是沒有前途的。因為在世界上，一切國家能接受現代文化者必致富強，不能者必遭慘敗，毫無例外。」〔註12〕這種問題方式明顯不同於「中國為什麼沒有現代化」的提問。從問題方式上看，已經具有明顯但初步的中國中心意識。當然我們也應該注意到，蔣廷黻的問題背後隱含著一個從魏源「師夷」說直至今天我們現代化研究的誤區，即先驗地認為中國現代化的目標是最終實現比西方還要先進的現代化。此即中國中心觀作用之下的一種問題表現。

普遍的中國中心觀對近代化的觀點消解了中西對立問題，強調中國思想文化傳統與現代化之間的連續性；因此對傳統與現代的看法也不再重視其間的對立。在 20 世紀 30 年代的中西大討論中我們也可以明顯地發現這些觀點。這些中國本位文化論者可以理解為文化上的相對主義。這種觀念認為中國自古以來擁有自己優越而獨特的傳統，無需也沒有必要去和西方比較。此外，還無視現代化進程給中國帶來的積極變化，轉而批評西方的現代性惡果，對現代社會科學和自然科學的進步不予理會。這種思維反映在學術研究上缺乏對中國傳統的自我批判，排斥了許多學術研究深入進行的機會。正像我們前文提到中國中心觀對思想文化的連貫性解釋力較強，民族精神凸顯，但對於經濟與社會轉型有所忽視。我們會發現這種學術研究範式很少關係社會經濟和物質生活條件的變化，更重要的是對普通大眾的時代感受視而不見而無法躲避西化的強勢地位，這在今天也仍然是這樣。本書沒有選擇傳統的知識精英作為研究對象，目的正在於避免不自覺地陷入中國中心觀的研究範式中。

近二三十年以來，在美國的中國近代問題研究中也興起了一種反對西方中心觀的思潮，出現了像《在中國發現歷史 —— 中國中心觀在美國的興起》、《轉變的中國 —— 歷史變遷與歐洲經驗的局限》、《白銀資本 —— 重視經濟全球化中的東方》、《大分流》等名著，這些著作的主題都認為即使在西方衝擊下，中國近代歷史的最主要動力仍然是中國社會內部的力量。認為雖然在一段時間里中國可能會被裹挾在西方式現代化的進程之中，但是中國必然以一種不同於西方式的自我式的現代化來展現自我傳統和現代化的結合。那麼我們自然會提出一個疑問：這種自我發展規律的顯現是從何時開始的？洋務

〔註12〕蔣廷黻：《中國近代史》，上海古籍出版社 1999 年版，第 2 頁。

運動中的盛宣懷和官督商辦模式是不是這種不同於西方的現代化發展的一個早期嘗試？柯文也曾說道：「中國人終於發現自己從事一椿無法實現的工作，即試圖通過根本改變一種文化的辦法來保存這種文化。」〔註13〕這無異是說，傳統之所以爲傳統，中國之所以爲中國，就在於其能夠抗拒改變的力量。那麼，在洋務運動中所驗證出的中華文明生生不息的動力因素與中國現代化進程曲折的阻力因素都來源自傳統思想文化這一現實，而現代化又是一場無法抗拒和不應抗拒的變革，對傳統進行超越的自我批評才是我們應有的態度。而不應沉浸在那種自我傳統當中。

二、中體西用思維模式

中國近代化進程中的思想發展還處於典型的中國中心觀時代，現代化與傳統的基本關係是模糊不清的。鴉片戰爭前後魏源、林則徐等人提出了「師夷之長技以制夷」的思想，其用意是「求強」，具體步驟是「練兵」、「製器」，以建立一支近代化的國防力量以禦外辱。後來張之洞又提出了「中學爲體，西學爲用」的觀點，所謂「中學」是指維護封建制度的孔孟之道，「西學」就是指西方的自然科學技術。這個時期馬建忠、薛福成、王韜、鄭觀應等人受西方思想影響，提倡工商立國、論政於議院、君民一體，已經初步涉及到了政治問題，只是他們仍然主張「變器衛道」，認爲西方禮教遠遜於中華，因此有「中學其本，西學其末」的口號。這些觀點在理論上可以概括爲儒家倫理道德爲主體，西方科學技術爲用，雖然對傳統思想有所反省，但始終沒有進行深刻的自我批判。洋務運動雖然力圖建立現代化的富強國家，但恰恰是在這樣沒有對傳統反思的思想環境下付諸實踐的。

中體西用可以說是洋務運動時期最爲典型的一種中國中心觀。在中體西用原則之下，中國傳統思想文化幾乎不可能實現現代轉化。甚至我們可以這樣說，之所以中國近代西化思潮彰顯，與中國傳統思想做出中體西用的自我判斷不無關係。從這個意義上說，嚴復對中體西用的批評以及對西方科學方法論的提倡是我們轉變中國中心觀的一個非常重要的借鑒。不過我們也應看到，這一思想同樣沒有獲得近代化過程中應有的重視。

嚴復在《天演論》自序中說：「及觀西人名學，則見其於格物致知之事，

〔註13〕〔美〕柯文：《在中國發現歷史 —— 中國中心觀在美國的興起》（增訂本），林同奇譯，北京：中華書局 2002 年版，第 21 頁。

有內籀之術焉，有外籀之術焉。內籀云者，察其曲而知其全者也，執其微以會其通者也。外籀云者，據公理以斷眾事者也，設定數以逆未然者也。」我們知道，現代化是指在 17 世紀歐洲起源之後逐漸影響到全球的一種器物、制度、文化思想以及社會組織和管理模式轉型的過程。這個過程的本質是蘊含客觀邏輯的理性精神在人類思想與生活層面的普遍適用。因此，科學方法論的應用是現代化不可迴避的問題。嚴復充分認識到西方國富民強的根本原因正在於有新的認識論——邏輯學為指導，西方邏輯學不僅是科學發明、文明進步的關鍵，也是理解和推動社會轉型和實現近代化的關鍵方法。而中國要富強最根本的也在於掌握科學邏輯方法。嚴復指出中國舊學在面對現代化時的消極、惰性心態不是傳統文化內容的錯誤，而是傳統思維方法的錯誤。嚴復嚴屬批判了中國傳統認識論中先驗理性、唯書唯聖的「聖學演繹」積習，認為「吾國向來為學，偏於外籀，而內籀能事極微。」嚴復把所有經驗知識嚴格建立在歸納基礎之上的穆勒邏輯學引入中國就是因為他看到這種邏輯對中國傳統思想中的某些錯誤傾向有獨特的糾正與解毒作用。

洋務運動時期，洋務派曾掀起一個學習西方科學技術的高潮，但他們的科學觀還停留在器物科學觀階段，因而在借鑒新的科學方法方面尚無建樹。近代化始終停留在學習的層次上無法將現代化轉化為內在的精神需求，無法真正地由「器」至「道」，終於使中國的近代化過程無法突破。費正清在《中國：傳統與變遷》中對中國近代化進程有如下結論性的評述：「1870 年以後，通商口岸經濟的繁榮為中國引進了大量資本和企業管理技術。如果條件合適、時間允許，中國可能會因此突破自給自足的發展模式而越過工業化進程中的瓶頸階段。但通商口岸的經濟活動只是中國經濟的一部分，因而難成氣候。當時日本的發展表明，工業現代化需要中央政府的大力支持，而且應與其他領域一道全方位地進行現代化轉型。但中國恰恰缺少這些必要的條件，既無明確的國家政治目標及成熟的法律制度，又無穩定的貨幣操作規範可循，加之政府領導無方，民族企業又先天不足難以自立，實現工業現代化仍然只是一個可望而不可及的夢想。」〔註14〕如果我們探尋費正清這種事實描述背後現代化沒有在中國人心中內化的原因，嚴復的思想是我們無法忽略的。

〔註14〕〔美〕費正清：《中國：傳統與變遷》，張沛譯，北京：世界知識出版社 2002年版，第 378 頁。

第三節　革命史觀

一、革命史觀的評價方式

如果我們不局限於意識形態而只考慮問題與方法的話，國內很長時期對洋務運動、盛宣懷和官督商辦的研究是在革命史觀下展開的。它將新民主主義革命置於研究的中心，看作近代以來一系列變革、奮鬥與探索的繼續，看作中國經歷一系列曲折失敗以後道路選擇的結果。在這種問題意識下，洋務運動被徹底否定，被斥爲地主階級自救運動和改良，是不可能成功的。革命史觀認爲洋務運動是「一次地主階級進行垂死掙扎的，利用資本主義外殼的自救運動，也是一次勾結外國資本主義進一步變中國爲半殖民地的賣國運動。」把地主階級統治階層又分爲以慈禧太后爲代表的頑固派和以光緒皇帝爲代表的改良派，而把洋務運動作爲頑固派的附庸。這種我們熟知的評價方式雖然現在已經不在學術界流行，但仍然是不少歷史和人物評價的基本方式。在對洋務運動的具體評價觀點上，革命史觀還有一些值得注意的觀點。例如，認爲洋務運動是被動而爲的舉動，因此具有滯後性；又都有急於求成的冒險性。

在革命史觀的評價方式下，洋務運動被視爲必然失敗的自救運動。因此在事件意義上，將1894年中國甲午戰爭的失敗作爲洋務運動失敗的標誌；在思想發展上，將戊戌維新試做洋務運動後的思想進步，但是都屬於辛亥革命之前的沒有革命性質的改良運動；在階級屬性上，洋務運動的領導者被定義爲封建地主階級中的一部分覺醒分子，同時包含一部分帝國主義買辦；在文化上，則將中體西用試做借用資本主義外殼，內核仍然是封建傳統等等。

有學者認爲，革命史觀的實質是一種隱蔽的西方中心觀，比如看似相反實則同理的問題方式是認爲中國與西方相同但是中國由於帝國主義的侵略而改變了現代化的路徑。例如，當提問中國有沒有資本主義發展時，我們用明清江南紡織業的發展來作爲中國資本主義萌芽的證明，其目的是證明中國如果沒有西方入侵，也可以自主的實現資本主義發展進而進入與西方相同的現代化進程。把山西票號錢莊當做現代金融業的雛形也有異曲同工之妙。

二、重新評價洋務運動的積極意義

第一，我們認爲，這種「革命史觀」片面地運用馬克思的階級鬥爭觀點，

沒有完整準確地理解馬克思主義的理論體系。馬克思主義的基本觀點是生產力決定生產關係，經濟基礎決定上層建築。任何社會變革必須具備一定的經濟基礎，當經濟基礎不成熟時，社會變革是不能孤立地進行的。所以，片面地強調階級鬥爭，沒有看到晚清的經濟基礎不具備變革社會上層建築的條件。而改良主義運動所要進行的全面政治變革實際上是理想超過了現實。實際上中國的近代化道路應該是先經濟後政治。看當時的情況，主要是看當時生產力的狀況。「無論哪一種社會形態，在他們所能容納的全部生產力發揮出來以前，是決不會死亡的；而新的更高的生產關係，在它存在的物質條件在舊社會裏的胎胞裏成熟以前，是決不會出現的」〔註15〕

　　第二，「革命史觀」沒有客觀地看到中國歷史進程的複雜性也沒有看到當時中國統治階級內部的分歧。簡單地分爲頑固派和改良派，沒有看到洋務派是當時的中間派，而且這部分人已經在清政府內部形成了一股力量，他們的路線是先經濟後政治。我們從他們的思想中，可以看出他們的理想就是「師西洋之新法」，謀中國之富強，這個所謂中國之富強實際上是建立中國的工商基礎，在這個基礎之上，再謀求中國的政治變革。我們從盛宣懷、李鴻章等人的奏摺中可以看出，他們並不保守而且把西洋的議會制度看成是在經濟發展之後的必然發展趨勢。例如，百日維新失敗後，李鴻章、盛宣懷等人在一定程度上同情維新派並抵制頑固派廢除新政的行爲。當西太后說有人告他是新黨時，李鴻章坦然表示：「若舊法能富強，中國之強久矣，何待今日？主張變法者即指爲康黨，臣無可逃，臣實是康黨。」〔註16〕盛宣懷在政變後上書慶親王奕劻說：「訓政以來，百事皆歸舊轍，而寰海疑議紛騰，以爲更新不求實際，復舊又似太激。」他還借列強的名義向朝廷施加壓力。說「外人皆曰中國若是，恐難自強，不如各自爲計，分謀占奪，並將以兵力脅制，爲干預內政之謀。」〔註17〕

　　第三，革命史觀對於改良主義運動的評價也是不全面、不客觀的。沒有看到任何政治運動都有它的複雜性，我們可以看到改良主義運動失敗的一個重要原因，就是自認爲自己是改革的先鋒，而排斥了中間派，實際上是自己陷入孤立的地位。其本質在於沒有提出更加先進的經濟和政治現代化方案。

〔註15〕《馬克思恩格斯選集》第二卷，第 83 頁。
〔註16〕吳永：《庚子西狩叢談》，第 128 頁。
〔註17〕夏東元：《盛宣懷戊戌維新異同論》，《河北學刊》1988 年第 6 期。

第四，由於對洋務運動的片面看法，誤以爲他們是頑固派的附庸和帝國主義的代理人，忽視了他們謀求中國經濟獨立和政治獨立的理想和實幹精神。沒有認眞地總結洋務運動對中國經濟變革所起到的積極作用。我們還應該看到，當時鞏固封建統治是同挽救民族危亡，是同救國聯繫在一起的，太平天國結束之後，威脅清政府統治的主要是外國資本主義侵略勢力。中華民族與外國侵略者的矛盾是第一位的

第五，他們沒有看到，盛宣懷、李鴻章等人「師西洋之新法」，謀中國之富強，實際上是要走中國自己的近代化道路，儘管這個道路是艱難曲折的，但是，洋務運動的主要代表人物仍然通過實幹精神進行堅持不懈地努力。比如，鴉片戰爭時，中國人還是以弓箭和鳥槍鳥炮，甚至是把糞桶當作武器搬上戰場。而僅僅在洋務運動開展初期的 1874 年，中國軍隊在臺灣便與日軍「相持八月之久，日本見無勝算可操，允收賠費五十萬元而退。」〔註18〕1881 年，左宗棠憑藉洋務派軍工企業提供的近代軍火，收復了新疆一百多萬平方公里的領土；中法戰爭中用大炮炸死了法國侵華海軍司令孤撥。

第六，他們更沒有注意到一個複雜的但是確實眞實的歷史事實，改良主義運動後，康有爲放棄了他的「公羊三世說」，又劃分了每一世的小三世，而且成爲保皇黨，甚至建立孔教會。而洋務運動的主要代表人物仍然堅持他們的「師西洋之新法」，謀中國之富強的理想。對於基於洋務運動經濟建設的基礎，清政府逐步趨向採取保守式憲政的政治進步，革命史觀並沒有做出客觀的，實事求是的評價。

由此可見，不能完全準確地理解馬克思理論，片面地抽取馬克思主義的某個觀點，用教條主義的公式化方法評論歷史，是不能認眞總結歷史經驗，從中吸取有益知識的。

第四節　評價與借鑒

我們在本章開篇提到，現代已經不僅僅是個時間概念。把「現代」理解爲不斷地對過去的轉變同時又不斷再生，並且賦予「現代」以一種過去所不具有的新意或優越地位的觀念，是我們日常生活中最常見的一種關於「現代」

〔註18〕中國史學會主編：《洋務運動》（八），上海人民出版社，2000 年版，第 482 頁。

的廣義理解。因此，要正確地認識和評價洋務運動，根本的問題是要看它是否產生了過去歷史所沒有的新事物？如果有，那麼這種新事物是否為後來的歷史奠定了現代化的基礎和道路。

西方中心觀和中國中心觀都無法解決一個問題，即無法令人信服地提出中國現代化的未來理想模式。並且，簡單地對兩種範式進行折衷也仍然無法做到這一點。這是因為西方中心觀所提供的現代化動力來源於西方，但即使是在今天仍然強大的西化動力和中國現實的市場經濟與商業社會之下，這種外在的動力仍然受到巨大的阻力。因為，任何人都不會忽視文化和傳統的巨大影響力。中國人迄今都存在一種對現代商業社會的排斥心理，除非依靠國家力量去推行。中國中心觀最大的問題在於沒有也無法評價中國和外部世界的關係，這也是中國自洋務運動以來始終難以處理的問題。而且，正是中國中心觀使得中國對現代化容易出現急功近利的心態，要麼堅信我們能夠迅速地實現比西方更好的現代化，要麼就是仍然存在僥倖心理，認為我們可以在中體不變的情況下，以西用的方式實現現代化。當然，無論我們視什麼為中體，這種方式都一直給出同樣的現代化答案。革命史觀過於簡單的社會轉型的動力和方式觀點已經被大眾所拋棄，只能隱蔽地躲藏在西方中心觀的後面。

換言之，所有的理論難點都在於難以揭示中國向現代轉變的的自主性。《詩經》曰：「周雖舊邦，其命維新。」這種自主性在於中國近代的所有變革都被壓抑在不得已而為之，也就是說不得不變的前提下，這確實是事實；但是在此過程中，中國人始終是保持了清醒的「中國現代化問題意識」。對中國現代化過程的追尋，無異於是中國人在種種壓力下尋求自主的現代性的追尋。可見，以中國人的本體意識和自主思考為出發點，探求中國人對中國現代化問題的思考而不是苦悶和彷徨，才是現代化視角下中國近代社會大轉型的中心線索。現代化在把人異化成現代化的主體的同時，也把人異化成現代化的對象，但是人永遠是主動的，人的自由精神是啟蒙運動帶來的最重要的發現。那麼，中國近代現代化的過程，又怎麼能脫離這一點呢？

正是在這樣的理解下，本書將盛宣懷視作中國近代化的推動者加以同情之理解，試圖從其思想與時代背景中來探求近代中國追尋現代化時所遭遇的問題。同時又以官督商辦模式為研究中心的方法來展開社會層面的討論。國家現代化進程的發展所依靠的不可能是某種全知全能式的優異計劃設計，更

重要的是作為思想者和行動者的不斷適應變化的人。盛宣懷「個人經歷所集中的問題或體現的類型也以某些方式在其他人那裡表現出來」。以盛氏集官紳商於一身的一生經歷作為解讀近代中國現代化這一巨大歷史畫面是怎樣構成的，其價值是獨特的。

我們所面臨的問題一部分是尋求中國現在的另一種問題描述。如果中國近代化的變化形式和問題確實不同於西方的過去，那麼我們所批評的那些過去有沒有轉譯到現在的現實中？就盛宣懷所處的近代化階段和官督商辦模式可能提供給我們的啓示而言，如果不對傳統進行合理的批判，沒有眞正的商業社會基礎，最後只不過是讓位於政府操控的市場形式，沒有合理性的法治只能訴諸於全盤西化的推諉，那麼最終我們又何必抱怨全盤西化的現實呢？

如果說本書的現代化視角也是一種範式的話，那麼可以說這是一種生產方式的視角。「從歷史進程的角度看，廣義的現代化主要是指工業革命以來現代生產力導致社會生產方式的大變革，引起世界經濟加速發展和社會適應性變化的大趨勢。具體地說（狹義），就是以現代工業、科學和技術革命為推動力，實現傳統的農業社會向現代工業社會的大轉變，使工業主義滲透到經濟、政治、文化、思想各個領域並引起社會組織與社會行為深刻變革的過程。」〔註19〕我們要重視的是在現代化轉型過程中政府權力的功能和職責的問題。洋務派的探索是非常可貴的，但他們也是含混的、不清楚的。某種意義上說，傳統中國思想中包含的超驗價值在近代轉型中沒有完全被拋棄導致了這一結局。

今天平心而論，中國現代化發展雖然頗具規模，而實際上還僅僅是一種器物文明的形態，制度與思想文化的張力依舊，整體現代化的目標遠未完成，不可樂觀，現代化注定必將是一個長期而漫長的過程。史學家唐德剛在《中國社會文化轉型綜論》中指出，中國社會有兩大轉型，第一次發生於商鞅至秦皇漢武之間，歷時約三百年；自鴉片戰爭後的這次中國社會文化轉型，至少需要二百年以上難見其功。〔註20〕這便是在社會整體轉型的意義上提出來的。國內外不少學者同持此論，我們以為尚且是樂觀的估計。〔註21〕鴉片戰

〔註19〕羅榮渠：《現代化新論：世界與中國的現代化進程》，北京：商務印書館 2004年版，第 5 頁。

〔註20〕唐德剛著，《晚清七十年》（第一冊）《中國社會文化轉型綜論》，臺北：遠流出版事業公司 1998 年版，第 8 頁。

〔註21〕例如中國共產黨十七大報告指出：「到 21 世紀中葉基本實現現代化，達到世

爭迄今已經一百七十年，洋務運動迄今已經一百六十年，此次轉型結束否？
哈貝馬斯的演講「現代性：一個未完成的方案」對於中國是恰如其分的比喻
吧！

界中等發達國家的水平。」

第二章　傳統與變革──近代化的思想淵源和背景

　　現代化進程的轉型意義在於「質變」。質變在一個方面是說整體的轉變，從另一方面說，在事物從量變到質變的整個過程中，是由部分質變到整體性的轉變，中國學者把現代化的前期稱為近代化，指的是部分質變。整體的質變持續到現在仍然在進行中。很多學者以鋪陳的方式去詳細分析政治的、經濟的、文化的近現代變遷，這方面的著作已經不少。但是，去閱讀這類著作經常使我們陷入宏大敘事的模式，難以獲得一種領悟，也無法擺脫那種現代化的複雜性糾纏。可想而知，中國現代化是多種歷史線索的交匯，要想對其進行把握，多角度的詳細研究自是不可避免，但也應該不是唯一的方式。我們發現，很少有學者從「糾結」這樣一種文化心態和現實處境來對中國近代化進程進行詮釋，而盛宣懷的思想淵源和歷史背景正是洋務運動這樣一個「糾結」的時代。在傳統與變革之間糾結，就像我們面對一間留有兒時經歷的破敗百年老屋，是任其在風雨中坍塌，還是將其剷除後新建現代化的高樓大廈，還是……？

　　在中國近代化的過程中，盛宣懷是洋務運動中的關鍵人物，雖然他沒有使用近代化這個概念，但是他多次提到的「泰西新法」，實質上就是指向歐洲學習的近代化。而且，「泰西新法」是洋務運動中主要代表人物通用的一個概念，因此，對對其近代化思想和實踐官督商辦模式的研究，自然離不開對洋務運動思想特徵的分析。在某種意義上，洋務運動的領導者前後分別是李鴻章和張之洞，而盛宣懷則是二人的經濟代理人。洋務運動發軔於兩次鴉片戰

爭前後嚴峻的內外雙重危機和「師夷長技以制夷」的思想覺醒，隨後以「自強」和「求富」為主軸，以「中學為體，西學為用」為文化原則。總的思想特徵是在中學中尋找出發點和理想歸宿，在西學中尋求方法與途徑。這也是盛宣懷思想的基本脈絡。但是，這種解釋仍是個籠統和一般化的界定。偏見多失於簡單，影響洋務運動和盛宣懷其人的思想背景要複雜的多，洋務運動的思想也存在一個逐步變化最終提出「變法」、「師法西洋」的思想過程。

首先，儒家經世思想是洋務運動的重要思想源頭。以「自強」與「求富」為主旨的洋務派不僅積極響應了龔自珍、林則徐、魏源等道咸經世派思想中堅的覺醒呼吁，並且在學脈學風上受到了顧炎武、黃宗羲、王夫之以來儒家經世思想的極大影響。顧炎武等人的主張核心是關心、改革時政，魏源等人則提出了「師夷長技以制夷」之說，而洋務派師夷的內容擴大到了民用、外交等。經世致用的內涵明顯在不斷外延。發展到盛宣懷時已經基本與現代經濟民生實現了對接。從洋務派的指導思想「中體西用」上看，「師夷說」是「中體西用」的思想雛型。

其次，洋務運動與改良思潮所推動的維新運動之間在思想上有雙向的互動，而不是繼承或者對立的關係。這對理解洋務運動的政治思想方面非常重要。容閎、鄭觀應、王韜、薛福成、嚴復等改良派中的早期思想家均與曾左李張及盛宣懷等洋務運動領導者關係極為密切。他們出入於其幕府之中，致力於洋務活動，實際上成為洋務運動的倡導者和參預者，並予以了思想上的積極支持。例如鄭觀應就與盛宣懷共事為友四十餘年。改良思想就其實質內容而論也並未脫出洋務思想的藩籬。當然，早期維新思想家對洋務運動也發表了一些批評的言論，但這種言論多屬於條陳、善意的建議，其目的仍是推動洋務運動的發展。換言之，早期資產階級改良主義者是逐步從洋務派中分化出來的。不僅如此，洋務運動的發展推動了洋務派領導者自身的思想轉變。這種思想聯繫必須加以澄清。

可見，應該說戊戌維新運動側重於政治面的變革，而洋務運動則側重物質面的變革。何干之著《近代中國啟蒙運動史》就將洋務運動與維新運動並列入近代中國啟蒙運動之中。在這個意義上，我們對洋務運動的思想特徵作出傳統與帶有反傳統意味的變革之間的界定，應該是中肯而公允的。從政治哲學的理念層面而言，兩者對國家形態和權力體制的認知差別不大，就政治改革的實踐路徑而言，兩者有明顯的不同。洋務運動是從傳統政治哲學的理

念出發，主張先變器而後變道；維新運動是從資產階級民主的立場出發要求首先進行政治變革。綜上所述我們可以認爲，近代中國社會文化整體轉型的過程與思想的新陳代謝，首先呈現出一種積極的現代意識，力圖溝通傳統與現代以爭取合理性和合法性基礎。洋務運動的興起是傳統思維方式下對時代變革要求做出的完整的全面回應。以現代化思想的視角來看，該時期也是中國現代化思想出現的第一個高峰時期。

第一節　變局之下的艱難開端

與我們今天具有的歷史感不同的是，第一次鴉片戰爭（1840～1842）的失敗雖然逼迫清政府與侵略者簽訂了屈辱的城下之盟，但是，不僅統治者，就當時中國人的整體現實感來說，生活世界並沒有什麼變化和危機感。歐洲人仍然被稱作「夷」，只有少數「開眼看世界」的知識分子意識到了問題的嚴重性，提出了「師夷長技以制夷」的主張，結果也沒有引起足夠的重視。結果是中國在鴉片戰爭以後二十年時間裏依然故我，只是皇帝換了兩個。

第二次鴉片戰爭中，英法聯軍攻陷北京並火燒圓明園使得情況驟變。雖然仍然不是全部，但越來越多的人清楚地意識到，中國在自我意識中的那種夷夏世界的主導地位被徹底顛覆了。以至於今天我們再說這是劃時代的事件都顯得多餘。丁日昌在 1861 年斷言中西接觸的擴大是一千年來所發生的最大的一次變化。李鴻章在 1872 年聲稱西人東侵是三千年來所發生的最大的變化。光緒在位時期，曾紀澤稱這是五千年來最大的變化，張之洞則書之爲亘古未有的奇變。〔註1〕同樣使我們今天難以想像的是，由此甚至導致了一種既憂且懼的心理狀態。傳說有湘軍中的「蕭何」之稱的胡林翼曾站在長江岸邊的山頭上，猛然看見兩艘洋船逆江而上，「迅如奔馬，疾如飄風」，他竟因此而「變色不語，勒馬回營，中途嘔血，幾至墜馬」。此後每當有人與他談及洋務，他總是擺手搖頭，稱「此非吾輩可能知也」〔註2〕。曾國藩更是對此「四更成眠，五更復醒。念夷人縱橫中原，無以禦之，爲之憂悸」。〔註3〕

〔註1〕　〔美〕費正清、劉廣京編：《劍橋中國晚清史 1800～1911》下卷，北京：中國社會科學出版社 1993 年版，第 186 頁。

〔註2〕　薛福成：《庸盦筆記》，南山點校，南京：江蘇古籍出版社 2000 年版，第 17頁。

〔註3〕　曾國藩：《曾文正公手寫日記》，據湘鄉曾氏八本堂家藏手寫本影印，臺北：

　　「變局」的意識雖然主要是針對第二次鴉片戰爭的再敗而起，體現了中西文明碰撞的巨大力量。但之所以這種變局讓統治階層、地方官僚和士大夫們感到難以應對，這個時期中國內部的衰亂景象恐怕也是產生這種心態的另一個主要原因。不僅僅是有內憂，有外患，而且內憂外患都處於極其嚴重的狀況中。

　　清朝社會自乾隆朝之後便開始由盛轉衰，在經過太平天國戰爭之後，社會生產力和社會經濟遭到嚴重打擊，一種整體性的全面危機擺在了所有人的面前。以蘇南、皖南、浙東地區為例。這些地區原來經濟比較富庶，人口比較稠密，經過太平天國戰爭後，都遭到嚴重創傷。曾國藩說：「徽、池、寧國等屬，黃茅白骨，或竟日不逢一人」。〔註4〕「皖南及江寧各屬，市人肉以相食，或數十里野無耕種，村無炊煙。」〔註5〕這是在同治二、三年（1863、1864年）湘軍剛佔領不久的皖南和南京附近的情況。李鴻章說：「查蘇省民稠地密，大都半里一村，三里一鎮，炊煙相望，雞犬相聞，今則一望平蕪，荊榛塞路，有數里無居民者，有二三十里無居民者。間有破壁頹垣，孤嫠弱息，百存一二，皆面無人色，呻吟垂斃。」〔註6〕這是在同一時期淮軍佔領下的蘇南的情形。左宗棠也說，戰後浙江的情形是「遺黎僅存者，率皆饑疲不堪，面無人色。甚則槁死破屋之中，骸骼縱橫，無人收殮，疫色流行，田土荒廢。」〔註7〕

　　社會動盪造成的經濟危機與中外戰爭的賠款使得晚清財政陷入了空前的危機。從1840年開始，清政府的財政盈餘年年遞減。太平軍起義期間，清政府國庫已經收不抵支。「1852～1863年國庫平均收入僅900多萬兩，相當於道光前期常年的70.4%，但實銀收入僅有48萬兩，此後不斷減少，平均每年不過十幾萬兩，大約只抵得上兩個中等縣的田賦收入」。〔註8〕「1853～1861年的平均年存銀約相當於1821～1834年間的1/15，約相當於1777年的1/45。而且數字只是記賬數而非實銀數。據1865年的戶部報告，戰時

　　　臺灣學生書局1965年版，咸豐十年十一月三十日，十一年十月三日。
〔註4〕曾國藩：《曾文正公奏稿》卷二十一。
〔註5〕曾國藩：《曾文正公奏稿》卷二十四。
〔註6〕李鴻章：《李文忠公奏稿》卷三。
〔註7〕左宗棠：《左文襄公奏疏》卷二。
〔註8〕彭澤益：《十九世紀後半期的中國財政與經濟》，北京：人民出版社1983年版，第141頁。

每年的庫存實銀在 1853～1857 年只有平均 11 萬兩，1858～1864 年每年平均只有 6 萬多兩。國庫既如此，各省庫也都不免竭蹶不遑，司庫蕩然。」〔註 9〕在這種狀況下，清政府不是勵精圖治，而是採取了諸如開徵釐金、鴉片稅、鑄大錢、捐納賣官、勒索報效等敗壞吏治的搜刮手段。

　　以上就是洋務運動要面對的大變局的真實狀況。

第二節　以師夷倡經世

　　第一次鴉片戰爭（1840～1842）雖然開啓了中西關係的轉變，但當時對此能夠深入察覺的人卻寥寥可數。林則徐、魏源的思想覺醒在「夷夏之辯」的傳統政治思維自我束縛下沒有得到普遍的重視。在部分官僚和知識分子已經接受「師夷長技以制夷」思想的情況下，愚昧的統治核心直到第二次鴉片戰爭（1856～1860）英法聯軍攻入北京才被徹底震撼，「師夷之長技以制夷」才引發出洋務運動。

一、師夷說對夷夏之辨的思想突破

　　「夷夏之辯」是古代中國政治思想發展中不斷被強化的核心觀念。春秋時代產生「德華獸戎」的觀念後，孔子提出「夷狄之有君，不如諸夏之亡（無）也」，〔註 10〕隨後孟子又提出「吾聞用夏變夷者，未聞變於夷者也」予以進一步理論肯定。〔註 11〕隨著儒家思想統治地位的逐步確立，夷夏之辨也逐步理論化，並成爲封建「大一統」理論的重要有機構成。夷夏之間的關係以《公羊傳》「華夷外內之別」進而「內其國而外諸夏，內諸夏而外夷狄」作爲基本理論形態。由此，古代中國的對外關係就形成了一種建立在「夷夏之辨」基礎上由「中國中心」和「文化至上」觀念強化固定的「宗藩體制」。明朝時，「夷」開始作爲經遠洋而來的歐洲人的稱呼，雖然自 1518 年葡萄牙人首次到達之後，中國就已經直接面對和感受到了歐洲文明的某些先進之處，但夷夏的觀念還是自然而然地運用於兩種文明的相遇。根本上說，「中國中心」逐步趨於淡化，但「文化至上」的心態使得「天朝上國」的觀念和思想保留下來，

〔註 9〕　彭澤益：《十九世紀後半期的中國財政與經濟》，第 141 頁。
〔註 10〕　《論語・八佾》。
〔註 11〕　《孟子・滕文公上》。

大國開放的心態逐步封閉，甚至採取「攘夷」、「鄙夷」的處理方式來對待西方文明，強化自我中心的文化價值觀。乾隆與英國馬戛爾尼使團以及嘉慶與阿美士德使團的兩次衝突便是最好的例證。

「夷夏之辯」本身也是在中國爭持了兩千多年的觀點，一貫是保守與頑固思想對待改革思想的有力武器。因此在洋務運動興起之時，頑固派也以此來非難洋務派。頑固派指責洋務自強運動「用夷變夏」，認為「立國之道，尚禮義不尚權謀；根本之圖，在人心不在技藝」。而洋務派思想家們對這種非難都有著清醒的認識，例如王韜就說，無論華夷，「天下之道，一而已矣」，即中西方都致力一個相同的「道」。他對傳統的華夷觀念進行了嚴厲的駁斥，他說：「中國以外統稱『夷』此大謬不然也……其不在地之內外，而繫於禮之有無也明亦」。〔註12〕可見，思想的覺醒和進步是任何力量都無法阻擋的。

鴉片戰爭前後，勇於任事，具有開放眼光和勇氣的林則徐在領導禁煙運動時，開始積極組織搜集報刊資料以「悉夷情」。他的好友魏源在林被革職後受其委託，以《四洲志》為基礎於 1843 年編成《海國圖志》50 卷，1852年增訂成 100 卷本。魏源在《海國圖志》志敘中擲地有聲地說：「是書何以作？曰：為以夷攻夷而作，為以夷款夷而作，為師夷之長技以制夷而作」，〔註13〕並在書中反復言之，再三申論。《海國圖志》影響甚廣，但由於傳統政治還存在巨大的封閉慣性，「師夷」遠見並沒有在第一次鴉片戰爭之後被普遍接受。

許多人以為，魏源在面對堅船利炮時首先想到的是「制夷」，而「制夷」的目的則是維護清王朝的統治延續，是為了「制民」。此說的依據就是「以夷攻夷，以夷款夷，師夷長技以制夷」中的這個「夷」字。以一字為判斷，推斷魏源仍然是以中國傳統華夏為中心的文化觀。我們則認為，文化觀上的中國重心是不容質疑的，但恰恰是應予尊重的。魏源感受到西方的入侵將會給中國可能帶來的變化，但這種變化的實質他可能並沒有能意識到。但他絕不是「中國中心」觀的持有者。《海國圖志》套用《禮記 禮運》「天下一家」及《論語 顏淵》「四海之內皆兄弟」的話，說「豈天地氣運，自西北而東南，歸中外一家歟！聖人以天下為一家，四海皆兄弟，故懷柔遠人，賓禮外國，

〔註12〕 王韜：《弢園文錄外編》，北京：中華書局 1959 年版，第 296 頁。
〔註13〕 魏源：《海國圖志·敘》，《魏源集》，北京：中華書局 1976 年版，第 207 頁。本節下引未標明者均引自該書。

是王者之大度；旁咨風俗，廣覽地球，是智士之曠識。」魏源這裡所謂的「天下」、「四海」，已不再是閉關鎖國時期的中國，而是五大洲、四大洋的全世界。從「中外一家」的提法就可以知道，傳統的「率土之濱，莫非王臣」的觀念已被魏源徹底粉碎。魏源在《海國圖志》中收錄的《西洋人瑪吉士「地理備考」序》中說：「誠知夫遠客之中有明禮行義，上通天象，下察地理，貫穿今古者，是贏寰之奇士，域內之良友，尚可稱之曰夷狄乎？」魏源以「遠客」為「奇士」，為「良友」，這是近代自覺地對「夷」稱提出疑義的第一人。於是在《道光洋艘征撫記》的定本中，魏源把草本中的「夷」字通統改作「洋」字，《道光夷艘征撫記》也更名為《道光洋艘征撫記》。

可見，《海國圖志》是一部劃時代的著作，其師夷說的提出，打破了傳統的夷夏之辨的文化價值觀，摒棄了九洲八荒、天圓地方、天朝中心的史地觀念，樹立了五大洲、四大洋的新的世界史地知識，傳播了近代自然科學知識以及多樣文化樣式、社會制度、風土人情，拓寬了國人的視野，開闢了近代中國向西方學習的時代新風氣，展現出難得的現代面向。當然，魏源對西方文明的介紹和質疑、批評都是有瑕疵的。為俟後的洋務運動和「中體西用」論爭中沒有親身經歷過西方文明的人們提供了或準確或荒謬的資料素材，也為反對西學的主張者提供了一定的口實。但是，在《海國圖志》裏魏源始終並沒有從「道器」、「體用」的角度來介紹西方文化。綜觀魏源的整體思想，講求「經世致用」，主張「變易」、「師夷」才是他一以貫之的思想精髓。我們大可不必從後人各持一端的爭執中來給魏源的思想定性。或許，我們更應該深思，「師夷之長技」的思想價值在今天也是不過時的。

二、師夷說對經世致用學風的繼承

近世儒者魏源為什麼能夠提出「師夷長技」的至理名言？除了鴉片戰爭失敗的憤慨與對西方「船堅炮利」的直接認知，魏源以天下為己任，講求經世之學的學風是不可忽略的重要原因。魏源少年時以理學入門，後曾「究心」研習陽明心學，成年後在北京期間又學習了漢學，在音韻、訓詁上具有相當的功力。最終，他由公羊學「通經致用」而思想成熟，謂之「以經術為治術」，孜孜不倦於經世之學。魏源對於當時充斥朝野的考據學風和理學的性理空談皆加貶斥，提出「變古愈盡，便民愈甚」的大膽主張。

我們知道，經世學風在道咸年間已經發展為顯著的思想潮流，陶澍、賀

長齡、林則徐、徐繼畬、龔自珍、魏源、包世臣、姚瑩、張穆、沈垚等大批學者以經世爲己任，已經在儒家思想自我發展的道路上走出了一條既老又新的路向。爲洋務派的興起奠定了極爲重要的思想基礎。

例如林則徐的學生馮桂棻於 1860 年在《校邠廬抗議》中說：「法苟不善，雖古先吾斥之，法苟善，雖蠻貊吾師之」，〔註14〕也仿「師夷」說表達了學習西方，解救中國前途的具體思路。不僅如此，其思想意義還在於他公然把「古先之法」與「蠻貊之法」並列對待，將「善」與「不善」定爲衡量的標準。這樣就使「師夷」能夠從「法」之善與不善的角度去進行判斷和選擇，說明他不僅揚棄了「中國中心」和「文化至上」的夷夏思維方式，並且也突破了向西方學習「船堅炮利」的局限性。

馮桂棻在其名著《校邠廬抗議》一書中提出，中國的「自強之道」不外乎向西方學習，說「始則師而法之，繼則齊之，終則駕而上之，自強之道，實在乎是」，但他強調中國「有待於夷者，獨船堅炮利一事耳」〔註15〕。也就是說，中國眞正需要向西方學習的，只是船堅炮利及其製造技術。這是他的局限。影響最大的，是他提出的「以中國之倫常名教爲原本，輔以諸國富強之術」〔註16〕的主張，成爲「中學爲體，西學爲用」的理論先導。

據王爾敏的研究，魏源、馮桂棻等儒家學者能夠鮮明地提出「師夷長技」，是與經世實學中「貴因」的思考方法密不可分的。〔註17〕如果沒有這種繼承，恐怕「師夷長技」很難在當時的思想整體環境下得到公認。《呂氏春秋》說：「三代所寶莫如因，因則無敵。因則貧賤可以勝富貴矣，小弱可以勝強大矣。」〔註18〕從這裡來溯源，「師夷長技」就具有了可以引來立論的實學思想的確切依據。而眞正這樣做的不是魏源，而是洋務派。例如1867 年蔣益灃在奏摺中說：「呂氏曰，三代所寶莫如因，因則無敵。臣當熟思審處，而如今日外吏之弊在於所用非所學，所學非所用，有不得不變之方。外人呈貢其藝術技能，以求媚於中國，禮失則求諸野，有不能不因之勢。」〔註19〕後來同時

〔註14〕 馮桂棻：《校邠廬抗議·收貧民議》，上海書店出版社 2002 年版。

〔註15〕 馮桂棻：《校邠廬抗議·製洋器議》。

〔註16〕 馮桂棻：《校邠廬抗議·採西學議》。

〔註17〕 王爾敏：《中國近代思想史論續集》，北京：社會科學文獻出版社 2005 年版，第 9 頁。

〔註18〕 《呂氏春秋·貴因》。

〔註19〕 《籌辦夷務始末·同治朝》。

期學者及官方背景較重的洋務派也多從此角度認同「師夷長技」對傳統思想的繼承與發揮。

薛福成則闡述的更爲詳細：「昔者宇宙尚製作，中國聖人，仰觀俯察，而西人漸倣之。今者西人因中國聖人之製作而踵事增華，中國又何嘗不可因之，若怵他人我先，而不欲自形其短，是諱疾忌醫也，若謂學步不易，而慮終不能勝人，是因噎廢食也。夫青出於藍而勝於藍，水凝於水而寒於水。巫臣教吳而弱楚，武靈變服以滅胡，蓋相師者未必無相勝之機也。吾又安知數千年後，華人不因西人之學再辟造化之靈機，俾西人色然以驚，擇（無左偏旁）然而企也。」〔註20〕

我們還應當注意到，雖然林則徐、魏源的「師夷」思想在兩次鴉片戰爭期間沒有得到重視，但「師夷」思想對重要洋務人士從學脈上影響頗深。曾國藩的老師唐鑒是魏源的好友，他與魏源的長子魏耆則有讀書上的往來。並且，雖然以攻理學爲主，但他重視經世之學也是眾所周知。左宗棠的老師是賀熙齡，賀熙齡之兄是《皇朝經世文編》的作者賀長齡，與魏源交誼深厚。左與林則徐則爲至交，其湖南親友中多人與邵陽魏源莫逆。〔註21〕光緒元年，左宗棠還爲重刻的《海國圖志》作敘，特別指出自己「福建設局造輪船，隴中用華匠製槍炮」都是學習了魏源「師夷長技」的結果。〔註22〕連張之洞也評價魏源爲「中國知西政之始」。〔註23〕

當然，並不是所有的洋務派都是以經世致用學風來認知和接受「師夷」思想的。洋務運動另一關鍵人物奕訢就是在與侵略者英法聯軍交往中以不同的方式轉變的，與林、魏及洋務派有根本的差異。1861年，奕訢領銜上奏《統籌全局摺》，認爲英法：「其意必欲中國以鄰邦相待，不願以屬國自居，內則志在通商，外則力爭體面，如果待以優禮，似覺漸形馴順。」他還把太平天國、捻軍等農民起義與西方列強對清政府的危害兩相比較，得出了如下結論：「髮、捻交乘，心腹之害也；俄國壤地相接，有蠶食上國之志，肘腋之憂也；

〔註20〕 薛福成：《出使英法義比四國日記》卷二，第9頁。
〔註21〕 李揚帆：《走出晚清・涉外人物及中國的世界觀念之研究》，北京大學出版社2005年版，第69～70頁。
〔註22〕 左宗棠：《重刻海國圖志敘》，《左文襄公文集》第一卷。
〔註23〕 張之洞：《勸學篇・外篇》，《廣譯第五》，鄭州：中州古籍出版社，1998年版，第127頁。

英國志在通商，暴虐無人理，不爲限制則無以自立，肢體之患也」，〔註24〕保守的政治心態盡顯。以此爲基礎，奕訢得出「攘外必先安內」的邏輯，制定了「中外同心滅賊」的戰略目標，然後才接受了「師夷」思想與洋務派其他人物達成一致。這也說明統治階層中以奕訢爲代表的一部分人對於「師夷」思想的認識程度，遠遠遜於當時的思想主流。在所謂的洋務派內部，對於改革的動機與目的也存在著思想上的明顯差別。

從盛宣懷的家世來看，他的父親盛康在爲官期間，思想和行爲都注重經世致用之學並輯有《皇朝經世文編續編》（由盛宣懷繼其志而編成）。因此盛宣懷深受其父經世致用思想的影響。盛宣懷十七歲時，盛康勉勵他致力於「有用之學」。〔註25〕《愚齋存稿》行述中說，盛宣懷在湖北期間，「入秉庭訓，出與鄂中賢士大夫遊……既事事研求，益以耳濡目染，遂慨然以匡時濟世自期，生平事功基於此矣。」〔註26〕

三、洋務運動是師夷說的實際運用

「制夷－師夷－洋務」這一思路的初步形成，帶來了處理中外關係上的新觀念，引起了巨大的反響。首先，要「制夷」就必須先要「悉夷」。知己方能知彼，因此國人對本國內外雙重無知的茫然狀態得以改變。其次，「師夷」說的提出，在中國近代思想史上是劃時代的，是具有現代意義的開放文化觀念的初創，是中國傳統文化向現代化過渡的首次思想解放。正因爲「師夷」說具有開風氣的先進作用，《海國圖志》問世後，不但在當時引起知識界的廣泛關心，風行海內，得到了一批先進知識分子如姚瑩等的熱誠擁護和支持，此後開明的知識界人士，幾乎都承認自己之所以能夠建立起世界眼光，自覺學習外國先進文明，是受到魏源「師夷」之說的啓蒙。正是在「師夷」說的影響下，知識界率先興起了研究世界地理、艦炮技藝的熱潮，此後曾左李張才興辦洋務，去身體力行「師夷長技」的實踐。在洋務運動期間，《海國圖志》連續刊刻九次，可見其對洋務運動影響之大。《海國圖志》東傳日本後，僅 1854 年到 1856 年三年中，日本出版《海國圖志》選刻和選譯本達 21 種，其影響之大甚至超過中國。明治維新時期的思想家頗受這本書的激發。日本人鹽谷

〔註24〕《籌辦夷務始末·咸豐朝》。
〔註25〕盛宣懷：《愚齋存稿》，行述第 3 頁。
〔註26〕盛宣懷：《愚齋存稿》，行述第 3 頁。

岩陽感慨地說：「嗚呼，忠智之士憂國著書，乃爲它未受中國的重用而未爲其君所用，反落它邦，吾不獨爲默深先生悲矣，亦爲清帝悲之。」〔註27〕

　　我們應該看到，洋務運動不僅在思想上繼承和發揚了「師夷」說的思想和方法，並且遠遠突破了魏源等「師夷」思想提出者的自覺程度，超越了「師夷長技以制夷」的有限目的，向著富國強兵的方向大大深化。

　　首先，洋務運動把所「師夷長技」的範圍從軍工技術推廣到了民用工業。魏源在《籌海篇》裏明確提到船炮製造工業可以兼作民用工業，他說船廠除造戰艦外，還可造商船、郵船供交通運輸之用，是「戰艦有盡，而出賈之船無盡，此船廠之可推廣者一。」又說，火藥局除了造槍炮火器外，還可造各種工具儀器機器，如「量天尺、千里鏡、龍尾車、風、水鋸、火輪機、火輪舟、自來火、自轉碓、千斤秤之屬，凡有益於民用者，皆可於此造之。是造炮有數，而出囂器械無數，此火藥局之可推廣者二。」魏源的目的僅是爲了說明興辦造船鑄炮工業可一舉多得。但是在洋務運動的實踐中，洋務派認識到一旦開始學習外國的長技，那就不可能孤立地只學造軍艦、大炮，其他工業技術也必須同時學習。至於爲了興辦這些工業所必需的開礦、交通、冶煉、鑄造諸業，自然也要逐步興辦。所以「師夷長技」在實際操作上，必然是要突破軍工這個有限範圍的；必然成爲中國興辦近代工業的一個突破口。

　　其次，爲了「師夷長技」，就必需培養專門人才。魏源主張學習西洋「專以造舶、駕舶、造火器、奇器，取士搶官」的取士制度，改革中國武試專以「弓馬技勇」取士的制度，並且具體主張先在廣東福建設水師科，選拔水師將官。他的提議僅限於科舉中的武試一項。洋務運動中李鴻章和盛宣懷開始大量延聘西方工程和科技人員並創辦學校培養掌握西方科技的新型人才。我們將在後面章節中分析洋務運動教育觀念的變化。同時，爲了學習西方的技術，無法不去瞭解和接受作爲這些技術之基礎的科學。在洋務運動中，更有一批知識分子開始走上學習和研究西方自然基礎科學的道路，如丁拱辰、丁守存之研究數學、天文學，鄭復光研究光學等等。〔註28〕

　　第三，「師夷長技」的主張，原本是爲了抵禦外國入侵制定的對策措施，但是經過洋務運動的實踐，卻大大突破了魏源等愛國志士們倡導的初衷。「師

〔註27〕　丁偉志、陳崧：《中西體用之間 —— 晚清中西文化觀述論》，北京：中國社會
　　　　　科學出版社 1995 年版，第 32 頁。
〔註28〕　丁偉志、陳崧：《中西體用之間 —— 晚清中西文化觀述論》，第 35 頁。

夷」說引發洋務運動之後，更多的官員和知識分子不僅承認了西方國家有可「師」之「長技」，而且一步步去深入思考資本主義國家何以會形成這些「長技」，那些科學的、文化的、社會的和政治的諸種條件是什麼，引發人們去思考中國何以沒有這些「長技」。中西文化問題也就更加現實地擺在了國人的面前。關於中西文化的大論戰，從此也就在中國開場。

第三節　中西體用之間

「中體西用」是「中學為體，西學為用」的簡稱，通常被看作是三十多年洋務運動的綱領性口號或指導思想。從「中體西用」的發展定型過程來看，其具體觀點不是一成不變的，在發展中涉及到中國哲學的一些基本概念，這些概念之間多少存在一定的差異。僅以張之洞帶有總結性的觀點來評價整個洋務運動的指導思想似有以偏概全的嫌疑。另外由於洋務運動將中體西用作為指導原則，加之洋務運動的主要主張都在經濟領域，因此一般認為，洋務運動以維護清朝政府合法性為價值取向，放棄政治運動方式作為解決變局中所面臨的問題。從有關論述來看，這種觀點也有重新討論的必要。而且，從更廣泛的視野看，「中體西用」是 19 世紀 60～90 年代一種旨在調和而不是分離中西文化的思潮。實際上可以說洋務派和維新派都基本持有「中體西用」的立場，這種影響一直延續到 20 世紀 30 年代的中西文化大討論。「中西文化的論爭，像一支靈敏的儀表，反映著一場文化大變革對中國人心的劇烈激蕩。」〔註29〕一旦陷入這種「碰撞」的固定思維，其後果是悲慘的。例如陳寅恪在《王觀堂先生挽詞並序》中寫道：「近人有東西文化之說，其區域分劃之當否，固不必論，即所謂異同優劣，亦姑不具言；然而可得一假定之義焉。其義曰：凡一種文化值衰落之時，為此文化所化之人，必感苦痛，其表現此文化之程量愈宏，則其所受之苦為亦愈甚；迨既達極深之度，殆非出於自殺無以求一己之心安而義盡也。」〔註30〕問題在於，當人們意識到這種文化所依附的社會經濟制度的根本變革是不可避免的時候，出路何在？正如本書緒論中所說，從現代化的角度去看，自上世紀 80 年代以來知識分子對現代化的許多討論仍未超越 30 年代那場關於中西文化大討論中涉及現代化模

〔註29〕 丁偉志、陳崧：《中西體用之間 —— 晚清中西文化觀述論》，第 394 頁。
〔註30〕 陳寅恪：《陳寅恪詩集》，清華大學出版社 1993 年版，第 10～11 頁。

式的基本邏輯。「西學」的背後，是裏挾中西的現代化的巨大力量。因此，不以中西體用爲預設的前提，而詳細考察洋務運動中關於中西學關係的思想變化，是有必要的。

一、中西學關係的問題定位

從思想體繫上看，中國哲學思想歷經千年已經發達到相當成熟的地步，具有高度的圓滿性和自足性。因此，在中國人心目中沒有任何一種思想文化可以和中學相媲美。這是無需掩飾的。但是，中學與西學的面向不同，解決的問題和方式不同。到了近代，中學在面對工業文明時表現出嚴重的缺陷和不足，這也同樣是必須承認的。在這種情況下，怎樣看待中學與西學的關係問題，換言之，應把中學和西學分別擺到一個什麼位置上，自然就成了人們共同關心的問題。中學與西學的關係問題，可以說與洋務運動相伴始終。

鴉片戰爭後的現狀迫使中國知識分子以文化自覺的方式來回應西方文明的合理性，能夠維護自身文化價值的哲學範疇便被移植過來成為種種合理的解釋框架。從 1861 年到 1894 年的三十餘年間，洋務政治家和思想家在論述中學與西學關係時，曾有過「中本西輔」、「中本西末」、「中體西用」、「中道西器」、「中道西藝」等等不同提法。一般認爲，這些不同的提法都屬於中體西用的思想範疇，其提出者基本上都是洋務派官僚和知識分子。又有學者指出，準確地說，整個洋務運動的指導思想應該是「中本西末」，而不是「中體西用」，具體說來，「從 1861 年到 1894 年的三十餘年間，洋務政治家和思想家在論及中學與西學的關係時，曾有過『中本西輔』、『中本西末』、『中體西用』、『中道西器』、『中道西藝』等等不同提法。但是，在大多數情況下，他們是用『本』『末』這對概念來表達中學與西學的關係的，不僅『中道西器』、『中道西藝』的提法只是偶而出現，『中體西用』的提法的出現也不過寥寥數次，屬於主流地位的是『中本西末』論，而且，『中體西用』這一提法只是在1895 年維新思想興起後才開始流行。」〔註31〕顯然，這裡注意到了各種不同提法的細微差別，提醒人們不宜籠統地看問題。但是這種觀察方法同時又間接證明了，在最基本的價值取向上，上述說法都包含了重中學、輕西學，亦即不排斥西學，但必須以中學爲主的意味。實際上仍是肯定各種提法之間是

〔註31〕成其章：《從「中本西末」到「中體西用」》，《中國社會科學》1995 年第 1 期。

大同小異，並無實質性差別。

但是，問題在於，洋務派官僚和知識分子爲什麼要提出上述關於中學和西學基本關係的定位呢？這個問題的面向如何？上述批評的本質其實是認爲洋務派仍堅持保守的文化立場。但是倘若我們梳理一下當時的文化背景，這個問題的面目也許可以顯現的更加清楚。在維新派思想出現之前的時間內，在中學西學問題上與洋務派官僚和知識分子進行論爭的，主要是頑固派。在這段時間裏，洋務派所扮演的，並不是文化保守的角色，恰恰相反，他們所代表的，是對「師夷」先進思想的維護者的角色。洋務派採取折衷調和的中西文化觀，是文化立場更加保守的頑固派的對立面。至少在張之洞提出中體西用的總結性結論之前，洋務派關於中學西學關係定位是在與頑固派的三次大爭論，第一次是同治五年（1866 年）多至同治六年（1867）春；關於同文館應否以「正途人員」學習「西洋天文算學」的爭論；第二次是同治十三年（1874）多至光緒元年（1875）春夏間，關於「籌議海防」的爭論；第三次是光緒六年（1880）至十一年（1885），關於是否修築鐵路的爭論。我們應該以上述爭論爲中心，才可以看出這場歷時三十餘年的所謂「中學西學之爭」的概貌與實質，作出對中體西用思想的正確判斷。然後再對其缺陷作出客觀的評價。鑒於兩次論爭的詳細過程比較複雜，具體歷史可參考丁偉志、陳崧所著《中西體用之間 —— 晚清中西文化觀述論》第二章的詳細陳述。

1861 年，馮桂棻在《校邠廬抗議 採西學議》篇中，提出了「以中國之倫常名教爲原本，輔以諸國富強之術，不更善之善者哉」的觀點，明確指出了中學和西學之間的「本輔」關係。同時，他在「採西學」中所提出的一條主要的實際措施，就是建議在廣東、上海設立「翻譯公所」。他所說的「翻譯公所」，實際上是教授西學的新式學堂。他設計的教學內容中包括聘西人課以語言文字，又聘內地名師課以經史等學，兼習算學。可見，這個方案中是中西學兼顧基礎上的「本輔」關係。同年，京師同文館設立，次年開始教授八旗子弟外國語言文字，並沒有受到抵制。馮桂棻得悉京師設立同文館之後，開始鼓吹他的辦學想法，希望把單純的外語學校變爲全面學習西學和中學兼顧的新式學堂。李鴻章隨即採納了他的建議，在 1863 年 2 月的奏摺中全部照錄，清政府很快批准了李鴻章的建議，同意在上海設立「上海廣方言館」，其課程中就包含了算學。1864 年，李鴻章向總理衙門正式建議改進科舉制度未成。1866 年 11 月，奕訢等終於下定決心，奏請於京師同文館內增設天文算學館，

並建議考選「科甲正途出身」人員入學。1867 年 1 月，頑固派開始連續上奏攻擊這一措施。

在 1864 至 1866 年的醞釀過程中，考慮到可能遇到的阻力。李鴻章等人都借鑒馮桂棻《採學西議》的思想來闡述自己的觀點，企圖通過本末、本輔、形上形下等關係範疇，打破「夷夏大防」的意識形態框架，爲中西關係設定一個適合洋務運動需要又能不至於觸怒頑固派的思維模式。

王韜指出：「器則取諸西國，道則備自當躬。蓋萬世而不變者，孔子之道也。孔子之道，儒道也，亦人道也。道不自孔子始，而道賴孔子以明。」〔註32〕這裡用推崇「道」的方式來調和中西是顯然可見的。器固然不能與道相提並論，他同時說輪船、火器之類「皆器也，而非道也，不得謂治國平天下之本也」。他進一步引用《尚書》上的話「民惟邦本，本固邦寧」，指出「故治民，本也；仿傚西法，其末也」。〔註35〕王韜對中學與西學做了一番比較後認爲：「形而上者，中國也，以道勝；形而下者，西人也，以器勝。如徒頌西人，而貶己所學，未窺爲治之本原者也。」〔註34〕鄭觀應也說：「中學，其本也；西學，其末也。主以中學，輔以西學。」〔註35〕考慮到王韜和鄭觀應一貫主張向西方學習的基本思想和他們或遊歐或買辦的經歷，以上述思想認定王韜與鄭觀應視中學爲「道」、「本」固不爲過，但是認定他們輕視西學似乎就站不住腳了。

李鴻章在 1865 年《置辦外國鐵廠機器摺》中明言：「顧經國之略，有全體，有偏端，有本有末。如病方亟，不得不治標，非謂培補修養之方即在是也。」而「中國文物制度迥異外洋榛狂之俗，所以郅治邦固丕基於勿壞者，故自有在」，治國之本是中國文物制度，而治標方案則是「庶幾取外人之長技，以成中國之長技」。〔註36〕左宗棠在 1866 年《擬構機器雇洋匠試造輪船現陳大概情形摺》中指出：「中國以義理爲本，藝事爲末；外國以藝事爲重，以義理爲輕。彼此各是其是，兩相不逾，姑置弗論可耳⋯⋯謂我之長不如外

〔註32〕　王韜：《弢園文錄外編》，第 321 頁。
〔註35〕　中國史學會：《戊戌變法》（一）第 132，149 頁。
〔註34〕　王韜：《弢園尺牘》。
〔註35〕　鄭觀應：《盛世危言·西學》篇，《鄭觀應集》上冊，上海人民出版社 1982 年版，第 75 頁。
〔註36〕　李鴻章：《置辦外國鐵廠機器摺》，《李文忠公全書》，奏稿，卷 9，第 31～35 頁。

國，藉外國導其先可也；謂我之長不如外國，讓外國擅其能，不可也。」〔註37〕上述兩個奏摺都是在主張中國堅持以義理為本的同時必須要學習外國藝事這個「末」。

1865 年，薛福成在曾國藩幕中論及籌海防事宜時，也說：「防之之策，有體有用。言其體，則必修政刑，厚風俗，植賢才，變舊法，祛積弊，養民練兵，通商惠工，俾中興之治業蒸蒸日上，彼自俯首貼耳，罔敢恃叫呶之戰態以螫我中國。言其用，則籌之不可不預也。籌之預而確有成效可濱者，莫如奪其所長而乘其所短。西人所恃，其長有二：一則火器猛利也；一則輪船飛駛也。……彼之技藝可學而能也。……若是，則彼之所長，我皆奪而用之矣。」〔註38〕很明顯，薛福成將政刑、風俗、選賢、變法等等列為「體」，而把西人所恃的火器、輪船之長視為「用」。同樣表達了一種以中學為體，以西學為用但是需並重以籌海防的思想。其後，薛福成還在《籌洋色議 變法》中更加明確地闡明了「中體」的內涵：「取西人器術之學，以衛我堯舜禹湯文武周孔之道」。這明顯是一種取器以衛道的調和思想表達。實際上，整個洋務派對西方富強的實質已經達成共識，一致認為西方的強大不僅在其船堅炮利，更在其背後的政體學術，中國要想實現自強，就必須在傳統的思想觀念之下，使西方文化有更多的發揮影響的空間。只是這種認識很少公開表達。

籌議海防爭論時期，郭嵩燾在 1875 年《條議海防事宜》中多次提出了治國的本末問題：「竊以為方今之急，無時五地不宜自強，而行之必有其本，施之必有其方……正朝廷以正百官，大小之吏擇人而任之，則本立矣……求富與強之所在而導民以從之，因民之利而為之制，斯利國之方也」，「故夫政教之及人之本也，防邊末也，而防邊一事，有其本末存焉。敬繹六條之議：如練兵、製器、造船、理財，數者皆末也；至言其本，則用人而已矣」。

20 年後，即第三次爭論中的 1884 年，曾代理李鴻章任直隸總督的張樹聲在他死後留下的一份遺摺中，認為「西人立國具有本末，雖禮樂教化遠遜中華，然其馴致富強，亦具有體用」。這是承認西學不光有「用」，也有「體」，是體用兼備的。他指出：「育才於學堂，論政於議院，君民一體，上下同心，務實而戒虛，謀定而後動，此其體也。輪船、火炮、洋槍、水雷、鐵路、電線，此其用也。」可惜，「中國遺其體而求其用，無論竭蹶步趨，常不相及。

〔註37〕左宗棠：《左宗棠全集・奏稿三》，嶽麓書社 1989 年版，第 63 頁。
〔註38〕薛福成：《庸庵文錄外編》，卷三。

就令鐵艦成行，鐵路四達，果足恃歟敦」〔註39〕這裡指出中國向西方學習的根本缺陷，在於只求西學之「用」而無視西學之「體」，因此，即令學到了西學之「用」，達到「鐵艦成行，鐵路四達」，因為沒有學到西學之「體」，能否富強起來也還是令人懷疑。顯然，張樹聲遺摺所表達的體用思想，突破了「中體西用」的定式，是對這場持續 30 年爭論中頑固思想的深刻批評。

我們還應當注意到，從這場爭論中看，頑固派心目中的中學也不是中國悠久而豐富的傳統文化，而只是著眼於「尊君親上」的綱常名教。中華文化所包含的科學的、開放的精深博大的內容，是被他們排除在中學的範圍之外的。所以，任何認為中體西用之中都是以中學來與西學相抗衡，都並不是一種確切的說法。我們要問：中國文化怎麼會對西方的自然科學和技術產生排斥呢？或者說，引進西方的科學技術何以會妨礙中國文化的正常發展呢？
〔註40〕

二、中體西用思想的轉變

經現代學者考證，《萬國公報》編者兼上海中西書院總教習沈壽康在 1895 年 4 月第一個明確提出中體西用概念。〔註41〕1896 年 8 月，管理京師大學堂和官書局的工部尚書、協辦大學士孫家鼐在《議復開辦京師大學堂摺》中對「中體西用」思想作了細緻的闡述：「中國五千年來，聖神相繼，政教昌明，決不能如日本之舍己芸人，盡棄其學而學西法。今中國京師創立大學堂，自應以中學為主，西學為輔，中學為體，西學為用。中學有未備者，以西學輔之；中學其失傳者，以西學還之。以中學包羅西學，不能以西學凌駕中學。此是立學宗旨。」〔註42〕但是，真正有影響的是張之洞在其《勸學篇》提出的「舊學為體，新學為用」的思想。這一定論的提出則與之前的中學西學討論大為不同。

《勸學篇》撰寫於 1898 年 3 月。其時歷經 30 餘年的洋務運動，由於甲午戰爭的失敗，已經難以為繼。康有為、梁啟超繼之而起宣傳變法維新，也

〔註39〕戚其章：《從「中本西末」到「中體西用」》一文所引。
〔註40〕丁偉志、陳崧：《中西體用之間——晚清中西文化觀述論》，第 110～111 頁。
〔註41〕吳雁南等：《中國近代社會思潮》第 1 卷，湖南教育出版社 1998 年版，第 631 頁。
〔註42〕《皇朝經世文新編》，卷五，上，光緒二十四年上海大同書局版，第 17～20 頁。

引起了尚存很大實力的頑固派的激烈反對。身爲洋務領袖的張之洞既不同意頑固派的主張，也不能容忍康有爲、梁啓超的政治主張，視之爲「邪說」。因而著《勸學篇》辟之，所謂「絕康、梁以謝天下耳」。

在《序》中，張之洞闡明了撰述《勸學篇》的寫作目的和各篇大意，並說明了他的良苦用心在於矯正新舊兩派的極端做法，企圖以折衷調和的態度與精神，尋找新舊兩派之間的第三條道路，即「中體西用」。他指出在有史以來的急劇「世變」之際，「海內志士，發憤搤捥。於是圖校時者言新學，慮害道者守舊學，莫衷於一。舊者因噎而食廢，新者歧多而羊亡；舊者不知通，新者不知本；不知通則無以應敵制變之術，不知本則有非薄名教之心。夫如是則舊者愈病新，新者愈厭舊，交相爲瘉，而恢詭傾危亂名改作之流，遂雜出其說以蕩其心。學者搖搖，中無所主；邪說暴行，橫流天下」。〔註43〕

張之洞並不否認西學的價值，認爲當時講求西學是必要的，說：「今欲強中國，存中學，則不得不講西學。」〔註44〕但是，在講西學時，必須先「以中學固其根底，端其識趣」，〔註45〕只有如此，才能以中學爲標準，對西學有所取捨，比如「知君臣之綱，則民權之說不可行也；知父子之綱，則父子同罪、免喪廢祀之說不可行也；知夫婦之綱，則男女平權之說不可行也」。〔註46〕因此，張之洞要求學者先通中學，在此基礎上，「然後擇西學之可以補吾缺者用之，西政之可以起吾疾者取之」。〔註47〕也就是說，中學是「本」，居主要地位；西學是「末」，居次要地位。「舊學爲體，新學爲用，不使偏廢」。〔註48〕

《勸學篇》本身並沒有明確地在文字上直白地說出「中體西用」，而是在《設學篇》、《會通篇》中分別表達「舊學爲體，新學爲用，不可偏廢」，「中學爲內學，西學爲外學；中學治身心，西學應世事」〔註49〕之類的思想。但是，《勸學篇》系統而詳細地論證了何謂體、何謂用，如何堅持體用；張之洞又是正途出身的官僚領袖，《勸學篇》被官方認可而曉諭天下後，使得中體西用的思想進一步深入人心。不僅如此，「中體西用」事實上還成爲了戊戌維新

〔註43〕張之洞：《勸學篇·序》。
〔註44〕張之洞：《勸學篇·循序第七》。
〔註45〕張之洞：《勸學篇·循序第七》。
〔註46〕張之洞：《勸學篇·明綱第三》。
〔註47〕張之洞：《勸學篇·循序第七》。
〔註48〕張之洞：《勸學篇·設學第三》。
〔註49〕張之洞：《勸學篇·會通第十三》

運動的指導思想。梁啓超在代總理衙門起草《籌議京師大學堂章程》中，同樣指出：「夫中學體也，西學用也，二者相需，缺一不可」，因此，京師大學堂應堅持「中西並重，觀其會通，無得偏廢」〔註50〕的教學方針。

實際上，張之洞代表的洋務派在這時和維新派對於「中學爲體，西學爲用」有著不同的理解，即「小同」而「大異」。主要的差異在於：第一，洋務派的「中體西用」論著眼於「補救」二字，即以西學補救中學之缺失；維新派則著眼於「會通」二字，即堅持中學與西學的「會通」。第二，洋務派的「中體西用」論有一個發展變化的過程，前面已經提到過。大體上說，洋務派之前是將重點放在「西學爲用」上，通過論證西學之可用與當用，爲洋務運動服務。到了張之洞這裡，則又將重點轉移到「中學爲體」上，認爲三綱五常的「聖教」是「體」，是「道」、「本」，充滿了「衛道」的意味。維新派則從一開始就突出強調「西學爲用」，希望中國實行「以俄大彼得之心爲心法，以日本明治之政爲政法」的全面變革，走上資本主義君主立憲的道路。

可見，康梁的「新學」、「西學」和洋務派所主張的「西學」已經大不一樣。雖然梁啓超說維新派的「新學」是「蓋『學問飢餓』至是而極矣」，「欲以構成一種『不中不西即中即西』之新學派，而已爲時代所不容。」〔註51〕梁啓超的這種自我否定帶有自嘲的意味。無論從維新派政治實踐的宗旨，還是其思想形成的過程與經歷看，西方的科學成果仍是是康梁學說的主要淵源和內容。可見，「中體西用」是當時作爲調和中學西學而被中國多數進步人士都能接受的一種社會變革的思想和模式。因此，中體西用客觀上對中國近代化進程有積極的影響和作用。

三、現代意識的顯露與局限

儘管中體西用是一種調和性的思想主張，在其後期與維新派思想的對立中表現出明顯的保守傾向。但就整體而論，在這個命題的空間之內，還是有比較明顯的變革意識和現代特徵的。作爲一種向前展望，希望綜合中西之所長而發展的社會文化思潮，我們不能以今天的時間定位而將其視作幼稚或古舊的前現代思想，而應當注意到其中所蘊含的現代意識。

早期人士對西用的認識主要關注於器物層次上，如魏源就認爲西方長技

〔註50〕 中國史學會：《戊戌變法》（四），第 484 頁。
〔註51〕 梁啓超：《清代學術概論》，《飲冰室合集，飲冰室專集之三十四》。

主要是軍事領域的,「一戰艦,二火器,三養兵練兵之法」〔註52〕;馮桂芬以「中國之倫常名教爲原本,輔以諸國富強之術」的思想是對魏源的直接繼承;而薛福成把政刑、風俗、賢才、養民練兵、通商惠工等統統視爲「中體」,「西用」僅限於火器、輪船等具體科技方面「器數之學」。洋務大員在對待西學的態度上,在公開的場合還是局限於器物層次。但到了19世紀七八十年代,隨著與頑固派在幾次爭論佔據了上風,洋務派對中體西用內容的理解就產生了一定的變化,中體的內容漸漸減少,西用的內容漸漸增多,而並不是到中日甲午戰爭才被迫出現思想變化。

上述郭嵩燾1875年的《條議海防事宜》中就指出「西洋立國有本有末,其本在朝廷政教,其末在商賈、造船、製器」。那麼既然政教是西洋之本,要想學好西洋之末,何不學習政教之本?兩江總督張樹聲於1884年的遺摺中將郭嵩燾的思想發揮到一個新高度:「西人立國具有本末……育才於學堂,議政於議院,軍民一體,上下一心,務實而戒虛,謀定而後動,此其體也。輪船、火炮、洋槍、水雷、鐵路、電線,此其用也。中國遺其體而求其用,無論竭蹶步趨,常不相及。就令鐵艦成行,鐵路四達,果足恃歟?」這段話就已經批評了僅僅把器術當作「西用」的做法。鄭觀應在提出「中學其本也,西學其末也,主以中學,輔以西學」的同時,也認爲西國「富強之源,不盡在船堅炮利,而在議院,上下同心,教養得法;興學校……使人盡其才;講農學……使地盡其利;設電線……使貨暢其流」。「中國戶口不下四萬萬,果能設立議院,聯絡眾情……雖以併吞四海,無難也」。「中國……苟欲安內攘外……持公法以永保太平之局,其必自設立議院始矣」。〔註53〕

可見,從郭嵩燾到鄭觀應,隨著洋務運動的展開,他們逐漸地對西方的政體、教育制度的重要性有了越來越深刻的認識。只是這些內容到底歸屬於「中體」還是「西用」,除張樹聲遺摺外其餘的人都沒有明確說出來。洋務官僚和思想家對當時清政府統治階層中的頑固勢力,在內心存在著深深地忌憚。盛宣懷在向皇帝提出《條陳自強大計》時,舉出練兵、理財、育才三項自強主張,儘管他也非常詳細地說明應當如何具體實施,有些內容已經涉及到政制的「體」,但如同洋務派其他人士一樣,還是不敢提出明確的變「體」的思想主張。

〔註52〕 魏源:《海國圖志‧籌海篇‧決戰》。
〔註53〕 鄭觀應:《盛世危言‧議院》。

　　從歷史的實際過程來看，「中體西用」思想的發展相應促進了中國近代化的步伐。鴉片戰爭後一段時間，國人對富國並不重視。隨著「中體西用」思想發展，洋務「自強」運動從單純的軍事「求強」向「求強」與「求富」並舉。因此洋務派從 19 世紀 70 年代開始，在經營軍事工業的同時，又陸續創辦了一批以「求富」為目的的官督商辦民用企業，民族資本企業也開始出現。官督商辦、官商合辦和商辦民用企業的發展同軍事工業比較，機器生產得到更廣泛地應用，機械化程度提高迅速。事實上，這就是以機器大工業為標誌的現代工業經濟模式改造傳統中國農業手工業經濟機制和社會構成的過程，標誌著中國近代化的進程又向前邁進了實質性的一步。在整個洋務運動中，洋務派在「中體西用」思想指導下，經過 30 年的時間，創建了 800 多家工礦企業，把西方先進的生產力引到了中國，實現了從手工業到機器大工業的轉變。所以說，是「中體西用」思想促成了洋務運動的開展，而洋務運動的開展又使中國資本主義經濟得以產生，這才有了中國對世界現代化潮流的正式回應和中國近代化的發展。

　　洋務派的「中體西用」論在 30 多年的洋務運動期間有其值得肯定的一面。這是本章的一個重要結論。對此，在上述思想材料的分析基礎上我們再這一觀點作出完整的歸納。

　　首先，正如前面已經指出的，中體西用論是在洋務派與頑固派的鬥爭中產生的。洋務運動期間，頑固派堅決抵制西學，反對洋務，恰如鄭觀應所揭露的，「今之自命為清流、自居正人者，動以不談洋務為高見，有講求西學者，則斥之曰名教罪人、士林敗類。」〔註 54〕至於一般的士大夫，如李鴻章所說，也是「沉浸於章句小楷之積習」，「武夫悍卒又多粗蠢而不加細心」，文武兩方面都是「所用非所學，所學非所用。無事則嗤外國之利器為奇技淫巧，以為不必學；有事則驚外國之利器為變怪神奇，以為不能學」。〔註 55〕在這種情況下，洋務派頂住壓力，主張引進「離經叛道」的西學，肯定西學有值得學習的一面，認為利用西學可以達到「自強」的目的。這不但相對於頑固派來說是個巨大的進步，就是在當時的整體思想環境中也算是一種相當開明的主張。在頑固派的攻擊之中，洋務派在主張采擇西學的同時，提出了「中學為體，西學為用」的綱領，並用主輔、本末、道器等關係範疇論證了中學與西

〔註 54〕鄭觀應：《盛世危言‧西學》。
〔註 55〕《籌辦夷務始末‧同治朝》。

學的關係。其目的在於說服包括頑固派在內的整個國民的思想顧慮，實際上是在宣揚西學絕不會凌駕於中學之上，相反，只會有助於扶持和維護中學。可見，洋務派既主張「西學爲用」，爲了講求西學以解決自強的問題；同時也主張「中學爲體」，則主要是爲了對付頑固派的攻擊，使得洋務自強運動順利進行。這是那個時代中國人向西方學習的一種特殊方式。

其次，平心而論，即使不從策略上考慮，單就理性地對待中學與西學的關係而言，中體西用論恐怕也是當時惟一的持平之論和可行之策。頑固派一味排拒西學，其偏頗性自不待言。至於以西學凌駕於中學之上，則是後來才有的過激主張，洋務運動期間似乎還未有。應該說，捨此別無其他更好的選擇。許多學者都看到了這一點，如錢穆指出：「一個國家，絕非可以一切捨棄其原來歷史文化、政教淵源，而空言改革所能濟事。則當時除卻『中學爲體，西學爲用』，亦更無比此再好的意見。」〔註56〕陳旭麓也認爲：在洋務運動時期，封建主義的文化照常充塞天地，在這裡要容納一點資本主義新文化，除了「中體西用」，還不可能提出更好的宗旨來。若無「中體」作前提，「西用」便無所依託，不能在中國安家落戶。「中體西用」畢竟使中國人看到了另外一個陌生的世界，看到了那個世界的可學的部分，並設法把這部分引進到中國來，從而在僵化的封建文化的壁壘上打開了缺口，促進了近代中國社會和思想文化的新陳代謝。〔註57〕

第三，中體西用論還具有比較明顯的解放思想的作用。嚴格地說，將兩類性質不同的文化作本末或體用的區分是不科學的，但它所揭示的問題範式卻是令人深思的。因爲，正如嚴復所指出的那樣，每一種文化都有它自己的本末或體用關係，中學有中學的本末或體用關係，西學有西學的本末或體用關係。如果只承認中學的「本」或「體」，而否定它的「末」或「用」，則中學之「本」將成爲無「末」之「本」，「體」也將成爲無「用」之「體」；而否定了中學的「末」或「用」，就幾乎等於否定了中學的一半。這對中學來說實際上是一種很嚴厲很激烈的批判。由此也可以看出，在中體西用的框架內，已經蘊含著對封建主義舊文化的批判，具有思想啓蒙的意義。直到20世紀80年代，才有學者撥去歷史塵埃，看出了這一點。〔註58〕

〔註56〕錢穆：《國史大綱》，下冊，北京：商務印書館1994年版，第900頁。

〔註57〕陳旭麓：《論「中體西用」》，《歷史研究》1982年第5期。

〔註58〕丁偉志：《論近代中國反孔思潮的興起》，《社會科學研究》1981年第2期。

我們在肯定中體西用論的積極一面的同時，也不可忽視它的消極一面。

如上所述，中體西用論用本末、道器、體用關係範疇來概括中學與西學的關係，在理論上是站不住腳的。因為，中學有中學的本末、道器、體用，西學有西學的本末、道器、體用，中體西用論無視這一點，於中學只取其「本」、「道」、「體」的一面，而棄其「末」、「器」、「用」的一面；於西學則正好與此相反，只取其「末」、「器」、「用」的一面，而遺其「本」、「道」、「體」的一面。這裡的片面性是顯而易見的。無怪乎有學者稱中體西用論是「一個不中不西的思想怪胎」。中體西用論的這種內在缺陷，當時就有人看了出來。前引張樹聲遺摺稱中國對於西學是「遺其體而求其用」，嚴復所批評的更加直截了當：「體用者，即一物而言之也。有牛之體，則有負重之用；有馬之體，則有致遠之用。未聞以牛為體，以馬為用者也。中西學之為異也，如其種人之面目然，不可強為似也。故中學有中學之體用，西學有西學之體用，分之則並立，合之則兩亡」。〔註59〕洋務派對於西學片面地講求其用，而忽略其體，結果還是沒有達到自強、禦侮的目的。缺乏正確理論指導的運動，不是出偏差，就是不成功。

我們應該看到，「中體西用」思想不是完美的，但在當時的歷史條件下卻是順應時代發展潮流的，沒有「中體西用」作為思想先導，就不會有洋務運動，就不會有中國近代化的起步，它為洋務運動奠定了理論基礎。日本在明治維新時提出的「和魂洋才」口號和「中體西用」並沒有什麼本質的不同。從中國百多年現代化歷程來看，對「中體西用」關鍵性的理解在於西方政教能否「即體即用」，進而轉化入「中體」之內，關鍵還是對「體」的認識。這種轉化的本質並非是中西之別，而是現代之「用」向現代之「體」的轉化。不能忽略的是，近代中國民主自由思想也是由「中體西用」思潮的逐步進化而萌發的。直到今天都對中國政治現代化的發展有一定的借鑒意義。

第四節　以洋務興富強

洋務自強運動與其思想所以興起並形成為一種思想潮流，除了官僚士大夫和社會思想家思想的嬗變以外，太平天國運動和兩次鴉片戰爭失敗後，清朝統治所面臨的更加嚴峻的內外局勢是直接的動因。在此之前，「師夷長技以

〔註59〕王栻主編：《嚴復集》第 3 冊，中華書局 1986 年版，第 558～559 頁。

制夷」只是個別「先覺」者的籲喊，在太平天國和兩次鴉片戰爭之後，對中國社會做整體判斷的變局觀念出現，當變局的觀念成為一種普遍的時代覺悟時，產生的影響非常巨大。「師夷」的思想不斷擴展，最終，向西方全面學習的富強思想成為思想主流。

一、有關名詞的整理

「洋務」最早被稱為「夷務」。「洋」字在中國的使用，雖然晚於「夷」字，但亦早就有之。其最先指海，後來代指海外其他國家。如將歐美稱為「西洋」，將東南亞稱為「南洋」，將日本稱為「東洋」。康熙二十四年（1686 年）在廣州設立專門負責對外貿易的機構稱之為「洋行」，而「洋商」起初指的則是洋行中的中國商人，對外國商人仍稱為「夷商」。後來「洋」「夷」之間的區分逐漸模糊，鴉片戰爭前後出現用「洋務」來表示對外事務。「夷務」和「洋務」都是對外事務的稱謂，僅在語氣尊貶上有差別。第一次鴉片戰爭議和談判期間，英國全權大臣璞鼎查對清朝議和代表耆英、伊里布明確表示反對使用「夷」字。結果《南京條約》、《虎門條約》以及後來的有關照會中，就沒有出現「夷」字；而在清朝內部官方文件和私家著述中，「夷」和「夷務」的字樣仍在廣泛使用。到第二次鴉片戰爭之後，以「洋」代「夷」成為中外條約中的一項明確規定。《中英天津條約》第 51 條中便明文規定：「嗣後各式公文，無論京外，內敘大英國官民，自不得提書『夷』字。」〔註 60〕從中可以窺見，從「夷務」到「洋務」的轉變反映了「天朝上國」傳統觀念的動搖和破滅，又是對世界形勢的認識和承認；既有被迫接受的無奈，又有向前挪步的足迹。「洋務」從此泛指一切與西方各國打交道的事務，包括外交、通商、傳教、派遣留學生、購買機器、翻譯西方科技書籍等等。1861 年「總理各國事務衙門」成立以後，總理各國事務衙門從一個臨時機構「專辦外交及通商事件」，逐漸擴展為「策富強總匯之地」。至此，「洋務」便成為清朝第一要務，「洋務」一詞也取得了正式的地位。

1861 年奕訢等人在奏摺中稱：「探源之策，在於自強，自強之術，必先練兵。」〔註 61〕這是自強觀念尚屬淺薄的源頭。曾國藩附和說：「恭親王奕訢所

〔註 60〕 《籌辦夷務始・咸豐朝》。
〔註 61〕 《籌辦夷務始・咸豐朝》，《奕訢等又奏請八旗禁軍訓練槍炮片》。

奏，請購買外洋船炮，則爲今日救時之第一要務。」〔註62〕1864 年奕訢等人在重申他們的觀點時強調：「治國之道，在乎自強，而審時度勢，則自強以練兵爲要，練兵又以製器爲先。」〔註63〕因爲有了「以製器爲先」的認識，所以才有了第一批近代軍用工業的興起。可以說，練兵製器是洋務運動中達致自強目的的第一階段，亦即「求強」的階段。

　　呂實強在 1987 年 8 月臺灣中央研究院召開「清季自強運動研討會」上的發言說：「爲什麼大陸要用『洋務運動』？美國、臺灣地區的學者幾乎很少用『洋務運動』，多用「自強運動」？道理很簡單。『自強運動』是代表當時人心裏面內憂外患的壓迫……雖然在政治上沒有用外國人方法，甚至於說在西學、西藝方面，也沒有能夠徹底學到外國人的科學精神和方法，但是他們內心的熱情，內心的動機，是向著愛國的、努力奮進的方向去走，所以我們用『自強運動』，是代表一個繼續的完整的動力。可是大陸上要否定這些努力，所以他們用了『洋務運動』。用『洋務運動』情形就不同了，僅是借用外國人的科學技術來完成他們的保衛封建政權，與帝國主義合作來維持統治階層自己的利益，所以他們借用這些科技的目的並不是愛國的，是與人民爲敵的。如此解釋下來，他們說曾國藩、李鴻章、左宗棠等，他們所做的努力，都是站在與人民對立的立場，他們既然違反了人民的利益，便只有失敗。當然引導到毛澤東說人民革命，領導人民，順應人民，所以他們會成功。目的在這裡，所以排除了『自強』這個名詞。」這種說法當然是非常片面的。

　　「自強」出自《易傳》「天行健，君子以自強不息」一語，因爲古已有之，因此容易爲人所接受。正因爲「自強」觀念的特殊重要性，有一些學者也認爲，以「自強」代替「洋務」來概括 19 世紀 60 至 90 年代中國引進西方技術以應付「變局」的運動，或許更爲恰當一些。指出「自強」與「洋務」的聯繫和區別在於：「洋務是當時人形容從事事業之實體，自強則是當時人努力奔趨之目標；自強是一個持續的思想動力，洋務只是所依循的途徑；除此之外，還應注意『洋務』多少是相對著『反洋務』而言的，在當時不算是個好名詞，因此這個運動剛開始的階段，不論是朝中大臣或地方大吏，多使用『自強』，不只是因爲『自強』一觀念乃中國傳統所固有，而是因這一觀念足以塞反對

〔註62〕 曾國藩：《奏稿》卷十四，《復陳購買外洋船炮摺》。
〔註63〕 《籌辦夷務始末・同治朝》卷二十五。

者之口，以減少運動的阻力。」〔註64〕

二、富強思想的提出

洋務運動的思想先驅在提出「師夷」的同時，也同時提出了「富強」的思想。例如，1843 年（道光二十三年）魏源著《聖武記》論述了富與強的關係：「今天財用不足國非貧，人材不竟之謂貧；令不行於海外國非羸，令不行於境內之謂羸。故先王不患財用而惟亟人材，不憂不逞志於四夷，而憂不逞志於四境。官無不材則國楨富，境無廢令則國柄強，楨富柄強，則以之詰奸奸不處，以之治財財不蠹，以之搜器器不窳，以之練士士無虛伍。如是何患於四夷？何憂乎禦侮？」〔註65〕馮桂芬也是近代富強思想的又一前驅，他指出：「諸國同時並域，獨能自致富強，豈非相類而易行之尤大彰明較著者，如以中國之倫常名教為原本，輔以諸國富強之術，不更善之又善者哉！」

1861 年「總理各國事務衙門」成立以後，富強為核心思想的洋務運動興起成為清朝第一要務。1865 年李鴻章致友人信中說：「外國猖獗至此，不亟亟焉求富強，中國將何以自立耶？千古變局，庸妄人不知，而秉鈞執政亦不知，豈甘視其沈胥耶？鄙人一發狂言，為世詬病，所不敢避」。但是中國如何才能富強呢？這時，「師夷」思想自然進入了政治家的視野，向西方學習被稱之為「洋務」。可見，富強是形容這一時期朝野人士的理想目標，而洋務則是富強思想所展開的具體內容。

富強思想的出現使得內外交困的混亂局勢出現了一個整體性的解決方案，無疑與給傳統政治統治面臨的困境提供了極具吸引力的出路和前景。奕訢、文祥等滿清貴族和曾國藩、李鴻章、張之洞、左宗棠等封疆大吏從不同的角度認同「師夷長技以制夷」，並將其轉化為更具認同力和吸引力的「富強」思想，從而發動洋務自強運動以應對「變局」。因此這一時期出現了暫時的思想穩定和思想統一，形成了「同光中興」的繁榮局面。從表面上看，封建社會的整體秩序得到穩定與延續，貴族、官僚和知識分子之間在思想上達成空前的一致。〔註66〕當時對於洋務興盛的局面有這樣的記載：「道光、咸豐

〔註64〕以上參見韋政通《中國十九世紀思想史》（上）第 370 頁的論述。又費正清編《劍橋中國晚清史，1800～1911》有關章節即捨「洋務運動」而採用「自強運動」這一概念。

〔註65〕魏源：《聖武記》序。

〔註66〕〔美〕芮瑪麗：同治中興 —— 中國保守主義的最後抵抗（1862～1874），房

以來，中國再敗於泰西。使節四出，交聘於外，士大夫之好時務者，觀其號令約束之明，百工雜藝之巧，水陸武備之精，貿易轉輸之盛，反顧叔然，自以為貧且弱也。於是西學大興，人人爭言其書、習其法，欲用以變俗。〔註67〕連王韜也說，「夫洋務即時務，當今日而言時事，固孰有大於洋務者。」〔註68〕

　　倘若從更具歷史眼光的角度看去，自強與求富可以上溯到管子「通貨積財，富國強兵」的經濟思想。就晚清的形勢而論，雖然已無「霸業」可圖，但「富強」相比「師夷長技以制夷」具有更強烈的重振國家意識形態的思想表現；「求富」則與「自強」相因，「必先富而後能強」，對內部經濟社會體制改革的訴求也隨之產生。從思想史的角度來看，洋務運動的富強思想具有以下同中國傳統思想中富強觀念的區別和聯繫：

　　第一，洋務運動的富強思想以經濟發展為前提和特徵，要求改變傳統農業、手工業生產方式和封建經濟基礎，因此與傳統富強思想存在本質的不同。第二，傳統富強思想沒有考慮對外開放的局面，以移民墾荒、興修水利、輕繇薄賦、抑制兼併為主，而洋務運動富強思想則以要求借鑒和利用外國的經驗和方法，甚至利用外國的經濟和技術條件來使自己富強。第三，傳統富強思想是在封建專制的政治框架下進行的，而洋務運動富強思想則延續了這一特徵，結果證明，現代化式的富國強兵必須在變革根本政治制度的基礎上才能實現。任何不推翻封建統治而求中國富強的方案都會失敗，這並不是「體用」的問題。

　　「富強」觀念的完整成型標誌著洋務運動的全面啟動，這一時期「富強」思潮的興起對於中國近代化的啟動具有兩層意義，一方面，「人人有自強之心，亦人人為自強之言」為中國的近代變革提供了思想環境；另一方面，近代化的推動者確立洋務運動的思想綱領，變革思路開始從本能的抵抗轉變成一定程度的自覺學習。這種學習從軍事技術逐步轉向民用工業，都採取了西方的機器生產方式，因此又展現為工業化的進程，也是中國經濟現代化的進程。美國學者芮瑪麗曾在《同治中興》一書中認為：「不但一個王朝，而且一個文明看來已經崩潰了，但由於十九世紀六十年代一些傑出人物的非凡努力，他們終於死裏求生，再延續了六十年。」〔註69〕此話道出了「中興」與

　　　　德鄰等譯，劉北成校，北京：中國社會科學出版社2002年版，第56頁。
〔註67〕中國史學會：《戊戌變法》（一），第181頁。
〔註68〕王韜：《弢園文錄外編》。
〔註69〕〔美〕芮瑪麗：《同治中興——中國保守主義的最後抵抗（1861 1874）》，再版

「洋務」的關係。作為社會權力和思想的精英，不論是洋務大員還是洋務派思想家，都主張「中學為體，西學為用」和「工商立國」。這種思想的一致應該被理解為那個時代可能達到的最具現代意識和改革思維的體現，其目的就是用最具變革性的「師夷長技」的「術」來實現「中興」的政治理想的「道」。這一理想主義的結果是，第一「中國人終於發現自己從事一椿無法實現的工作，即試圖通過根本改變一種文化的辦法來保存這種文化。」〔註 70〕第二，中國緩慢的現代化進程終於從此啓動，踏上了不可逆轉的現代之路。同時還出現了中國現代化進程的一個基本特點：即在政府（政治力量）推動下的現代化路徑。盛宣懷便是這一戰略的忠實執行者之一。

三、求富與振興工商

洋務運動初期是以引進西方的軍事工業以求強作為主要目標的，而無直接的引進民用工業以「求富」的要求。在進入七十年代後，這種認識開始為洋務思想家所突破。他們批判前人以「求強」為主要目標的看法，認為這種看法顛倒了富和強之間的關係：「至於富強之術，宜師西法，而二者宜先富而後強，富則未有不強者也。」〔註 71〕基於這種認識，他們開始把「求富」、「富民」作為洋務運動的主要目標。

光緒元年（1875 年），薛福成提出：「方今欲圖自強，先求自富，自富之道，以礦務為一大宗。必就臺灣廣濟已成之局先開風氣，萬一中止，則中國利源漸被洋人占去，所關非細故也。」〔註 72〕光緒八年（1882 年），李鴻章提出同樣的圖強當先求富觀點：「臣維古今國勢，必先富而後能強；尤必富在民生，而國本乃可益固。溯自各國通商以來，進口洋貨日增月盛，核由近年銷數價值已至七千九百餘萬兩之多。出口土貨年減一年，往往不能相敵。推原其故，由於各國製造均用機器，較中國土貨成於人工者省費倍蓰。售價既廉，行銷愈廣。自非逐漸設法仿造自為運銷，不足以分其利權。蓋土貨多銷一分，即洋貨少銷一分，庶漏卮可期漸塞。查進口洋貨，以洋布為大宗，近年各口銷數至二千二三百萬餘兩。洋布為日用所必需，其價又較土布為廉，民間爭

序言，第 3 頁。

〔註 70〕〔美〕柯文：《在中國發現歷史 —— 中國中心觀在美國的興起》（增訂本），林同奇譯，北京：中華書局 2002 年版，第 21 頁。

〔註 71〕王韜：《弢園文錄外編》。

〔註 72〕王爾敏：《中國近代思想史論續集》，第 200 頁。

相購用。而中國銀錢，耗入外洋者實已不少。」〔註73〕這裡，李鴻章不僅提出圖強當先求富，更指出要求富就要採用機器工業生產商品以抵禦洋貨侵入造成的財富流失。「庶漏卮」後來成為李鴻章興辦官督商辦企業中的一個重要目的。

　　「求富」思想成為和「自強」思想並列的洋務運動兩大目標後，其重要性甚至超過了「自強」，成為中後期洋務運動的主要思想指導。具體來看，「求富」思想的特徵可以用「振興工商」來說明其內容，「振興工商」的思想有三個重要的特點，即重視商業、主張官督商辦和模糊的政治主張。

（一）重視商業

　　洋務思想家從不同角度共同感悟到西方國家之所以發展迅速，經濟富裕，晚清中國之所以始終貧窮，遭受侵略，是因為中西方採取了完全不同的經濟政策。同資本主義工業生產相適應，西方國家在現代化過程的早期重視商業、發展商務，甚至不惜以國家實力作為推進貿易和商業發展的後盾。鴉片戰爭就是在這樣的背景下發生的。而中國自古重農、抑商，商業始終受到抑制，商人的社會地位也受到壓抑。因而，他們向政府發出了「商富即國富」、「恃商為國本」的呼吁，提出「借商力以佐國計」的設想。

　　曾力主「重農桑而抑末作」的王韜，在七十年代旅英後即開始表達新的觀點：「秦西諸國以通商為本，商之所至，兵亦至焉……商力富則兵力裕。」他認為與秦西各國打交道時「必如西國兵力、商力二者並用，方無意外之虞」。而二者之中「興旺貿易易為功」，所以應首先發展商業。接觸過資產階級貿易理論的馬建忠，對重商的意義談得就更明確、更具體，並直接指出稅率的訂定與商務發展的關係：「欲中國之富，莫若使出口貨多，進口貨少」，「稅輕釐減則價賤，價賤則出口貨增，出口貨增則稅釐更旺」。他向李鴻章建議在關稅率上作有利於出口的政策改變，主張在原則上對「出口貨概不征稅」以增加出口品在國外的競爭力量，對進口貨則重征稅，以保護國內工商業的發展。

　　薛福成是在八十年代出使西方四國以後，日漸發展其重商思想的，他在西方發現「歐洲立國以商務為本，富國強兵，全籍於商」，於是開始形成商業「握四民之綱」的觀點。他議論到：「夫商為中國四民之蔽。而西人則恃商為創造國家，開物成務之命脈，迭著神奇之效，何也？蓋有商則士可行其所學

而學益精，農可通其所植而植亦盛，工可售其所作而作亦勤，是握四民之綱者，商也。」

與盛宣懷來往密切的鄭觀應是重商思想的最主要倡導者，他的買辦生涯使他對帝國主義以國家力量為後盾所進行的經濟擴張和侵略深有瞭解，他的「重商」思想直接淵源於西方對華的商業掠奪，因而他能集「重商」思想之大成，呼出「商戰」的口號，主張「初學商戰於外人，繼則與外人商戰」，並倡導「以商立國」。

洋務運動中振興工商尤其是重商思想的興起，對洋務運動的持續發展和近代化進程起到思想上的直接支持。求富與求強共同形成了對傳統「重農抑商」經濟思想的改變。

（二）官督商辦

有關興辦新式工業的組織形式問題，早期洋務思想家大都主張讓私人經辦，王韜就曾一再呼籲採用「民間自立公司」的形式，馬建忠也曾積極鼓吹「商人糾股設立公司」，自由經營，他們憧憬中國的新式工業能像西方國家那樣，由「富民出其資，貧民殫其力，利益博沾」。王韜還直言：「息見以為官辦不如商辦，官辦費用浩繁，工役眾夥顧避忌諱之慮甚多，勢不能盡展其所長。」但洋務運動工業創辦之時，中國「民貧於下，財細於上」，民間資本分散弱小的客觀困難，這些進步思想家們又不約而同地想到了「官督商辦」這種組織形式。王韜在發出「官辦不如商辦」見解的同一篇文章裏就提出了以官助商的思想：「初開之時，由商稟諸委員專理礦務，設兵防衛。費由官助，試辦一、二年，然後按其多寡加徵礦稅。……最要者莫如官商相為表裏，其名雖歸商辦，其實則官為之維持保護」。

上述這些認識是符合當時的實際情況的。洋務官員雖有舉辦民生企業求富的動機，但因為中央財政無法支持以及不與民爭利的傳統觀念影響，於是李鴻章希望借商本之力以解決其資本問題，因此他才以官督商辦模式作為扶植新興企業的辦法。李鴻章認為，中國官商之間素有隔閡，官方蔑視商人，商人不信任官方，兩者之間無法接近。如果有第三種人物產生，居於官與商之間，具有亦官亦商的雙重身份就可以協調官商之間的聯合問題。盛宣懷在洋務運動中所扮演的正是這種角色。對官方而言他們是商人，能為官方辦事，但是沒有資本；對商人而言他們代表官方，能為商人說話，但必須分得利益。

可見，官督商辦並不像過去人們以為的那樣，是李鴻章等洋務官僚的攬

權之舉。王韜在此創立的「官商相爲表裏」一說是建立在中國當時客觀的經濟基礎條件上，切合中國發展工業經濟的初始情況。馬建忠也在稍後明確提出「官商合辦」的思想，他向國內介紹了西方後發現代化國家發展近代工業時採用官商合辦的成功辦法：「有官租地與商而不取其值，權其利息之厚薄以定租地之暫久，限滿歸官者」，「有商自造自理，而官爲津貼者」，「有商股難集而官代爲償其息以鼓舞之者」，「有需股甚厚難以糾集，而告貸於人難以取信，於是官爲具保者。」〔註74〕馬建忠還以英、美私營公司，得不到官方保護，終因「同行爭、市價低，得不償失」而倒閉甚多的事例強調中國工業初辦需採用「官督商辦」以興工業的必要。當王韜、薛福成、馬建忠等還在私營與官助之間遊移時，鄭觀應則已認定「必須官督商辦，各有責成」。從他的《盛世危言》初刻本中（1893 年出版）能夠看到很多強調官商合力興辦工商業的觀點。

我們認爲，洋務運動期間，洋務思想家較普遍地期待封建政府給予新工業經濟一定的支持和幫助，這表明「官督商辦」思想符合時代的客觀條件。雖然官督商辦模式直至今天還在被人們非議，「官督商辦」思想對洋務運動的深入發展起過舉足輕重的作用是沒有疑問的。

（三）模糊的「變法」政治主張

19 世紀 70 年代以後，由於軍用工業有了初步的發展，再加上人們對西方各國的情況有了更多的瞭解，一種認爲中國應仿傚西方，改以農立國爲以工商立國的主張被提了出來，並逐漸擴大其影響。清政府也隨之認識到發展工商業的重要性，開始創辦並經營近代民用工業。於是，練兵製器以求強的階段，很自然地推進到發展工商以求富的階段。這是洋務運動中達致自強目的的第二階段，也就是「求富」的階段。問題在於，近代工商業只有在資本主義條件下才能順利發展。將近代化工商業和封建制度調和在一起，只能導致前者的變質，使其緩慢地、畸形地向前發展。自強的夢想最終不得實現。洋務派在這一點上，是有一定初步認識的，但是在與頑固派的思想衝突和僵化的政治體制與環境之下，洋務派始終無法突破政治主張的模糊。

在洋務思潮中，雖然還沒有將自強與變革封建政治制度聯繫起來的明確認識，但是，一種朦朧的初步的認識實際上在洋務派當中已經明顯產生了。

〔註74〕馬建忠：《適可齋記言》，《富民說》。

曾國藩最早認識到，自強不是單純練兵製器就能達到的，而是還需要政治清明和選用賢才等條件，從某種意義上說，這些條件或許更爲重要。1862 年他在日記中寫道：「欲求自強之道，總以修政事、求賢才爲急務；以學作炸炮、學造輪舟爲下手工夫。」〔註75〕不久，李鴻章也認識到，爲了儘快掌握西方技藝，必須改變科舉制度，「專設一科取士」〔註76〕，以便把有關的專門人才選拔上來。曾國藩顯然沒有觸動封建制度的勇氣，他提出的「修政事，求賢才」，是非常冠冕堂皇的看法。李鴻章主張在科舉制中增設新的考試項目，多少有些「稍變成法」的味道。沒有也不敢提出改革封建政治制度的要求，最大限度提出稍加變通「祖宗之成法」的主張，這是洋務派官僚對待整個封建制度的基本態度。

洋務派思想家則不然，他們對西方資本主義國家的情況有更多的瞭解，思想更爲解放，議論更爲大膽。從 19 世紀 70 年代起，他們在比較了中西政治得失以後，普遍認爲中國封建政治之病根在於「上下之情不能相通」，把學習西方的「君民共主」，「上下一心」，作爲比一般洋務派「更有進焉者」的主張。王韜、鄭觀應首先指出西方的議會制度有其優越性。王韜說：「試觀泰西各國，凡其駸駸之日盛，財用充足，兵力雄強者，類皆君民一心。無論政治大小，悉經議院妥酌，然後舉行。」〔註77〕鄭觀應也說，西方各國「富強之本，不盡在船堅炮利，而在議院上下同心……」〔註78〕。認爲中國要向西方學習富強之術，不能老是停留在船堅炮利的層次上，而是要更進一步，學習西方的議會民主制，改變中國的封建專制制度。毫無疑問，這是當時最先進的思想，而且是從政治入手，解決制度方面的問題，應該說眞正抓到了自強運動中的關鍵環節。

然而，中國的問題正是在政治上，在制度上，任何變革都極其敏感，極其困難。不要說守舊頑固派阻撓，就連認爲「祖宗之成法」可以稍加變通的李鴻章也堅持說：「中國文武制度，事事遠出於西人之上，獨火器萬不能及。」可見，即使比較開明的洋務派官僚也認識不到制度變革對於自強運動的重要性。不能設想在封建制度下來謀求近代工業化的發展，如果說三十餘年的自

〔註75〕 曾國藩：《日記》，同治元年五月初七日。
〔註76〕 《籌辦夷務始末・同治朝》卷二五。
〔註77〕 王弢：《弢園文錄外編 達民情》。
〔註78〕 鄭觀應：《盛世危言・自序》。

強運動被嚴重延誤的話，則可以肯定地認為，被延誤的主要原因在於政治思維方式與價值觀念的落後。〔註 79〕

　　內憂外患是各種思想激烈交鋒與交融的時代。要想真正地理解（也許根本就不可能），我們必須嘗試回到具體的情境之中，尋找思想者面對的問題和思考的方式。作為後人，輕易地評價並不難。但是，往往看似客觀的評價—— 例如認為洋務運動在中國近代化過程中存在保守與消極的一面，又存在進步與積極的一面，既不應全面否定，也不宜全面肯定 —— 這樣的主流詮釋似乎失去了學術評判的力度和深度。

　　通過本章的分析，我們簡要追溯了洋務思想家的所思所想。從師夷說、中體西用、洋務富強三個主要思想特徵的產生、變化、發展過程上看，洋務自強運動的思想特徵是具有理想主義的變革思想。因此其主要的特質是對傳統有限的改變。其中我們首先要注意至少有一部份儒家思想對洋務自強運動是有積極推動的，並不像通常以為的那樣，傳統思想在中國近代變革中始終扮演著抗拒者的角色。甚至我們可以推論說，中國近代思想變革的主題，至少在洋務運動時期，還沒有越出傳統儒家思想的整體框架。這種評價並不是對洋務運動的否定式批評。國內主流學術意見已經不再徹底否定洋務運動，但是仍以甲午戰爭慘敗作為洋務運動失敗的標誌，以此為評價的前提，是一種典型的結果論。在中體西用的原則下「師夷長技」，興洋務以致富強的思想在主觀上也具有希望中國從傳統封建社會走向現代化開端的願望，洋務思想家整體已經從閉關自守走向改革開放的開端，從這個意義上講，洋務運動是第一次中國歷代變法中非「師祖宗三代之法」的變革。

　　孫中山對於洋務運動的態度是我們今天仍然不妨借鑒的。他於 1894 年 6 月北上提出《上李鴻章書》，其政治思想正在由改良向革命演變。但他在書中對洋務運動讚賞與批評同時並舉。他讚賞洋務派敢於衝破「成例」的束縛和「群議」的阻撓而倡導洋務運動，「勵精圖治」、「勤求政理」，「育才則有同文、方言各館，水師、武備諸學堂；裕財源則闢煤金之礦，立紡織製造之局；興商務則招商輪船、開平鐵路，已先後輝映」；「快艦、飛車、電郵、火械，昔日西人之所恃以凌我者，我今亦已有之」。他同時批評洋務運動「仿傚西法」，雖取得顯著成就，但終因「舍本圖末」，「徒襲人之皮毛，而未顧己之命脈」，所以「猶不能與歐洲頡頏」。他明確指出洋務運動的局限在於：「竊嘗深維歐

〔註 79〕 參見羅榮渠《中國現代化的延誤》，載《近代史研究》1991 年第 1 期。

洲富強之本，不盡在船堅炮利，壘固兵強，而在於人能儘其才，地能儘其利，物能儘其用，貨能暢其流，此四事者，富強之大經，治國之大本也。我國家欲恢擴宏圖，勤求遠略，仿行西法，以籌自強，而不急於此者，徒維堅船利炮之是務，是舍本而圖末也。」他的改革綱領意在拓展洋務領域，推進洋務運動，並非反對洋務運動，否定洋務派實行的新政，而是認爲「今年以來，一切新政次第施行，雖所謂四大之綱不能齊舉，然而爲之以漸，其發軔於斯乎？」〔註80〕

1895 年甲午戰爭是否標誌著洋務運動的失敗？這似乎是一個無需爭辯的問題。因爲，絕大多數學者和著述都這樣認爲。例如，「於是，歷時 30 餘年的洋務運動以中國在甲午戰爭中的失敗而宣告失敗和結束，歷史進入了以變革政治制度爲主流的新時期。」〔註81〕我們也認爲，作爲歷史事件的洋務運動，從此將歷史的中心位置讓位給了維新運動，最終在 1898 年產生了短命的戊戌變法。但是，正如有些學者指出的，從思想史的角度來看，洋務思想和洋務運動並不是嚴格意義上一致的。因此，我們從思想聯繫的角度通過洋務思想和維新思想的比較來對洋務運動的思想特徵進行一個評價，指出洋務思想對後世的影響，可以說是一個方法角度上的重要補充，我們也以此來作爲本章的結論。

的確，維新運動的興起與甲午戰敗有直接的聯繫。甲午戰爭中中國的慘敗引發了社會各階級、階層強烈的憂患意識和變法革新的呼聲。連徐桐這樣的守舊人物也奏請張之洞來京主持改革。當時在京的英國傳教士李提摩太說：「側聞京邸大僚之議論，翰林御史之條陳，外省督撫學政之文告、奏章，皆謂不變法不能救中國。」〔註82〕可見，甲午戰後，國內出現了巨大的變法浪潮，將洋務運動中引而不發或難以引發的變法要求直接提上了日程。

因此，一向以富強爲要務的洋務派在戰後的思想主張也表現得非常活躍。欽差大臣劉坤一上《策議變法練兵用人理餉摺》；兩江總督張之洞上摺「請修備儲才、急圖補救」，提出練兵、築路、設廠、興學、舉辦商政、工政等項措施；陳說時務，主張變法。此後洋務派有關變法的條陳和奏摺也絡

〔註80〕孫中山：《上李鴻章書》，《孫中山全集》第 1 卷，中華書局 1981 年版。
〔註81〕虞和平、謝放：《中國近代通史：早期現代化的嘗試（1865～1895）》（第三卷），第 476 頁。
〔註82〕中國史學會：《戊戌變法》（四），第 217 頁。

繹不絕。並且，認同洋務派自強求富的人士不是縮小，而是擴大的。戰敗使不少保守人士轉變了對洋務的認識，開始理解、接受、提倡洋務運動的思想和主張。曾對西學反感的李鴻藻、孫家鼐、翁同龢等人也不同程度地贊同張之洞所提出的變法主張。在這種背景下，洋務思潮的內容也有了新的擴展，出現了全面、綜合學習西方的趨勢，開始明確提出由學習西藝向學習西政發展。盛宣懷在《條陳自強大計摺》中說：「泰西諸邦，用舉國之才智以興農商工藝之利，即藉舉國之商力，以養水陸之兵，保農工之業。蓋國非兵不強，必有精兵然後可以應徵調，則宜練兵；兵非餉曷練，必興商務然後可以擴利源，則宜理財；兵與財不得其人，雖日言練，日言理，而終無可用之兵、可恃之財，則宜育才。」〔註83〕顯然，這已不是就練兵而練兵、就理財而理財、就育人而育人，而是主張在經濟、軍事、教育方面綜合學習西方。

甲午戰後洋務派主張學習西方的重點，除了自強外，更集中於求富發展工商、育才改革教育方面，他們對官辦及官督商辦已持明確的批評態度，主張全由商辦，政府應恤商惠工，設立商務局、商會，用新的管理模式保護新式工商業。這是對政府引導、保護、推動工商業發展的新的要求。而不是一般所論的要求自由市場經濟的體現。甲午戰後洋務派更是大聲疾呼，明確要求改革科舉制度，廣設學堂，以使國無棄民，地無廢才。對待西方政治，洋務派在戰後也突破了舊有的認識，提出「西藝非要，西政為要」，主張對官制、體例進行改革。甚至對西方的國會制度，洋務派也不是全然否定，張之洞認為西方由於有議院，「君與民相去甚近，威儀簡略，堂廉不遠，好惡易通。其尊嚴君上不如中國，而親愛過之」。只是中國暫時無法實行，「俟學堂大興，人才日盛，然後議之，今非其時也。」〔註84〕

上述思想表現在很長時間裏被研究所忽視，或者說有意迴避。為了將洋務派和維新派用不同的階級屬性來定性，進行一種階級革命發展演進邏輯的歷史解說。我們在思想史解釋上採取倒逼否定的方式，割裂了維新思潮與洋務思潮的內在聯繫。上述材料告訴我們，實際上在甲午戰後興起的改革思潮中，洋務思潮繼續發揮著重要的影響，而且它與維新思潮雖有差異，但因改革方向趨同，雖能相互呼應，為變法營造了政治、經濟、社會的濃厚思想氛圍。在中國近代的特殊社會環境下，各種思潮風起雲湧，往往「苟異易，苟

〔註83〕盛宣懷：《條陳自強大計》，《愚齋存稿》卷一，奏稿，第3～10頁。
〔註84〕中國史學會：《戊戌變法》（三），第224頁。

同難」，相對來說，比較激進的思想反而容易被傳播和接受。這是中國近世思潮變遷的一個重要特點。考其原因，中國近代社會內憂外患的沉重使得人們比較容易接受激進的徹底變革的思想主張，這是一個特定的歷史發展環境，我們今天可以同情地理解，不可以自作聰明地苛求。因此，維新派宣傳大變、全變，從而先聲奪人，執輿論之牛耳。但這種激進思潮往往很少在實踐中落實或很少落實，空想和理想主義色彩濃厚，沒有現實的操作基礎。

值得注意的是，在維新運動的逐步開展過程中，洋務派在各個方面給予了維新派大力支持，這自然是建立在認同和支持其思想主張上面的。公車上書後不久，康有爲在京發起強學會，但參加者多數是洋務派官員。上海強學會是在張之洞的支持、讚助下建立的。梁啓超等人籌辦《時務報》時，辦報經費除黃遵憲、盛宣懷等人的捐款外，則是強學會的餘款。1897 年，盛宣懷代其父盛康編纂出版的《皇朝經世文續編》中還令人注目的選編了康有爲的著作。戊戌維新運動在地方上的典型湖南新政也是維新派與洋務派合作的結果。這一時期如雨後春筍般興起的各種學會、學堂、報刊等新政宣傳、組織機關，大都有洋務派的支持和參與，有些就是洋務派創辦。同時，除了支持、參與維新派的活動外，洋務派也積極進行改革變法的活動，力圖把「洋務」更加深入和廣泛的進行下去。在實業與教育上，如盛宣懷創辦了中國首家銀行中國通商銀行，創辦了北洋西學堂、南洋公學，並經辦蘆漢鐵路；張之洞在南京編練自強軍、興辦儲才學堂、鐵路學堂，在武漢創辦武備、農務、工藝諸學堂等。這些活動在那個時間內都被國人認爲是維新運動不可分割的組成部分。

百日維新失敗後，李鴻章、盛宣懷等人在一定程度上同情維新派並抵制頑固派廢除新政的行爲。當西太后說有人告他是新黨時，李鴻章坦然表示：「若舊法能富強，中國之強久矣，何待今日？主張變法者即指爲康黨，臣無可逃，臣實是康黨。」〔註 85〕盛宣懷在政變後上書慶親王奕劻說：「訓政以來，百事皆歸舊轍，而寰海疑議紛騰，以爲更新不求實際，復舊又似太激。」他還借列強的名義向朝廷施加壓力。說「外人皆曰中國若是，恐難自強，不如各自爲計，分謀占奪，並將以兵力脅制，爲干預內政之謀。」〔註 86〕同類言論和思想表達還有很多。

〔註 85〕 吳永：《庚子西狩叢談》。
〔註 86〕 夏東元：《盛宣懷戊戌維新異同論》，《河北學刊》1988 年第 6 期。

「只要一個社會在根本上沒有被另一個社會所改變，那麼，外國思想就會作為附加的詞彙，在國內思想的背景下被利用。但是，當由外國勢力的侵入而引起的社會瓦解開始後（這種情況在中國，而不是在西方發生過，而且在中國也只發生在 19 世紀和 19 世紀之後），外國思想便開始取代本國思想。一個社會的語言變化，從客觀方面看，它是在外國全面入侵、而不僅僅是純粹的思想滲透的背景下做出的新的選擇；從主觀方面看，它是在日益增長的思想緊張的背景下做出的新的選擇，這是一種迫使外國思想本土化和本土思想理性化的強大力量的努力所造成的緊張，一種在普遍的理性要求和特殊的理性要求之間永遠存在著的背離所造成的緊張」。〔註87〕中國近代社會是由傳統社會向現代社會過渡的社會，其間興起的社會思潮都帶有過渡性質。這種所謂的過渡性質，是否必然表現為一種調和和折衷的思維和對策模式呢？在洋務運動這個諸多歷史線索的交匯處，中國人思想觀念中所固有的這種調和和折衷的思維方式，是一種處理所有問題的方式還是在這個特定語境之下，可以尋找到的一種最為滿意的方式呢？看來這個問題，還是應該回到具體的現實中去予以考察。因此，我們將以盛宣懷，一個具有盛名但頗具爭議的人物的思想內容來嘗試回答這一問題。

〔註87〕〔美〕列文森：《儒教中國及其現代命運》，鄭大華、任菁譯，北京：中國社會科學出版社 2000 年版，第 141 頁。

第三章　經世與致用
——盛宣懷的近代化思想

　　作爲洋務自強運動中的關鍵人物，盛宣懷的洋務思想在整體上也遵循了「師夷長技以制夷」、「中體西用」和「自強求富」的洋務思想主旨。但是，他又與王韜、鄭觀應等思想家以及李鴻章、張之洞、左宗棠等政治家不同。他參與了許多領域的洋務事業，涉及面很廣；同時雖然他留下了巨量的文獻資料，但是卻沒有著書立說對自己的思想進行闡釋和歸納；再加上歷史上對他功過的爭議很大。種種情況表明，盛宣懷是個複雜多面的歷史人物，對其思想的定位和內在邏輯研究，是一項比較艱難的工作。因此，正像在研究綜述中我們所指出的，雖然研究盛宣懷的文章不少，但是思想研究卻不多見。可見，簡單的歸類和側面的描述都會使我們對盛宣懷產生片面的認識，無法把他的思想內容回歸到中國近代化的進程中去，也無法找到其思想所產生和形成的時代精神的依託，成爲無本之木。盛宣懷思想的「本」是什麼？之多以選擇這個特別時代的獨特人物，是因爲在我們的知識系統中，與歷史解說或者經濟解說不同的是，我們以思想文化、政治倫理與現代的相逢交匯爲關注的中心。只有從內在邏輯上揭示出這個意蘊，我們才能對盛宣懷這樣一位身處時代核心，某種意義上標誌 19 世紀後半葉中國近代化歷史變遷過程的典型人物獲得眞實的理解。從而以其思想的具體內容和精神特質出發，去探討那個獨特時代中國思想變化中傳統與現代的互動，對這場社會文化的綜合轉型予以把握。

盛宣懷入李鴻章幕時，洋務自強運動進入了由「求強」到「求富」，由興辦軍用工業到創辦民用企業的轉折時期，盛宣懷恰逢其時。他以經世致用的人生追求和善於解決實際問題的能力，成為李鴻章貫徹其洋務思想的得力助手。因此，洋務思想是盛宣懷思想內容的核心和主要部分，研究應當圍繞這個範圍展開。但是，又不能局限於某個具體的領域比如鐵路、銀行、礦山、鋼鐵等等。我們認為，盛宣懷與思想家以及政治家的區別在於，他對近代化進程中的工商、金融、教育、財政等宏觀問題具有非同一般的政治視野與識見，他的思想主張具有明顯的可行性和建設性，能夠緊密地與現代化進程的推進相聯繫；同時，他的思想又有著難以逾越的維護君權的特徵。因此，以上述特徵結合他的家庭、少年經歷來看，儒家經世致用的傳統和時代內容應該才是把握盛宣懷思想的最佳起點。在這個基礎上，他的思想的進步性和局限才能得到進一步的展現。

第一節　繼承儒家經世傳統

「經世」是倫理政治型中國政治思想文化的一種傳統精神。晚清道咸年間經世實學復興，從傳統經世思想的內容看，這是經世傳統在千年變局中的「絕唱」；但是從其內在邏輯去看，正是洋務運動秉承了儒家傳統中的經世致用取向，洋務運動可以稱得上是儒家經世傳統的「餘聲」。盛宣懷的多個領域的思想可以在這種經世傳統的轉變中找到依據和線索。

一、經世傳統與尊君思想

所謂「經世」，亦即「經國濟世」。在較早的典籍中開始使用時，「經」字往往與「綸」字並用含有「匡濟」之義。如《周易》說：「雲雷屯，君子以經綸。」〔註1〕《周易正義》釋曰：「經謂經緯，綸謂綱綸。」《中庸》也說：「惟天下至誠，為能經綸天下之大經。」朱熹注曰：「經綸，皆治絲之事。經者，理其緒而分之；綸者，比其類而合之。」〔註2〕「經世」並用則首見於《莊子齊物論》中，「六合之外，聖人存而不論。六合之內，聖人論而不議。春秋經世，先王之志，聖人議而不辯。」後世學者大多援儒入莊，以「經國濟世」

〔註1〕 《易·屯卦·象傳》。
〔註2〕 朱熹：《四書章句集注》，上海書店，1987年版，第27頁。

和「經世致用」來解釋這裡的「經世」，並以其爲經世思想的起源。「經世」傳統是中國傳統政治思想中一個極爲重要的概念，現代人往往認爲「經世」就是治理國家的意思，實際上「經世」一詞在中國傳統政治思想中的含義是比較豐富的，不僅僅是治理國家的意思。這種豐富的內涵對於後面解釋盛宣懷的思想內容是一個重要的前提。

先秦時期，儒家思想尙在形成過程之中，但是已經表現出較爲強烈的入世價値取向和經世的政治理念訴求。《漢書・藝文志》說：「儒家者流，蓋出於司徒之官，助人君，順陰陽，明教化者也。」可見儒家既然是由「助人君」的「司徒之官」而來，有著經世的思想傳統也就不足爲奇。先秦時期，百家爭鳴，所爭鳴的核心就是治國方略與安邦濟世之道，各家都有經世的價値取向，都有自己的實際功用和政治主張。黃宗羲說，「古者儒墨諸家，其所著書，大者以治天下，小者以爲民用，蓋未有空言無事實者也。」〔註3〕中國傳統思想對政治的熱衷程度可見一斑。不僅如此，諸子還熱衷於政治實踐。孔子聲言：「苟有用我者，期月而已可也，三年有成。」〔註4〕孟子則宣稱：「如欲平治天下，當今之世，舍我其誰也？」〔註5〕孔子一生奔走於列國之間，所尋求的也只不過是自己經世理想的實現。孔門高足子夏又指出：「士而優則學，學而優則仕。」〔註6〕這句名言把「士」與「學」、「仕」統一到了一起，展現出傳統儒家的一種現實理想。

從先秦儒家對經世思想的闡釋來看，「經世」在儒家思想中至少包含著三層思想含義：第一，積極入世，直面社會人生，反對避世。這是「經世」觀念的現實主義出發點，也是經世主義的基石和核心。第二，以政治追求爲人生理想，追求經邦治國、建功立業，以「治國平天下」爲人生價値的最高追求。第三，注重經世致用之學的學習與實踐，實現「學」與「士」，「學」與「仕」的統一。〔註7〕由於「經世」講究實踐落實，力戒空談性理，因此，「經世之學」又被稱之爲「實學」、「實體達用之學」。這種經世觀念往往作爲一種「潛質」掩埋在士人內心，隱而不彰；但是一旦國家民族面對威脅或者挑戰，

〔註3〕黃宗羲：《今水經序》。
〔註4〕《論語・子路》。
〔註5〕《孟子・公孫丑下》。
〔註6〕《論語・子張》。
〔註7〕馮天瑜、黃長義：《晚清經世實學》，上海社會科學院出版社2002年版，第3頁。

經世致用的觀念就會在儒生或者「士」的內心活躍起來，以天下爲己任。

隨著儒學的發展，經世思想又從「學」與「仕」的統一發展爲「內聖外王」這樣一個更加完善的結構和理論體系。《大學》對這樣一種經世理論作了更具體的闡述：「古之欲明明德於天下者，先治其國。欲治其國者，先齊其家。欲齊其家者，先修其身。……自天子以至於庶人，一是皆以修身爲本。」這裡的經世思想更加強調內聖，入世的一面有所削弱，道德倫理的意味被強化。在封建大一統國家建立，儒學成爲官方思想之後，對廣大士人來說，「外王」就已經轉化爲入仕輔佐帝王的選擇。我們可以由此看出，在這樣一種政治理想的理論建構中，要求儒家知識分子一方面加強自身修養，修身治學；另一方面要求知識分子隨時等候君王的召喚，輔佐君王建立「治國平天下」的偉業。對於權力集於一身的封建君主制度，經世思想已經視其爲一種既定的存在和經世之學施展的平臺，是絕對不會觸動的。顯而易見，洋務運動之所以積極主張自強求富但是卻連變革專制制度的思想萌芽都沒有，是有著深厚的儒學傳統原因的。

北宋之後，皇權向著更加集中的方向一步步發展。經世思想中的內外也進一步分離，主張外王的荀學遭到抨擊，理學重義理而輕事功的特點愈加明顯。理學愈盛則內聖之學愈盛，外王之用愈弱。本來作爲經世傳統一體兩面的內聖與外王甚至被當做本末來對待。「學莫大於知本末終始。致知格物，所謂本也，始也；治天下國家，所謂末也，終也。治天下國家，必本諸身。其身不正，而能治天下國家者，無之。」〔註8〕在這種思想指引下，雖然還有一部分學者堅持經世傳統，但整體上儒者們已經較少再討論和研究經世致用之學了。

二、經世實學的明清轉向

（一）經世實學明清轉向的特徵

明清之際，大體上是從明萬曆中期以後至清康熙前期，隨著中國社會又一次發生轉折，經世傳統得到了一次重振。東林黨人在晚明力倡經世，復社名士不僅投入政治，並且致力於實學研究。清初的部分思想家已經開始從復興儒學傳統的高度來批評輕視功利、空談義理的性理之學。黃宗羲就說：「儒

〔註8〕《二程集》（一），北京：中華書局，1981 年版，第 176 頁。

者之學，經天緯地。而後世乃以語錄為究竟，僅附問答一二條於伊、洛門下，便側儒者之列，假其名以欺世。治財賦者則目為聚斂，開闢地邊者則目為粗材，讀書作文者則目為玩物喪志，留心政事者則目為俗吏。徒以『生民立極，天地立心，萬世開太平』之闊論，鈐束天下。一旦有大夫之憂，當報國之日，則蒙然張口，如坐雲霧。世道以是潦倒泥腐，遂使尚論者以為立功建業別是法門，而非儒者之所與也。」〔註9〕與黃宗羲類似的觀點在清初儒者當中是比較普遍的，顧炎武、顏元都比較重視經世，這說明內聖與外王的思想又開始向統合一致的方向發展。

儘管這時儒學的經世傳統出現了復興，在基本觀點的表述上主張回歸傳統，歸於孔子。但是經世傳統還是出現了一些新變化，經世的內涵和實學的領域都發生了轉向。這些轉向的表現是：

第一，由尊君轉向重民。前面提到，傳統經世思想是受限於宗法與專制相結合的帝王政治結構的。經世思想的治理基礎是以「君權」為本位，並將其與倫理原則相聯繫而更加穩定。早期經世思想一方面由「親親」引導向「尊尊」，由「孝親」引導向「忠君」，最終是強調了君權的神聖和至上；另一方面，從「德治」出發，主張「重民」，形成了「民為邦本」、「使民以時」、「民貴君輕」等基本民本思想。所以，在傳統經世思想中，「尊君論」與「民本論」是同樣重要的兩個基礎，共同奠定了中國傳統政治哲學的基石。但是，隨著儒學統治地位的確立，尊君的思想得到了強化，民本的思想卻被弱化了。董仲舒對尊君賦以神學色彩，他說：「天子受命於天，天下受命於天子」，「王道之三綱，可求於天。」〔註10〕此後，二程、朱熹等宋代理學家以更加富於思辨性的理論體系為「君權神授」進行了論證，將「君為臣綱」視為不可動搖的「天理」。明代這種思想已經達到登峰造極的程度，君權擴張到極點。朱元璋令人刪節《孟子》，將其中不利君主的民本言論凡八十五條，一律刪除。〔註11〕

明清之際的儒家學者從學術上轉變了這種風氣，使民本思想有所擡頭，為清中期以後的實學發展奠定了基礎。黃宗羲在《明夷待訪錄》中深刻、尖銳地批判了君主專制制度，將專制君主視為屠毒萬民的劊子手和「天下之大

〔註9〕 黃宗羲：《南雷文定》，卷3，贈編修弁玉吳君墓誌銘，四部備要本。
〔註10〕 董仲舒：《春秋繁露》。
〔註11〕 馮天瑜、黃長義：《晚清經世實學》，第25頁。

害」，否定了君主專制制度的合理性。顧炎武在《日知錄》中主張「眾治」，說：「人君之於天下，不能以獨治也，獨治之而刑繁矣，眾治之而刑措矣。」〔註12〕在黃宗義、顧炎武、王夫之等學者的倡導下，經世思想在經世的基礎上強調了「民」的主體作用，民本思想出現了回歸。所以，後來從清中期道咸年間的經世思潮到洋務派所主張的自強求富都可以說受到了這種思想轉向的影響。但是，作為儒家知識分子經世的另一個基礎，「尊君」並沒有由此而受到削弱，後來的經世思想雖然突出了民本的一面，但沒有沿著清初學者們對君主專制的批評而發展。儒家知識分子們在致力民生的時候，是絕對不會想到去觸動君主專制體制的，反而是以自己的經世實踐去力圖維護。這是至少在辛亥革命之前，洋務運動和改良主義、維新派都不可能內生出革命想法的一個重要的思想基礎。

第二，在「利用厚生」思想引導下，「工商皆本」和「藏富於民」成為經世思想的重要思想內容，為晚清經世思想的實踐建立了另一思想基礎。「利用厚生」思想類似於我們今天所說的經濟思想。明中葉以來中國出現資本主義萌芽的歷史現實已經得到學術界公認，在這種背景下，明清之際的經世思潮中「厚生」之學受到普遍關注，由此出現了新的思想面貌。首先是「工商皆本」的思想自16世紀初即已在中國醞釀，提出了不同於中國古代「士農工商」四民說，有利於經濟與社會發展的進步思想。從王陽明晚年倡「四民異業而同道」開始，重商主義思潮逐步豐富，明末已經有學者明確提出「商人者，財用發生之根本」的重商主義命題。〔註13〕在此基礎上，黃宗義明確提出「工商皆本」，此為一重大轉折。他說：「夫工固聖王之所欲來，商又使其願出於途者，蓋皆本也。」〔註14〕這裡已經揭示了中國社會即將從傳統的以農為本、以農立國邁向以工商為本、以工商立國的發展趨勢。其次，在經世傳統中關於富民與富國的關係一向存在著兩種相反的觀點：一種觀點是主張富國，這種觀點可以與後來國家對經濟實行干預的觀點相應，主張對經濟應實行官營禁榷等等；另一種觀點則主張富民，反對政府對經濟的強權專賣，更反對「與民爭利」。這種爭論自古有之，漢代鹽鐵爭論就是一次典型的思想交鋒。在封建社會較長的時間內，富國的觀點實際上在經世傳統中佔據主要的地位。明

〔註12〕顧炎武：《日知錄》卷6，《愛百姓故刑罰中》。
〔註13〕馮天瑜、黃長義：《晚清經世實學》，第32頁。
〔註14〕黃宗義：《明夷待訪錄》，計財三。

清之際這個問題從以富國爲主轉向強調富民，是經濟思想中較爲明顯的思想發展，明清之際的經世學者多持這種觀點。後來洋務派所主張的求富，王夫之就非常重視。他說：「國無富人，民不足以殖。」〔註15〕更進一步看，在此之前也出現過不少富民思想，但是側重於以農爲本的「本富」；這個時期提出的富民，已經具有了工商致富的「末富」的內涵，不同於傳統富民思想，是一種與社會經濟發展趨勢相適應的新的經世思想。在這個意義上，我們不僅要看到林則徐、魏源等人對經世傳統的繼承，更要看到洋務派的具體經濟主張中對這種經世思想轉向的繼承。

　　第三，經世傳統中開始注入會通中西的新內容。近代中西文化交融的序幕是自明代耶穌會士入華而開始的。朱謙之先生說：「來華耶穌會士對於吸收當時世界最新的科學已經盡了最大的努力了。」〔註16〕在明清之際的經世思潮中，徐光啟、李之藻、王徵、方以智等一大批經世學者，已經以開放的心態廣納外域新知，並自覺地把西學融入自己的經世思想體系。李之藻更把西方傳入的科學技術看成是一種「儒者實學」。他指出：「夫經緯淹通，代固不乏玄樵；若吾儒在世善世，所期無負霄壤，則實學更自有在，藻不敏，願從君子砥焉。」〔註17〕我們已經知道徐光啟對西方自然科學知識的引介是不遺餘力的，雖然目前研究來看，很難從連貫的思想發展上，看到晚清時「師夷」說和洋務運動向西方學習的思想有秉承明清轉換之際經世學者已經開啟的中西會通之路。但是從經世傳統注重實學與經濟民生的一貫思想主旨來看，我們也很難說這兩者之間沒有潛移默化的間接影響。至於中西學的關係問題，這一時期並沒有出現後來「體用」、「本末」、「道器」的思想和討論。但是值得稱道的是，會通中西是這個時期的一種基本認知。徐光啟認爲：「欲求超勝，必須會通。」他曾構想以西學全面改造我國的氣象學、水利學、音樂學、醫學、會計學、建築學、機械工程學、軍事學等自然科學。〔註18〕在這一會通過程中，經世思想已經從儒學思維約束下開始突破重實用、輕理論的思維局限，出現了某種獨立的嶄新的形態和近代精神。

〔註15〕王夫之：《讀通鑒論》，卷2。
〔註16〕朱謙之：《中國哲學對於歐洲的影響》，福州：福建人民出版社，1985年版，第107頁。
〔註17〕馮天瑜、黃長義：《晚清經世實學》，第36頁。
〔註18〕馮天瑜、黃長義：《晚清經世實學》，第37頁。

（二）實證之學與盛宣懷的一致性

道咸年間，清朝社會由盛轉衰，經世傳統又再一次興起。這個時期的龔自珍、魏源、林則徐等經世學者在不否定君權的前提下對腐敗的吏治、言路的閉塞、貧富分化和人口問題等發表了大量的議論和批評。我們可以注意到的是，在這一時期的「實證之學」的錢、穀、兵、刑、政等具體內容上，可以看到和盛宣懷參與洋務運動的改革內容廣泛而一致的聯繫，這絕不是偶然的。《愚齋存稿》行述中說，盛宣懷少年「既事事研求，益以耳濡目染，遂慨然以匡時濟世自期，生平事功基於此矣。」〔註 19〕可見盛宣懷一生以經世實學為宗旨。下面，我們對此進行必要的分析：

第一，漕務改革

清代的漕運是一種官辦的系統龐大、積弊深重的內河航運業，洋務運動中李鴻章和盛宣懷所創辦的官督商辦輪船招商局設立的一個重要原因就是改革漕運。臺灣學者呂實強正是通過對漕運的研究來研究官督商辦模式的，他也因此對官督商辦模式的出現有不同於費維凱的觀點。王爾敏認為他自成一家之言。〔註 20〕道咸年間，包世臣首先提出海運南漕並招商承辦的改革思路，〔註 21〕魏源也有同樣的想法，他們都主張引入市場經濟因素，改變由漕務大臣和漕務局官辦經營的現狀。魏源認為，漕務改革要深入到運行機制之中，在「官先竭」即官辦制度運轉失靈的情況下，引入商人資本參與運營成為必然的趨勢，即「非商不為功也」。〔註 22〕他概括漕政改革的兩大原則就是「海代河，商代官」。後來陶澍、林則徐、賀長齡在江浙為官期間基本上是按包世臣、魏源的改革思路來進行漕務改革的，只是改革並不徹底。到了李鴻章在兩江總督時期與盛宣懷等成立輪船招商局，明顯是在新的環境下延續了這一改革思路和措施，可見二者之間的有機聯繫。

第二，貨幣改革

晚清時期的幣制亂象叢生。自十九世紀的七十年代開始，伴隨著國際貿易的發展，當時世界各國的貨幣制度普遍的從金銀複本位制或銀本位制改為

〔註 19〕馮天瑜、黃長義：《晚清經世實學》，第 37 頁。
〔註 20〕王爾敏：《官督商辦觀念之形成及其意義》，見《中國近代思想史論續集》，北京：社會科學文獻出版社，2005 年版，217～219 頁。
〔註 21〕馮天瑜、黃長義：《晚清經世實學》，第 161 頁。
〔註 22〕《魏源集》，上冊，第 411 頁。

金本位制，而中國還在使用銀銅複本位制。並且由於白銀外流，出現了銀貴錢賤，小民重困的嚴重情形。〔註23〕對此，經世學者們提出了紙幣制、鑄幣改革等辦法，其中在貨幣屬性上，有鑄銀幣、鑄大錢、行鈔法三種觀點。包世臣主張鑄大錢，而魏源和林則徐主張鑄銀幣。〔註24〕我們知道，盛宣懷在後來的奏摺中在理財一項也提出了改革幣制和設立中央銀行的主張，他的思路是結合上述三種思路，主張鑄銀幣避免白銀外流，鑄大錢充裕政府財力，印紙幣方便商品流通。可見他們之間在實學主張上的相同之處。

第三，編纂經世文編

晚清經世文編的層出不窮是晚清經世實學和學術界的一個特有現象。道光五六年間（1825～1826），賀長齡與魏源編纂了《皇朝經世文編》，魏源是實際編纂者。《皇朝經世文編》不僅僅是一部實學文章彙編，它是在「事必本夫心，法必本夫人，近必本夫古，物必本夫我」的思想指導下，以一種學術自覺的精神，把經世實學當做與理學、心學一樣的學術門類來完成的經世實學著作，收錄了道光以前254位作者的兩千餘篇經世文章。盛宣懷父親盛康1858年曾入胡林翼幕府，後任湖北鹽法道。道光以後，「藎臣志士」於國計民生多議論、經營，盛康「異歲歷官兩省，即有志蒐輯，以續賀氏之書」。於是「縱覽近代名家專集及軍興以來奏牘書簡，歷年擇錄，積盈篋衍」。延攬著名學者參與校訂，分類編輯而成《皇朝經世文續編》120卷，共收文2085篇，「合四朝往事繫於一編」。〔註25〕此書實際上是盛宣懷主持編纂的，是盛宣懷唯一的一部編纂書籍。在這部書編纂過程中，盛宣懷認識到《皇朝經世文編》原有綱目有的已不能適應新形勢的需要，「中葉震業事尚權宜，條約分歧，更變迭出，言交涉者遂爲當務之急，專稽經制似非切要，然使內治外交雜出於六政，既莫識變遷之迹，亦難綜撫馭之機。」因此，決定「增損其目」。學術綱首設「聖學」一目「用冠全編」；戶政綱增「釐捐」、「開礦」、「建置」三目；兵政綱增「水師」、「團練」、「臺防」、「餉需」四目，刪去「屯坰」、「山防」兩目；將吏政綱中「幕友」目移於「吏胥」目之前，以突出其地位，將「官制」目移於「銓選」目之前，突出選人用人的重要性，禮政綱中將「貢舉」單列一目，排於「學校」目後，全書爲八綱71目。《皇朝經世文續編》特別

<hr>

〔註23〕馮天瑜、黃長義：《晚清經世實學》，第236頁。
〔註24〕馮天瑜、黃長義：《晚清經世實學》，第245～246頁。
〔註25〕盛康：《皇朝經世文編續・敘》。

重視對外交涉事宜,「擬輯爲外編,別立門目,而疆界籌備及洋藥之類皆附焉」,但「塞防、海防及農政之禁鴉粟仍歸六政」。〔註 26〕上述編目原則體現了對經世實學內容的認識和見解,實際上是盛宣懷借其父之名所說出的自己的觀點,可見其對經世實學的重視程度。

綜上所述,明清之際的經世思潮突破了以往經世思想的發展路徑,呈現出一系列新的趨向,更爲重要的是,這種轉向成爲晚清經世實學和洋務運動以及盛宣懷在思想和行動上的直接先導。我們以前在對待洋務運動和盛宣懷思想的問題上,一個最基本的解釋範式就是「變局論」,似乎晚清的政治家和思想家在對待變局時,處於一種思想無所依託的狀態,「師夷」說、中體西用說、自強求富說均是壓力所導致的匆忙應對之策。這是僅僅從洋務運動向後看的結果,倘若我們從經世傳統和實學內容的發展變化軌迹來看,此問題就呈現出一種不同的面貌,傳統與現代之間的聯繫就可以得到展現了。

第二節　條陳自強大計 —— 近代化的思想綱領

一、條陳自強大計的提出背景

1873 年〔同治十二年〕李鴻章委任盛宣懷爲招商局會辦,盛宣懷的洋務生涯正式開始。1896 年張之洞將官辦不得法的漢陽鐵廠轉交與盛宣懷以官督商辦模式經營時,張在派令盛宣懷任漢陽鐵廠督辦的札委中說,「盛道才遒宏達,綜覈精詳,於中國商務、工程、製造各事宜,均極熟習,經理商局多年,著有成效。」〔註 27〕盛宣懷督辦漢陽鐵廠後,企業很快走出困境,他也獲得了張之洞的信任。盛宣懷在接手鐵廠後就立即提出辦鐵路和銀行並舉的主張,建議張之洞一氣呵成將銀行鐵路統於一手。於是張之洞付與盛宣懷修建蘆漢鐵路之重任。〔註 28〕在此背景下,張之洞於 9 月向清廷推薦盛宣懷督辦鐵路,理由是他兼商業、官法、洋務三者之長。同年 10 月 20 日經張之洞與直隸總督王文韶會奏,光緒帝召見了盛宣懷,隨後授予太常寺少卿銜並授予

〔註 26〕盛康:《皇朝經世文編續‧敘》。

〔註 27〕張之洞:《札委盛道督辦漢陽鐵廠事務招商辦理》,光緒二十二年四月初二,苑書義主編《張之洞全集》第五冊 公牘,石家莊:河北人民出版社 1998 年版,第 3217 頁。

〔註 28〕夏東元:《盛宣懷傳》,第 148 頁。

專摺奏事特權，以四品京堂候補督辦鐵路總公司。盛宣懷趁熱打鐵，於清光緒二十二年九月二十六日（公元 1896 年 11 月 1 日），上《條陳自強大計摺》，陳練兵、理財、育才三大政見及請設學堂與銀行。

二、洋務思想體系和完整反映

盛宣懷的洋務思想在開始從事洋務運動時就已經初步形成。1873 年即輪船招商局成立的次年，他就在給李鴻章的書信中提出了關於兵船與商船兼造，向西方購置機器並聘請西方專業技術人才，練兵與開辦新式學校，甚至還有派遣留學生等富強措施，已經具有比較系統的洋務計劃。〔註 29〕

上《條陳自強大計摺》時，盛宣懷從事洋務企業的經營已經二十餘年，取得顯著的成績，鐵礦、電報、輪船的官督商辦迅速壯大了企業和清政府的財力，在與洋商的商戰中獲得初步勝利。通過洋務運動的實踐，其洋務思想逐步成熟，形成了他較為完整的思想體系，《條陳自強大計》是盛宣懷取得專摺奏事特權後的第一個奏摺，也是他洋務思想體系化和完整化的標誌。甚至我們可以說，這是他如何借鑒西方資本主義的發展模式，利用實業來變革中國社會的完整方案，是他為變革中國社會所開列的「藥方」。〔註 30〕

在《條陳自強大計》開始，他便從修建南北鐵路的意義引申到如何才能富國自強：「竊自海防事起，中外上下竟言自強，讜論嘉謨，日有獻納，上年經日朝之釁，蓋臣志士，益慨然於強弱利鈍之故，欲盡取歐洲之新法，變易華夏之舊習。朝廷深惟至計，舉其大者遠者，於是有創辦南北鐵路之役。顧臣以為鐵路者，所以速徵調，通利源，為自強一端，非幹路既成，即可坐而俟其強也。泰西諸邦，用舉國之才智，以興農商工藝之利，即藉舉國之商力，以養水陸之兵，保農工之業。蓋國非兵不強，必有精兵然後可以應徵調，則宜練兵；兵非餉曷練，必興商務然後可以擴利源，則宜理財；兵與財不得其人，雖日言練，日言理，而終無可用之兵，可恃之財，則宜育才。」〔註 31〕

這裡，他把西方現代化發展中的農商工藝、練兵籌餉、人才教育這些可

〔註 29〕 參見《盛宣懷上李鴻章稟》，見夏東元編著：《盛宣懷年譜長編》上冊，上海交通大學出版社 2004 年版，第 17 頁。
〔註 30〕 齊國華：《論「西學」在盛宣懷經辦實業中的作用》，見《二十世紀盛宣懷研究》，易惠莉主編，南京：江蘇古籍出版社 2002 年版，第 675 頁。
〔註 31〕 盛宣懷：《條陳自強大計》，《愚齋存稿》卷一，奏稿，第 3～10 頁。以下所引原文，如無注明均見《條陳自強大計》。

以變革中國社會使之國富民強的重大問題，以發展工商為主線，包攬在一個系統的自強大計之中。盛宣懷指出，要實現國家富強，就必須學習西方從練兵、理財、育才三個方面入手進行改革。這些主張的思想基礎遵循了洋務思想從魏源發端至李鴻章確立成熟的基本思路，即「師夷」與學習西方富強相因的道理，「以商養兵，以兵保業」。早在 1872 年，李鴻章就指出「欲自強必先裕餉，欲濬餉源，莫如振興商務。惟中國積弱由於患貧，西洋方千里數百里之國，歲入財賦動以數萬萬計，無非取資於煤鐵五金之礦、鐵路、電報、信局、丁口等稅。酌度時勢，若不早圖變計，擇其至要者逐漸仿行，以貧交富，以弱敵強，未有不終受其敝者。」〔註 32〕同治十三年十一月初二日（1874年 12 月 10 日）李鴻章上《籌議海防摺》，也稱「緊要應辦事宜，逐條切實辦法」是「練兵、簡器、造船、籌餉、用人、持久」。〔註 33〕

盛宣懷上《條陳自強大計摺》時，清政府剛剛在中日戰爭中失敗，朝野上下彌漫著悲觀的氣氛。近代史上不少觀點認為，中日甲午戰爭的失敗宣告了洋務自強運動的失敗。那麼，既然《條陳自強大計》是盛宣懷有資格與清帝對話後向皇帝發表政見的第一個奏摺。盛宣懷為什麼還要在此時提出練兵、理財、育才這三樣並不新鮮的洋務派自強宗旨，並在後來不斷地反復向清廷提出同樣的建議呢？

按照通常的邏輯，這說明了盛宣懷是一個在政治立場上保守落後的歷史人物。〔註 34〕隨著他在《條陳自強大計》中所表現的洋務思想的完整化，他的思想已經落後於時代，與當時逐漸出現的維新思想表現出明顯相異的政治傾向。保守的政治立場使得盛宣懷只能夠沿著洋務派的方向，「加大洋務的力度，重行自強之策，挽救又一場危局」。〔註 35〕這確實是相當中肯的評價。但是，我們在第一章已經指出過洋務運動在改革主張上與維新派的一致之處。如果對條陳自強大計的具體內容稍加詳細的考察，我們就會發現盛宣懷的練兵、理財、育才三大主張中有許多對維新派的呼應。換言之，從實際內容上看，盛宣懷是維新派許多主張的忠實的實踐者。維新派主張實行的君主立憲制改革是一個中心，在這個中心之外，練兵、理財、育才仍然是國家富強的

〔註 32〕李鴻章：《復丁稚璜宮保》，《李文忠公全書》，朋僚函稿，卷 16，第 25 頁。
〔註 33〕李鴻章：《籌議海防摺》，《李文忠公全書》，奏稿，卷 24，第 20 頁。
〔註 34〕夏東元：《盛宣懷傳》，第 141 頁。
〔註 35〕虞和平、謝放：《中國近代通史：早期現代化的嘗試（1865～1895）》（第三卷），第 470 頁。

必由之路。不能因爲否定盛宣懷的政治立場就把他經濟方面的正確主張一併否定。並且，從《條陳自強大計應》的內容還可以發現盛宣懷從經濟工商業的角度看到了比官辦軍用工業更爲廣闊的領域，他的練兵、理財、育才的思想內容更爲新穎。因此，表面上似乎仍爲兵、餉和人才，內涵卻大不一樣，充分體現了他力圖繼續推進國家富強這一一貫的想法。

三、難以逾越的君權政治觀念

　　盛宣懷《條陳自強大計》爲後人所病者，是他難以逾越的君權政治觀念。雖然他也表現出期盼國家富強的迫切心情，「恐年復一年，外人耽耽視我，一無足恃，肆彼要求，得步進步。無兵則不能保守利權，無餉則不能充養兵力，二者互爲掣肘。甚至洋債不能再借，邊土不能自保，至其時始悔七年之病不蓄三年之艾，殆已晚矣！」但是他又表現出明顯的君權思想，「自古國家政事之張弛，強弱之機括，皆繫於君臣之謀慮，一轉移問，其效立見。臣惟國恥不可忘，邦交不可恃，伏願皇上鑒覆轍之在前，審宇宙之大勢，發憤自強，毅然定斷，勿敷衍而畏難，勿回惑於疑議，王大臣等皆公忠體國，臥薪嘗膽，同贊聖謨，國富兵強，遠人自服，此薄海臣庶所延頸企踵以俟之者也。臣管見所及，謹冒昧瀆陳，伏乞皇上聖鑒訓示。」

　　如果說上述《條陳自強大計》是上書皇帝的奏摺，其言辭態度有謙恭之嫌的話，那麼他給李鴻章的一段書信就表示的更加清楚了：「中國苟能發憤自強，除吏政、禮政、刑政暫不更動外，戶政、兵政、工政必須變法，其轉移之柄在皇上。」〔註36〕可見，盛宣懷的政治主張就是堅持以君權這一「中體」不能變。

　　對於盛宣懷上述保守的君權政治觀念，自然可以有很多批評。不過我們也應看到，在傳統儒家的思想大體系中，政治價值觀念就是皇權至上的大一統體制和以此爲中心外推的等級秩序以及崇尚忠孝仁義的文化價值觀。上述政治價值觀念對於保證中國數千年沒有「變局」曾經起過非常積極的作用，對於創造中國古代社會的繁榮是功不可沒的。因此，這套政治價值觀念長期被傳統士大夫所信仰而恪守不疑。如果說上述觀點還比較籠統的話，上一節我們曾經分析過，即便是以經世致用爲思想核心的實學思想而言，即使是由

〔註36〕夏東元：《盛宣懷傳》，第 143 頁。

尊君轉向了重民，尊君的思想也並未顛覆，仍舊是封建體制下被人們當做無需辯駁的基本社會體制。即使是黃宗羲對君主專制制度的批評，從其內容來看也是批評了君主的專制而不是批評君主制度本身。和我們今天往往以叛逆或激進來標新立異不同，在傳統價值觀中，傳統本身就是一種價值取向。洋務派提出「中學爲體，西學爲用」，正是對上述觀念的「衛道」。對於他們來說，「中體」是一種終極理想，沒有了這個「中體」，其他的一切諸如船堅炮利、實業興旺也都失去了意義。

本書之前已經分別分析了洋務思想在源頭上和盛宣懷思想內容與經世思想的關係。可以說從整體清代經世思想的主題上看，基本上是「以禮爲根據，以王朝政治實踐爲中心，⋯⋯是在承認王朝合法性和歷史演變的前提之下展開的。」〔註37〕不可否認，這既是清王朝作爲一個少數民族統治的中華帝國長期控制和影響意識形態與文化的結果，其堅固程度要遠遠高於歷史上的漢族王朝；同時，晚清經世思想的代表人物劉逢祿及其弟子魏源，曾李乃至康梁都是朝廷重臣或者是變法改制的核心人物。他們也都無一能夠逾越盛宣懷沒有逾越的君權這道屏障。

第三節　自強之本——練兵與理財

一、西法練兵以保業

盛宣懷對軍制改革發生特別關心，一個原因是因爲他在李鴻章幕下參與了多次中外戰爭，並且表現出強烈的反侵略意識，〔註38〕特別是1894年甲午中日戰爭中，盛宣懷負責「後路轉運」，而且由於他天津海關道的特殊地位，津海關道署還成了李鴻章統帥部的參謀部；加之總攬輪船運輸和全國電報大權，可以說盛宣懷在中日甲午戰爭中發揮了特殊的作用。另一個原因，正如他在《條陳自強大計》中所說，「泰西諸邦，用舉國之才智，以興農商工藝之利，即藉舉國之商力，以養水陸之兵，保農工之業。」養兵的最終目的是保農工之業，是保護國家經濟建設和社會穩定的基礎。

〔註37〕 汪暉：《現代中國思想的興起》，上卷，第二部，「帝國與國家」，北京：三聯
　　　　書店2008年版，第515頁。
〔註38〕 夏東元：《盛宣懷傳》，第117頁。

　　而盛宣懷在《條陳自強大計》中是從修建南北鐵路能夠「速徵調」的意義進入對練兵的主張的，「幹路既成，即可坐而俟其強也」，可見他主張修建鐵路是作為練兵的基礎。在《條陳自強大計》中，盛宣懷首先詳細論述了他練兵的具體建議和措施：

　　首先，盛宣懷歷數了當時綠營和湘、淮軍傳統募兵制的四大弊病：「募兵一事，無賴亡命兼收並蓄，來無所考，其弊一。少壯從軍，衰老除汰，去無所歸，其弊二，聞警增募，類驅市人，不教謂棄，其弊三。事定遣散，多為盜賊，遂貽民害，其弊四。」

　　繼而指出養兵財力的不足：「況近者議裁綠營，而減兵不能汰官，議建洋操，而餉重不能多練，況勇餉與兵餉不同，新勇與舊勇餉復不同，餉厚者不免相矜，餉薄者自甘廢弛，軍制愈紛，餉力愈絀，兵氣愈弱。」

　　隨後便提出五項比較激進的改革建議：一、仿照西方實行徵兵制並建立三十萬名之西式常備軍。二、將天下劃分十鎮（軍區），就各鎮形勢輕重差等定兵數多寡，按戶籍征兵。三、實行常備、預備、後備、民兵結合的兵役制。常備兵兵役為三年，預備兵、後備兵兵役亦為三年，退為民兵，五年後除其兵籍。四、統一各鎮營制餉章，槍炮器械。就餉練兵，持之以恒。五、採取英、德、俄、法、美、日諸國練兵之法，釐訂章程，永為定制。

　　以上建議是非常具有針對性的。自 1862 年起，清政府便開始小規模建設新式陸軍。湘軍、淮軍等各地方軍隊和綠營、旗營都不同程度的開始採用西式武器和兵制。但是規模都很小，僅有淮軍在李鴻章的大力建設下有一定的規模和實力。〔註 39〕但李鴻章等洋務大員，從自身利益出發，都竭力在洋務運動的軍事建設中發展自身實力，對於整個國家的軍隊建設並不熱心。根據現代學者研究，晚清新軍的編練與指揮機構建設正式開始於中日甲午戰爭之中，1894 年十一月二日（光緒二十年十月五日），督辦軍務處成立。其原因即在對日戰爭中發現湘淮毅防練各舊軍僅各有少量新式軍隊，武器不統一，根本形成不了戰鬥力。〔註 40〕因此洋務運動中軍事工業雖然得到重視，但軍隊的國家統一化和戰鬥力尚沒有形成。盛宣懷在 1896 年提出以上建議以建立統

〔註39〕虞和平、謝放：《中國近代通史：早期現代化的嘗試（1865～1895）》（第三卷），第 77～81 頁。

〔註40〕劉鳳翰：《晚清新軍編練及指揮機構的組織與變遷》，見〔臺〕《中央研究院近代史研究所集刊》第九期，第 201～253 頁。

一的國家新軍，實行多種後備兵制能夠有效地解決養兵費用的不足；統一建制、兵餉和武器裝備，使兵器工業的產品能夠大規模運用；以及立法保證軍隊建設。無疑是切中要害的。

少有人注意的是，在此之後，盛宣懷還在戊戌年七月（1898 年）和光緒二十五年（1899 年）分別上呈《練兵說帖》和《遵旨具陳練兵籌餉商務各事宜摺》，更加詳細地說明他對於建立現代新式軍隊的設想和具體的建議。由於篇幅所限，本書不詳細陳述。但是其中表現出與李鴻章等洋務大吏所不同的建軍思想，其要點如下：第一，軍權宜操自中樞，應仿日本、德國之法，收地方之兵權；軍隊由皇帝直接掌握。第二，軍隊宜對外攻戰而不應巡拿盜賊流寇，即軍隊與警察應分開；第三，建議聘請日本人為軍隊教官；以聯日以掣肘俄德。可見，盛宣懷的軍隊建設思路是以強化君權來領導軍隊改革，然後再以穩健的步驟完成有體系的全面改革，是從練兵以保業的角度來認識軍隊建設的。

可惜的是，如果說許多晚清改革思想家的吶喊尚無法影響滿清統治者的話，盛宣懷的奏摺應該說已經將這些改革思想和行動方案直接擺在了統治者面前。可是，滿清統治者仍然無動於衷。以至於到了 1901 年，張之洞說，自從直隸創立綠營練兵，「各省仿而行之，然而餉項雖加，習氣未改，親族相承，視同世業。每營人數較多，更易挾制滋事。身既懶弱，多操數刻，則有怨言。性又不馴，稍施鞭笞，則必嘩噪，將弁不能約束，遑論教練。至於調派出征，則聞風推諉。其不能當大敵、禦外侮，固不待言，即土匪、鹽梟，亦且不能剿捕。〔註41〕

二、開源節流以理財

盛宣懷理財是《條陳自強大計》中的核心思想。盛宣懷認為「理財有二義，開源節流盡之矣」，且「欲求足國，先無病民；欲收商利，在挽外溢」。因此在《條陳自強大計》中，他系統地向清廷提出並論證了免釐、加稅、開徵印花稅、修改幣制及振興商務的建議。

（一）免釐金

免釐金並輔以改革關稅是盛宣懷從洋務運動的經驗中提出的一個較為

〔註41〕張之洞：《張文襄公全集，奏議》卷五十三，25～26 頁。

獨到的改革思路。清朝的釐金制度是 1853 年（咸豐十年）由於鎮壓太平天國造成軍費膨脹，軍餉不足，而由江蘇地方所創。1861 年後釐金被清政府固定下來，從原來的地方性、臨時性籌餉方法演變成全國性、正式性的稅收政策。1864 年（同治三年），清政府鎮壓太平天國後，曾國藩等認識到釐金的危害，多次奏請朝廷儘快裁撤。對於清政府而言，釐金雖有很多不利之處，但是因爲這種稅制能提供大宗的收入，清政府不僅沒有能完成裁撤釐金的任務反而默然讓釐金取得「經常正稅」的地位。各地徵收比例不同且名目繁多，欲罷而不能。釐金制度的實行嚴重阻礙了商品的流通，抑制了生產的發展。〔註42〕

　　盛宣懷有鑒於釐金的危害，建議理財首先必須徹底免釐：「加稅之議事未就緒，聞西人以釐金爲詞，蓋窺我國用之絀，必不能停收釐金也。應機決策，莫若徑免天下中途釐金……」盛宣懷有鑒於抽釐助餉已有四十餘年，因此難以驟然全部改變，後來又補充提出可以先從廣東、江蘇兩省試點，將釐金改爲與出口、進口關稅合併，而內陸的釐卡分局一概裁撤，以此方便商品流通，使中國境內形成統一的關稅區域。並且建議將征稅管理改歸商辦以杜絕官員腐敗，其辦法是「令各省城鄉市鎮之行商坐賈公舉商董，設立公所。」〔註43〕這則是其重視商辦思想的又一側面反映。盛宣懷裁撤釐金的思想具有鮮明的先進性，並且，將釐金與進出口關稅合併的做法也是後世大勢所趨。但由於各地軍閥割據一方、擁兵自重，裁釐在當時是一項不可能實現的任務。但這一建議的提出，說明他不僅像曾國藩等人一樣看到了釐金對內陸商品流通所造成的危害，同時，他還看到釐金的存在，使得國產商品與外國進口商品在實際上處於不平等的競爭地位，這是當時許多人沒有意識到的地方。

　　需要指出的是，中英南京條約訂立了《五口通商章程》，也議定了片面的協定稅則。之所以稱爲片面的協定稅則，即是由於條約中剝奪了中國的關稅自主權。1843 年確定稅則時，在英國的強迫下大部分從價稅率定爲非常低的「值百抽五」，從量稅的設定也約以百分之五爲率。隨後英美法等列強又一再強迫部分商品的稅率一減再減，中國成爲當時世界上進口關稅稅率最低的國家之一。形同虛設的進口關稅既達不到財政收入的目的，更談不上保護生產

〔註42〕　周育民：《晚清財政與社會變遷》，上海人民出版社 2000 年版，第 164～169 頁。
〔註43〕　盛宣懷：《愚齋存稿》，卷三，奏疏，第 126 頁，原書卷三第 57 頁。

的目的。〔註 44〕在中國近代現代化的分析中，如果只看到工業化的威力，看不到中國近代在飽受侵略下現代化發展的艱難，是令人痛心的。

（二）增稅收

馬關條約簽訂之後，中國的貿易情況進一步惡化。其中的一個例證是，按照條約規定，日本國民可以在中國通商口岸設立工廠從事生產，所製成貨物運銷於中國境內，只按照值百抽五的關稅或者更低的關稅水平徵收，一切中國國產產品在內地流通所須繳納的苛捐雜稅，日本在中國設廠生產的貨物均一律享受豁免優待。而僅就前面所述的釐金而言，中國國產貨物所需繳納的就數倍於值百抽五的關稅水平。而此項馬關條約的規定，列強又「利益均霑」，都可以享受。在這種情況下，國內產品幾乎沒有任何競爭的優勢，清政府也就基本斷絕了商業稅收的財源。因此，盛宣懷有感於清朝政府財力的枯竭，極力主張將釐金合併入關稅並提高關稅水平。他在《條陳自強大計》中說：「莫若逕免天下中途釐金，加關稅為值百抽十，令彼無所藉口。釐金既免，即仿行西國印稅之法，辦理得宜，計加收之關稅，新收之印稅，合之當倍於釐金。而免釐則出口土貨易於流通，加稅則進口洋貨或漸減少，取益防損，利在無形，所謂足國不病民，且陰以挽外溢之利者此也。」

這裡，盛宣懷首先建議免除釐金後應將關稅水平改為值百抽十，即加稅免釐同時實行。他指出這樣不僅有利於清政府增加收入，並且對促進國產土貨流通和抵禦外國洋貨橫行都大有好處，即「利在無形，所謂足國不病民，且陰以挽外溢之利者此也。」

當 1900 年（光緒二十六年）盛宣懷成為清政府會辦商約大臣之後，前往上海考察貨物價格時，他還一直堅持向清政府高層解釋稅釐並徵之利。1902年（光緒二十八年），他與商約大臣呂海寰等與各國進行議定稅則談判，中英之間達成協議，規定進口稅率為 12.5%，以後「洋貨無論在華人之手或在洋商之手，無論原件或分裝，均得全免重徵各項稅捐，以及查檢與留難」，盛氏稅釐並徵的想法終於成為可能。這一事件在中國近代關稅史上具有重要的地位，實際上是對自鴉片戰爭以來中國所喪失的關稅自主權的有力的挽回，具有里程碑式的意義。不過這一計劃後因英國反悔也沒有實行，其真正的原因還是由於清政府的羸弱。〔註 45〕

〔註 44〕陳詩啟：《中國近代海關史》，北京：人民出版社 2002 年版，第 168～171 頁。
〔註 45〕夏東元：《盛宣懷傳》，第 228 頁。

當時盛宣懷作爲朝廷官員能夠提出免釐加稅的主張是要冒很大風險的，此議雖然是當時國人一致的主張，但釐捐不僅是各省督撫的最重要收入，而且是最主要的軍餉來源。而裁釐與加稅，既能夠削弱地方督撫的實力，又可促進國家的統一性；既能夠減輕洋貨對國內市場的衝擊，又可以促進國內商品流通。提出這種改革主張，要影響到許多地方督撫和封疆大吏的實際權力，其中還包括一直提攜盛宣懷的李鴻章和在甲午戰爭後支持盛宣懷經營洋務的張之洞。可見，盛宣懷通過多年洋務實踐，對當時清政府面臨的問題有著清醒的認識和改革思路，能夠從國家利益出發提出正確的主張。至少這一點不像許多學者認爲的，盛宣懷心口不一。

盛宣懷在《條陳自強大計》中認爲，免釐之後，在提高關稅的同時還應仿照西方各國徵收印花稅。這又是一項具有現代觀點的經濟主張。他在《條陳自強大計》中僅說明了徵收印花稅可以增加收入，沒有過多的論證。但在其後專門談此問題的《謹擬籌餉事宜詳細開具清單恭呈》奏摺中，提出了非常具體的建議：「印稅則有所營謀方始納之，毫無勉強仍從民便，不事追呼自然流通。中國開辦之初，應由總理衙門、戶部督飭總稅務司仿照郵政，先從通商口岸辦起，一也。查明舊章，田房、地產、稅契仍歸藩司，先用印花辦起，可期涓滴歸公，二也。富商如行店、領帖、鹽務、運單、典商當票、公司股票、莊號匯票、分析議單、商賈合同之類，仕紳如考取、捐納、補授、升任、請封、議恤之類，先用印花辦起，三也。印稅所取務從極輕輕減，疏節潤目不加苛察，但認定無印花者爲私，官不理直，四也。」〔註46〕

（三）改幣制

同免釐加稅相比，改革幣制則是盛宣懷針對金融體制更爲大膽和具有現代眼光的改革建議了。

晚清時期的幣制亂象叢生。自十九世紀的七十年代開始，伴隨著國際貿易的發展，當時世界各國的貨幣制度普遍的從金銀複本位制或銀本位制改爲金本位制，而中國還在使用銀銅複本位制。白銀主要是以銀錠或銀塊的形式流通市面，與商品無異。銅幣爲鑄幣，鑄造權完全屬於政府，由北京的戶部、工部與各省分享鑄幣權。二者各有其流通範圍，白銀主要用於批發市場及充當大宗交易的媒介，銅錢則多用於零售市場及支付工人工資，彼此之間不能

〔註46〕盛宣懷：《愚齋存稿》，卷三，奏疏，第 125 頁，原書卷三第 55 頁。

替代。這種幣制的缺點是：第一，銀銅兩種金屬的供給沒有穩定的比例，市場中銀與銅的比價變動無常，清政府缺乏有效的管理方法以維持兩種貨幣相兌換的穩定。第二，這種幣制缺乏簡單而統一的標準，銀塊的價值視重量與成色而異，交易的完成要靠錢鋪或銀號來鑒定成色及權衡重量。並且清代的重量單位「兩」，由於連年戰爭後各地也出現不同的使用慣例，增加了幣制的複雜性。並且，清代市面流通的銅錢有政府鑄造、私鑄及從鄰邦流入的外國錢，其重量、成色相異，造成幣制異常混亂。第三，無論銅錢或白銀都不適於遠距離運輸，處理大宗交易十分不便。由於具有這些缺點，清代的銀銅複本位制始終是制約市場經濟發展的一大因素。

隨著中西貿易的展開，外國銀元如西班牙銀元、墨西哥銀元相繼流入並參與流通，對中國幣制產生相當程度的衝擊。為了抵制外國銀元或者牟利，各省督撫相繼鑄造銀元，進一步加劇了幣制的亂局。甲午戰後，外國銀行開始在中國大量發行紙幣在各通商口岸及列強勢力範圍內流通，更使中國境內的貨幣紛沓雜陳。

光緒年間，當世界各國先後採用金本位制的時候，清政府也受到這種世界潮流的影響，而有實行金本位制的議論，但多不切實際。尤其在甲午戰爭失敗，朝野上下要求革新的時候，貨幣改革的建議更是其中一個重要的項目。〔註47〕但是，中國金融人才奇缺，終究沒有整體可行的貨幣改革方案。

正是在這種情況下，盛宣懷在《條陳自強大計》提出了設立銀行與改革幣制的主張，在《條陳自強大計》後又專門附上《請設銀行片》，提出了相互銜接，互有推動的改革方案。在《條陳自強大計》「理財」部分的最後，盛宣懷首先指出白銀外流的危害，並分析如果仿照外國銀元鑄幣，由於貿易不平衡，白銀不斷外流，最終將無銀可鑄。他說，「墨西哥國以九成之銀，鑄錢運行中國，易我十成之銀，歲耗以萬億計。近來中外臣工多議自鑄銀元，廣東、湖北、北洋、南洋先後鑄造，分兩輕重，悉準墨銀。臣愚以為國家圜法，自古及今皆自為制度，隨人趨步，各國所無，既不能度兩為元，各庫出入仍需元寶，必致無銀可鑄。」

接著他建議以京平九成銀為一兩由國家統一鑄幣，建立統一的使用和兌換體系並強力推行。「今宜在京師特設銀元總局，以廣東、湖北、天津、上海為分局，開鑄銀幣，每元重京平九成銀一兩，再酌鑄金錢及小銀錢，使子母

〔註47〕 夏東元：《盛宣懷傳》，第 170 頁。

相權而行，凡出款俱用官鑄銀幣，各省關收納地丁錢糧鹽課關稅釐金，俱收官鑄銀幣，元寶小錠概不准用。」

在建立穩定的幣制之後，國家財政才能有所盈餘，避免白銀因幣制混亂而外流。「惟收款仍照庫平十成銀計算，庫平較京平，定以每百兩加平六兩，十成銀較九成銀每百兩應加色十兩，除各庫上兌津貼銀一兩，定以每百兩加色九兩，如應交庫平足銀一百兩者，實收銀幣一百十五元，無輕重高下之別，無減平扣色之弊，易簡理得，婦孺難欺。每年度支八千餘萬兩，戶部約可盈餘平色銀一千二百萬兩，較向來各省撥解平餘多收當不下千萬，所謂挽外溢以足國者，又其一也。」

這裡需要指出的是，在關於建立中央銀行的問題上，以前的研究多根據盛宣懷《條陳自強大計》中的「請設銀行片」認為他是持反對態度的，這似乎是其攫取個人私利的又一例證。但是，實際上盛宣懷是認為要建立中央銀行，應該先改革幣制；不改革幣制，即使建立中央銀行也無益。這恰恰證明了盛宣懷對於現代經濟體系的認識程度為當時眾人所不及。

宣統元年（1909 年），盛宣懷上《請推廣中央銀行先齊幣制摺》，他認為：「夫齊其末必先揣其本，中央銀行實發行國幣根本之地也。不有中央銀行何以備悉商情，操縱國幣，從前我國所造龍元未足抵製墨銀，繼造銅元轉以加增民困，皆官自為之，與商民隔膜，則不歸銀行管理之病也。」〔註48〕

可見，與同時代中國含有的其他涉足現代金融思想的洋務人士相比，他對中央銀行制度與貨幣制度之間的依存關係看的十分清楚。因此，他主張設立中央銀行來整理幣制而非取代商業銀行信用中介的功能。他提出：「一、建議大清銀行宜官商合辦，且分設各省各埠以廣流通。二、造幣局宜歸併度支部管理，以杜紛歧，兼收劃一之效。三、印刷紙幣局宜設在京都並歸一廠，以便調查管理。四、金幣未能遽辦，宜預為籌備以定步驟。五、紙幣宜速歸國辦，以杜利權外溢。六、金圓宜可試鑄存作銀行準備，以免舊金出行。七、銀圓主幣宜分期派造，以資周轉。八、銀銅輔幣宜隨時察設分鑄，不可浮多。九、白銅幣利益最多宜格外慎重，以防私鑄。十、新銅元宜變通添鑄，仍可無礙舊銅元，以收速效。十一、新幣宜借款迅速禱造，以資周轉，並速廣開採金銀銅礦，以資鼓鑄。十二、海關納稅宜察照新約，悉收主幣。十三、州縣錢糧宜收解均用原幣，以救官民兩虧。〔註49〕

〔註48〕盛宣懷：《愚齋存稿》，卷十四，原書第 32 頁。
〔註49〕盛宣懷：《愚齋存稿》，卷十四，原書第 34～39 頁。

　　總之，盛宣懷有鑒於當時中國金融的混亂局面，提出一整套統籌規劃的改革方案，並建議以循序漸進的方法實施幣制改革並建立中央銀行。這在當時的實際環境下，是比較罕見的。

第四節　富國之基——銀行與教育

一、建立銀行以足國

　　19 世紀中葉起就有不少有識之士提出開辦新式銀行，如洪仁軒、容閎、陳熾、鄭觀應和汪穰卿等，唐廷樞、左宗棠先後試圖開辦銀行但沒有成功，李鴻章還曾提出創設中外合資銀行並請英國怡和洋行的銀行家經辦的設想。鄭觀應在他所著的《盛世危言》（14 卷本）中對西式銀行的重要性和基本制度作了詳盡的介紹，並提出了建立銀行的一套政策主張。盛宣懷提出興辦銀行的思想約與鄭觀應同時甚至更早〔註 50〕。

　　盛對銀行的重要性有獨到而深刻的認識。根據盛宣懷在海關任職的外國同事的回憶，盛宣懷是「瞭解歐洲金融內部情況的少數中國官員中的一個。」〔註 51〕夏東元先生認為，他在 1887 年就已經具有自主創辦銀行的思想，並於1895 年積極採取行動。〔註 52〕盛宣懷在 1895 年出於「借用本國民債」的目的而提出仿照輪船招商局開設「招商銀行」，得到翁同龢和李鴻章的支持。1896年 10 月，盛宣懷在《條陳自強大計》「理財」提出興辦銀行，又專門附「請設銀行片」深刻闡述了中國自辦銀行的必要性及經營管理原則。因此，建立銀行以足國是盛宣懷現代化思想中的一個重要部分。

　　在「請設銀行片」中，盛宣懷指出了中國興辦銀行的四個必要性。第一，銀行具有重要的「信用中介」職能，並且在國家予以支持的情況下對商業流通的好處優於中國傳統的票號和錢莊。「銀行昉於泰西，其大旨在流通一國之貨財，以應上下之求給。立法既善於中國之票號、錢莊，而國家任保護，權利無旁撓，故能維持不敝。」

〔註 50〕夏東元：《盛宣懷傳》，第 169 頁。
〔註 51〕〔美〕費維愷：《中國早期工業化：盛宣懷（1844～1916）和官督商辦企業》，第 89 頁。
〔註 52〕〔美〕費維愷：《中國早期工業化：盛宣懷（1844～1916）和官督商辦企業》，第 170，172 頁。

第二，中國應自辦銀行抵制外國銀行勢力，改變外國銀行壟斷中國利權的局面。「各國通商以來，華人不知務此，英、法、德、俄、日本之銀行乃推行來華，攘我大利。近年中外士大夫灼見本末，亦多建開設銀行之議，⋯⋯但使華行多獲一分之利，即從洋行收回一分之權。」

第三，舉辦鐵路急需設立銀行。盛宣懷在長期辦理洋務過程中深知資金重要，關係到國民經濟命脈的企業往往花費資金巨大且收益緩慢，如沒有銀行的鉅額資金融通，顯然是難以成功的。因此他認為要興辦現代交通等實業只有國家自設銀行，做到「商務樞機所繫，現又舉辦鐵路，造端宏大，非急設中國銀行，無以通華商之氣脈，杜洋商之挾持。」

第四，盛宣懷從籌借國債角度闡述了銀行維護利權的作用。「歐洲國債數千百萬，皆由銀行籌辦，印發借券應收年息歸行取付，大信不渝，集事自易。嗣後京外撥解之款可交匯，以省解費，公中備用之款可暫存，以取子息。官造銀元尚不能通行盡利者，可由銀行轉輸，上下官得坐收平色之利。仿借國債可代洋債，不受重息之挾制，不吃鎊價之虧折，所謂挽外溢以足國者。」

關於銀行的性質，盛不贊成銀行因僅僅經理國家的財賦出入而成為「戶部之外府」，而是主張銀行為「商家之事」，無論是總行還是分行，悉照西方國家的商例，由商董自行經理。只是在創辦伊始，由朝廷簡派大臣主持設立事宜。盛也不贊成銀行「委重西人，取資洋款」，這樣雖然能使「數千萬金，咄磋立辦」，但如此則「其權在彼，利害之數未易計度」。「議者謂：國家銀行，當全發帑本，簡界大官，通行鈔票，由部造發，如英法等國，財賦皆出入於銀行，是戶部之外府也。然中外風氣不同，部鈔殷鑒未遠，執官府之制度，運貿易之經綸，恐窒礙滋多，流弊斯集。或欲委重西人，取資洋款，數千萬金咄嗟立辦，其詞甚甘，其權在彼，利害之數未易計度。」

可見，盛反對銀行官辦和中外合辦，而是主張商辦，即所謂的「合天下之商力，以辦天下之銀行」。需要指出的是，盛宣懷在「請設銀行片」中反對創辦國家銀行，這主要是針對當時容閎等人主張仿照美國銀行制度建立國家銀行。而他認為中外風氣不同，西方的國家銀行不適應於中國，或者說當時在中國建立國家銀行的條件尚不成熟。1908 年，盛宣懷赴日本求醫，在日本他考察了銀行和貨幣體制。1909 年 4 月，他上《請推廣中央銀行先齊幣制摺》，長篇陳述了幣制改革和設立中央銀行的思想和計劃，其中就指出日本是根據

德比二國的方法並結合本國實際建立中央銀行的。〔註 53〕應該說盛宣懷的這種認識是符合當時實際情況的。他提出銀行不「委重西人」，不「取資洋款」，但銀行之用人辦事原則又將取資滙豐章程。對於這種矛盾，過去許多學者稱其爲「中國資產階級對帝國主義和封建主義既矛盾又依附的雙重性格」。而夏東元則認爲由於盛宣懷積極興辦近代新式企事業，所以一直受到頑固派、嫉妒者及其他各種動機不純者的攻擊和非難。在中國歷史上，凡是創新的改革者遭到非議，似乎成了規律。盛宣懷反對外國侵佔利權，這種思想意識畢竟是非常可取的，也是值得同情的。〔註 54〕

盛宣懷建立銀行的思想是他洋務思想中一個比較重要的部分，他還在《銀行成議節略》、《銀行成議源貼》及《中國通商銀行章程》中論述了他關於銀行的思想。體現出他對現代經濟體系與金融關係的深刻認識。我們知道，銀行是國民經濟體系的神經中樞，而中國資本主義難以發展的一個極重要原因就是資本的匱乏。西方資本主義的資本積累是建立在殖民主義和對外經濟侵略的基礎之上的，所謂歐美資本主義模式，更多地是一種特殊路徑而非資本主義發展的普通規律。現代化後發的國家也不可能具備那樣的條件。因此，開拓金融的融資和資本集中功能，使得早期的現代化發展獲得資金的支持，是加快中國近代化發展的一個重要手段。並且，盛宣懷還難能可貴地主張「徵用客卿」「藉重外材」，引進了外國銀行管理人才，使得中國早期銀行業得以迅速發展。

如前所述，在近代盛宣懷並不是第一個提出創辦銀行主張的人，但是盛宣懷的興辦銀行思想與前人相比具有不同的特點。

首先，盛宣懷對銀行信用中介的職能認識比較深刻。鄭觀應、馬建忠、陳熾、汪穰卿等主要是從資金融通的角度來分析銀行的職能作用，僅限於「商」而未觸及「工」。而盛宣懷則從辦鐵廠與修鐵路需要銀行融通資金的角度，正面論述了銀行的信用中介職能，可以說是中國近代先進人士對銀行職能作用認識的一個進步。

其次，以往主張興辦銀行的思想家除了把抵制外國銀行勢力與振興商務作爲主張興辦銀行的理由外，也都把解決清政府的財政困難作爲要求興辦銀行的一個重要契機。例如陳熾說：「中國既無銀行又不思急行創立，故上欲籌

〔註 53〕 夏東元編著：《盛宣懷年譜長編》下冊，第 895～896 頁。
〔註 54〕 夏東元：《盛宣懷傳》，第 174 頁。

餉則人易我難，下欲通商，則人通我塞。」〔註55〕鄭觀應也認爲設立銀行可以替代國庫，這樣就可以避免國家財政收入由官吏保管時受官吏侵抑之弊，同時通過銀行以發行鈔券，政府還可以從此獲取利潤。〔註56〕與上述看法相反，盛宣懷不把解決清政府的財政困難作爲興辦銀行的理由，不僅如此，他還反對把銀行辦成政府財政的附庸。這種認識對於保持銀行經營的獨立性，把銀行辦成眞正的銀行具有重要意義。

第三，以前的思想家主要是從理論上探討了中國自辦銀行的重要性並簡要介紹了西方的銀行制度及業務情況，沒有制定具體措施。盛宣懷不僅從理論上論述了中國自辦銀行的必要性，而且對中國自辦銀行的組織形式，經營管理作了比較詳細的規劃。他的思想都具有內在的合理性和可行性。

二、辦學育才爲根本

中國傳統教育是以經史子集等人文學科爲單一的內容，以私塾學堂爲教學的基本形式，以科舉入仕爲主要目的，以精英教育爲根本取向。這與當時西方國家以文理並重爲內容，以學校教育爲基本形式，以服務社會爲主要目的的教育模式存在著巨大的差異。近代先進知識分子逐漸認識到教育對中國的富強所起的作用，逐漸地提出了更新中國傳統教育模式，學習西方先進教育理念的思想。龔自珍、林則徐、魏源等經世學者都有不少精闢的論述，盛宣懷則借助洋務運動擴充了傳統經世思想中重視人才培養的思路，並根據洋務運動的實踐有所創新。他是中國近代教育的先驅之一，一生不遺餘力地推行新式教育，甚至還幫助籌辦梁啓超等維新派興辦的時務學堂，在教育方面成就斐然。

（一）盛宣懷的人才觀

盛宣懷的人才觀最主要的特點是爲洋務運動服務的「新」人才觀。盛宣懷雖沒有上過新式學堂，但他在辦洋務工業的實踐中，已經認識到作爲一個工程師必須具備數學、物理學、化學、地質學等知識。他自己雖對這些知識「絕無所知，然猶欲勉力考究其近似，冀不爲人所蒙蔽」。〔註57〕盛宣懷有

〔註55〕陳熾：《續富國策・創開銀行說》。
〔註56〕鄭觀應：《盛世危言・銀行下》。
〔註57〕夏東元編著：《盛宣懷年譜長編》下冊，《稟李鴻章》，光緒二年十一月二十二日。

自知之明，更有識人之明，對新式人才在洋務運動中發揮作用非常重視。在他看來，「實業與人才相表裏，非此不足於致富強」，在湖北期間他說，「開礦不難在籌資本，而難在得洋師。」可見他認爲人才比資本還要重要。再比如企業管理人才，他接辦漢陽鐵廠時曾說，「總監工不得其人，全廠爲之受累」〔註58〕在《條陳自強大計》中，他就指出「兵與財不得其人，雖日言練，日言理，而終無可用之兵，可恃之財，則宜育才」。要實現自強，必須把練兵、理財和教育有機聯繫起來，無論是練兵還是理財都必須有相應的人才，否則將一事無成。可見，盛宣懷在根本上是把培養人才視爲國家自強的根基，而不是培養傳統科舉制度下那種文人書生；強調只有培養出現代化需要的人才，才能實現練兵和理財的強國策略；否則，兵與財終將消耗殆盡。盛宣懷是把育才作爲自強大計的首要之務的。在《條陳自強大計》後，除了附請設銀行片之外，他還專門附上九百餘字的「請設學堂片」，向光緒皇帝詳細闡明自己開設北洋新學堂和南洋公學的目的，提出設新式學堂育才的重要性，呼籲儘快多設立學堂培養先進人才。

盛宣懷人才觀的另一重要特點是中體西用的辦學原則。1898年他在信中說，「朝廷銳意求治，第一在知人用人，否則雖百變其法，而一效難收。甚至求治太急，轉爲流弊。弟以爲中國根本之學不必更動，止要兵政、商政兩端，採取各國之所長，釐定章程，實力舉辦，此即足食足兵之道，無他奇巧。」〔註59〕這裡的「求治太急，轉爲流弊。」指的就是維新運動中的變法思想，「根本之學」指的當然是孔孟義理之學。但是，他同時也看到了缺乏人才的原因不僅僅是西方自然科學學習不夠，而且還在於未通「中外政法」上，興辦了培養政法人才的南洋公學。可以說中體西用的調和思想在盛宣懷的人才觀中有著深深的印記。

（二）獨特的辦學方向

由於在洋務運動中的獨特經歷，所以盛宣懷在辦學方向上有著自己獨到的想法和實踐，這種思想特色可以從三個方面來看：

第一，盛宣懷的辦學育才思想的突出方面是「新式教育」，即技術人才的培養教育而不是一般意義上的文化教育，這來源於他興辦洋務事業的需要。在早年辦理湖北礦務期間，他曾因用人失誤，而誤聘不合格的外籍礦師，受

〔註58〕夏東元：《盛宣懷傳》，第74頁。
〔註59〕夏東元：《盛宣懷年譜長編》下冊，第621～622頁。

到李鴻章的嚴厲批評，此後他便在使用外國技術人才的同時特別注重在每個實業領域都培養相關人才以逐步取代外國技術人才。他往往採取創辦附設於企業的學堂、訓練班等方式有針對性的培養技術人才。如在 1880 年架設津沽電線時設立天津電報學堂，後又設立上海電報學堂；在督辦漢陽鐵廠時設立附屬學堂培養技術、管理人才。〔註 60〕甚至還積極在上海籌辦商務學堂培養對外商務談判人才。

盛宣懷在《條陳自強大計》和「請設學堂片」中論述到教育問題時，首先就提出要培養有用的新型人才而不僅僅是培養翻譯人才，並以日本爲例說明新型人才的重要性。「西國人才之盛，皆出於學堂，然考其所爲，學堂之等，入學之年，課程之序，與夫農工商兵之莫不有學，往往與曲臺之禮，周官之書，左氏公羊之傳，管墨諸子之說相符。蓋無人不學，無事不教，本三代學校之制，特中國去古既遠，寖成文具，而泰西學堂暗合道妙，立致富強，益以見古聖人之道，大用大效，小用小效，文軌雖殊，而莫能外也。日本維新未久，觀其來者亦往往接武西土，中國遣使交鄰，時迨廿載，同文之館培植不爲不殷，隨使之員閱歷不爲不廣，然猶不免有乏才之歎者，何歟？毋亦孔孟義理之學未植其本，中外政法之故未通其大，雖嫻熟其語言文字，僅同於小道，可觀而不足以致遠也。」他巧妙地把西方和日本通過教育培養各類人才的做法和中國古代的做法相提並論，指出無論中西方的教育都是聖人之道；然後說僅僅嫻熟語言文字還不夠，是小道，只有農工商學兵無所不學，才可以大用大效。

他建議在科舉制不能立即廢除的情況下，各省先設立一所綜合性學府，「教以天算、輿地、格致、製造、汽機、礦冶諸學，而以法律、政治、商稅爲要。先設武備學堂一所，教以築壘測地、槍炮製造、彈丸發送……而以兵律戎機，有勇知方爲要」，這些計劃應儘快實施，否則「年復一年，外人眈眈視我，一無足恃，肆彼要求，得步進步……至其時始悔七年之病，不蓄三年之艾，殆已晚矣！」

第二，盛宣懷還是中國近代留學教育的積極推動者和倡導者。他認爲：「一人齊傳，不如置諸莊嶽」。只有大批派遣留學生到發達國家，「躬驗目治，專門肄習，乃能窺西學之精，用其所長，補我之短」。〔註 61〕值得注意的是，

〔註60〕 夏東元：《盛宣懷傳》，第 188 頁。
〔註61〕 盛宣懷：《愚齋存稿》，卷八，奏疏，《資送學生出洋遊學片》，第 35 頁。

除了派遣留學生學習西方先進科學技術之外，他還少有的提出學習日本，通過選拔和留學培養新一代官吏的新穎思想，「日本明治初元，麂島馬關戰屢失利，諸藩皆擇遣藩士翹楚，厚其資裝，就學外國，今當路諸人，率出於此。請略取其意，在京師及上海兩處，各設一達成館，取成材之士，專學英法語言文字，專課法律、公法、政治、通商之學，期以三年，均有門徑，已通大要，請命出使大臣妻調隨員，悉取於兩館。俟至外洋，俾就學於名師，就試於大學，歷練三年，歸國之後，內而總署章京，外而各口關道使署參贊，皆非是不得與，資望既著，即出使大臣、總署大臣之選也。」爲了解決派遣公費留學生的費用問題，盛宣懷向皇帝承諾，由他所管的輪船招商局和電報局承擔費用。

　　第三，盛宣懷開創了中國近代的政法人才高等教育。洋務教育到 19 世紀 90 年代時已初見成效，但所設的學堂在學制、課程設置等方面都只注重實用，缺乏系統的理論和基礎知識。〔註 62〕盛宣懷積極主張建立正規的高等學堂，他於 1895 年在直隸總督王文韶的支持下創辦了北洋大學，即今日天津大學的前身；在創辦北洋大學的經驗的基礎上，盛宣懷於 1896 年又創辦了南洋公學，即今日上海交通大學的前身。在他的設計中，北洋大學以理工爲主，南洋公學則「竊取國政之義，實居內政、外交、理財三事」，「其在公學始終卒業者，則以專學政治家之學爲斷。」〔註 63〕

　　南洋公學的設立在中國近代教育史上有特殊的意義。因爲，盛宣懷的計劃是把南洋公學辦成一所培養內政、外交等政治人才的搖籃。他在設立南洋公學的奏請中說，「環球各國學校如林，大率形上形下道與藝兼。惟法蘭西之國政學堂，專教出使、政治、理財、理藩四門。而四門之中皆可兼學商務。經世大端、博通兼綜。」因此，「於此次欽定專科，實居內政、外交、理財三事。」〔註 64〕他在擬訂的《南洋公學章程》中申明，「公學所教以通達中國經史大義厚植根柢爲基礎，以西學政治家日本法部文部爲指歸，略仿法國國政學堂之意。」〔註 65〕這種對人才的知識結構的要求，已經和洋務運動初期設立同文館時大不一樣，也比馮桂芬在同文館之爭前向李鴻章提出的培養算學人才的建議豐富得多。北洋大學和南洋公學在中國近代高等教育史上佔有重

〔註 62〕 夏東元：《盛宣懷傳》，第 188 頁。
〔註 63〕 夏東元：《盛宣懷傳》，第 191 頁。
〔註 64〕 盛宣懷：《愚齋存稿》，卷 2，《籌集商捐開辦南洋公學摺》，第 20 頁。
〔註 65〕 盛宣懷：《愚齋存稿》，卷 2，《南洋公學章程》，第 23 頁。

要的地位。它們不僅培養出了如蔡鍔、邵力子、黃炎培等近現代史上的名人，而且在管理模式、學科體系建設等方面對其他學校產生了很大的影響。特別是北洋大學，由於它是中國第一所比較正規的大學，因此成為當時各省仿辦的範本。

　　除了上述三個方面之外，盛宣懷還重視小學和師範教育，熱心文化事業，為中國近代的教育現代化做出了很多突出的貢獻。但是，也需要指出，作為一個深受中國傳統文化薰陶的封建官僚，盛宣懷的教育思想是在「變器不變道」的「中體西用」原則下進行的。總之，在近代中國民族危機沉重，國事杌隉的情況下，盛宣懷順應時代的需要，提出「實業教育」思想，積極推行新式教育，培養了大量掌握先進科技知識的新型知識分子，從而為經濟、政治的近代化奠定了人才基礎。

第五節　利用厚生——實業與商戰

　　盛宣懷的商務實業和商戰思想，雖然不見於《條陳自強大計》，但與其中理財部分密切相關。前人研究也較少涉及。前已述及，洋務運動中的自強一詞，其內涵包括了自強和求富兩個方面，因此關於盛宣懷的商務實業和商戰思想，也有必要進行比較詳細的分析。

一、振興實業利商戰

　　盛宣懷振興商務實業的各項主張，仍源於其「富國強兵」的經世思想，光緒廿五年十月，他在《遵旨具陳練兵籌餉商務各事宜摺》中，認為「故中國局勢不僅壞於戰敗而讓臺灣，實壞於不戰而讓膠澳也。今日言時務者，或謂宜守舊制，或謂宜用新法，臣竊以為法制無分新舊，而自強祇在兵商。」〔註66〕他又認為：「理財莫不取於稅課，予取予求惟吾商民是賴，而富之教之在商民，亦惟上是賴，所以籌餉而欲持久，必先藏富於商，商富則國無不富，此尤保商之萬不可緩也。凡此練兵、籌餉、商務三端，皆屬相維相繫，亦皆各有本源，外國重武故兵強，重商故餉足，而重武重商亦必有教化而後可用，其要尤在得人而已。」〔註67〕

〔註66〕盛宣懷：《愚齋存稿》，卷三，原書第 39 頁。
〔註67〕盛宣懷：《愚齋存稿》，卷三，原書第 40 頁。

有鑒於「理財莫不取於稅課，予取予求惟吾商民是賴」，盛宣懷認為，「自強必根於富足，富足必生於實業」。因此在發展商務實業方面，他有以下的思想和主張：〔註68〕

（一）建立商務組織

盛宣懷認為，各國政府都設有商務衙門與財政部（戶部）配合以振興商務，並且與外交部（外部，總理衙門）職能分開，中國也應該設立相應的系統機構。並且，還應該在地方設立商會組織。「國家籌餉之多寡，皆視一國商務之盛衰為斷，考之各國皆有商務衙門與戶部相為表裏，而與外部分清界限，……現今中國商務祇因自己未能興起，而外人恣意要求，一入總理衙門輒取交涉，無可挽回，……將來商利、商權盡歸洋人，恐軍餉更無可籌，……擬請先在各省會、各商埠，選舉華商紳董，仿照西人商會之意，設立華商公所，以求利病之所在。」

（二）捍衛華商利益

盛宣懷為商人辯解說，那種認為商人目光短淺，見利忘義的說法有兩個原因。一是無「商學」，即沒有商業倫理規範；二是無「商律」，即沒有商業法律約束。他認為建立商會可以有利於逐步建立商業道德規範；政府立法則使華商「有途可循」，「無商學則識見不能及遠，無商律則辦事無所依據，如果得人提倡，先於各省各埠設立華商公所，即以商人之正派殷實者為之董，其中利弊准其呈訴，商情可直達，而官為扶護，不為羈勒，並應准其自己集資開設商務學堂，專教商家子弟，以信義為體，以核算為用，講求理財之道，數年後商務人才輩出，則稅務司、銀行、鐵路、礦務，皆不患無籌算之人矣，並請酌定商務律例，務使華商有途可循，不致受衙門胥吏之舞弄，卽不致依附洋商，流為叢爵淵魚之弊。」

（三）鼓勵貨物出口

盛宣懷建議對重視和幫助出口貨物的地方官員予以獎勵：「足國之道，總宜進口貨少，出口貨多，……請飭下各省將軍督撫，凡道府州縣，有能為地方興地利，增添出口貨物，及通濬河道，以廣商貨銷路者，准其開具事實，奏聞優加獎勵。」

〔註68〕盛宣懷：《愚齋存稿》，卷三，原書第 61～69 頁。

（四）改革報效制度

對於被詬病甚重的報效制度，盛宣懷提出將其改革爲規範的工商稅收制度，從其語言來看，頗類似今天的公司所得稅。這對於廣爲專家學者所批評的官督商辦制度和盛宣懷研究來看，是一個重要的發現。「……自漠河報效、輪船、電線、開平煤礦報效，深恐後來集股公司又將畏縮不前，皆謂股票公司官府得而勒之，不及一人一家之營謀也，查泰西有進項捐，而無公司捐，似不如參用其法，釐定章程，凡有公司藉官力以成者，如辦有成效，官利之外得有餘利，酌提十分之二，即名之曰進項捐，以伸報效，此外別無捐項，其餘華商自立公司，並無借領官本，即與獨開號鋪相同，決不因其合股公司另有報效，著爲定章，以免華商疑慮。」

（五）統籌礦產開發

對於地礦資源，早在 70 年代初他奉李鴻章之命到湖北探採煤鐵礦產時就曾指出，「中國地面多有產煤產鐵之區，……此舉關係富強大局」。〔註 69〕因此，盛宣懷主張設立國有公司開發，同時也不排斥民間開發，其意在維護國家對礦產資源的國家主權，這又是他一比較先進的思想主張：「礦產爲天地自然之利，……華人不自知辦理，洋人遂得起而攘之，……似應仿照通商銀行，速立礦務總公司，選舉商董，招集商股，附搭官本，延聘著名地學、化學之礦師二人，遴派專員分赴三江、兩湖，以及各省，凡未爲洋人所得者，周歷查勘，將各種礦地逐一勘明繪圖貼說，分別等差，先行買歸，總公司執業，酌定地租、數目、造冊，呈送統轄總局存案，一面布告周知，凡有紳商欲承辦某省某礦，無論集借華洋股款，但與總局章程相符，均准其按圖指明承領，……」

（六）獎勵有功人士

盛宣懷針對中國傳統藏富和明哲保身，不願開辦股份公司的心態，建議國家對創辦公司著有成效的人士給予一定的榮譽獎勵，鼓勵人們興商辦企業：「士夫視商務難於做官，聰明才智之人群趨於仕途而不返，富商大賈又莫不明哲保身、各立私家之行鋪，開閉盈虧皆得自由自主，而不願承辦招股之公司，避富名也，畏官勢也，防後累也，……惟有略予虛名誘之入彀，如外

〔註69〕陳旭麓、顧廷龍：《湖北開採煤鐵總局萍門礦物總局》，上海人民出版社 1981年版，第 3 頁。

國創辦一事，國君重則賞以爵祿，輕則賞以寶星，所以勵之者深，則趨之者自眾。」

上述種種主張可見，盛宣懷的振興商務主張及措施，其要點多在於政府的自身改革，既包括觀念的變革，也包括制度變革。比如設立專責機構統籌辦理；制定法律及獎勵措施；又如設立礦務總公司以挽回利權，開發利源等。這樣就可以充分調動中國上下一切力量振興商務，輔之以廣商學、聯商會，便可以與洋商對抗。盛宣懷其他的振興實業思想例如發展交通及通訊、開發地利、冶煉鋼鐵等等，國內外研究多有述及，本書就不詳細展開了。

二、商戰富國方自強

商戰一詞是同治元年（1862 年）曾國藩以「商鞅以耕戰，泰西以商戰」的評論首先提出的，而後鄭觀應論述最多。鄭觀應說：「故兵之併吞，禍人易覺；商之掊克，敝國無形。我之商務一日不興，則彼之貪謀亦一日不輟。縱令猛將如雲，舟師林立，而彼族談笑而來，鼓舞而去，稱心繫欲，孰得而誰何之哉。吾故得以一言斷之曰：習兵戰不如習商戰。然欲知商戰，則商務得失不可不通盤籌劃，而確知其消長盈虛也。」〔註70〕鄭觀應將商視為立國之本，富為國力之源，健全工商是無形的戰爭，修整武備是有形的戰爭。有形之戰以無形之戰為基礎，這就是「商戰」的重要性。

盛宣懷自少年時期就廣泛接觸了道光以來有關政治、經濟等問題的論議，成為李鴻章幕僚後，襄辦多項新式企業的經營，使他對一些重要經濟問題獲得了較多的實際知識和經驗，加之他長期在東南沿海商品經濟較發達的地區作幕僚，不但同這一帶的工商業者有相當密切的聯繫，自己也參加經營商業的活動。因此盛宣懷在實踐中逐步豐富和完善自己的洋務思想，形成自己的一套洋務商戰思想。盛宣懷商戰思想的主要特點是：

（一）限制洋商利權的民族思想

盛宣懷所辦企業大多懷著「求富」和「分洋人之利」的動機和經營原則。盛宣懷在經辦近代工業企業的過程也就是同外國資本主義的經濟侵略進行抵制、鬥爭和反復較量的過程，在一定程度上抵制了外國經濟侵略，這一點已經得到史學界的公認。1887 年李鴻章指出：「創設招商局十餘年來，中國商民

〔註70〕鄭觀應：《盛世危言 商戰上》。

得減少之益，而水腳少入洋商之手者，奚止數千萬，此實收回利權之大權。」〔註71〕盛宣懷認爲「力保華民生計起見，倘有可以收回利權者，無論何事，必須設法籌辦，方於國計民生兩有裨益」。〔註72〕籌辦輪船招商局、內河航運、電報、煤鐵礦務、以及辦紡織、繅絲、釀酒等工廠，無不考慮到民族的利權。

其次，盛宣懷主張盡最大可能不准洋商在國土上「任便製造」。這是由於1895年的《馬關條約》有了外商在中國從事工藝製造的條款，相當於今天的外商投資企業。盛宣懷擔心從此國貨利權盡失，於是提議：「本非外洋需用出口之土貨，又非中國已經仿照自造外洋進口之貨，概不得在任便製造之列。」〔註73〕在當時的國民經濟和財稅狀況下，這種主張有其合理的成分。

第三，盛宣懷還主張「暢出土貨抵敵洋貨，杜絕漏卮」。〔註74〕盛宣懷認爲貨物進出口之「暢」或「塞」，應該以是否能「藏富於商民」和「國內日裕」爲準；不能用「損下益上」來富國，而應在與洋商爭利中達到裕國的目的。也就是說與洋商競爭的目的是「藏富於商民」，然後才能使國家富強。他寫道：「中國而論商務，無論條約章程，事事太阿倒持，即令洋人並無欺詐攫奪之心，然如五都之市，百肆林立，而我以一肆新廁其側，必有一番傾軋爭鬥，苟非厚集其力，鮮不傾覆相繼，勢使然也。惟爲國家大局計，明知其難，不得不竭力。」〔註75〕這裡，盛宣懷錶達了與洋商競爭之難，但爲國家大局考慮，要「明知其難，不得不竭力。」夏東元先生也認爲盛宣懷不只是講講而已，而是一貫實踐著這種精神。

（二）培養和壯大華商以利商戰

首先，針對當時華洋貨物在稅費上的不同待遇。盛宣懷呼籲減少國貨稅釐以降低成本抵制洋商。華洋貨物稅收一律平等，是盛宣懷的一貫主張。〔註76〕他認爲要達到抵制洋貨，收回利權，必須減輕華貨的稅釐，做到與洋貨同等待遇，公平競爭。他說：「西人進口稅重，欲稅他國之貨以塞漏卮也；出口稅輕，欲暢銷本國之貨以益來源也。」而中國在不平等條約之下國貨與洋貨實際上處於不平等的競爭地位。盛宣懷認爲外貿的總原則應該是：「講求商務，總以出口

〔註71〕 《李文忠公全集》，朋僚函稿，卷13，第24頁。
〔註72〕 夏東元：《盛宣懷傳》，第137頁。
〔註73〕 盛宣懷：《愚齋存稿》，卷二四，原書5～6頁。
〔註74〕 夏東元：《盛宣懷傳》，第138頁。
〔註75〕 夏東元：《盛宣懷傳》，第138頁。
〔註76〕 見本章第三節。

之貨能抵人口之貨為第一義。」

其次，暫用洋匠，但儘快培養自己的人才以替代洋人。盛宣懷認識到，只有自己的人才替代了洋員，才能更快地減輕商品成本，創造性地發展技藝，從而較快地提高勞動生產率。他在長期辦企業等實踐中，逐步形成了獨特的人才觀。即重視科學技術和管理人才，「中體西用」，「學以致用」；而其可貴之處在於華洋一視同仁。〔註77〕但是，他將聘用外國技術人員作為暫時不得已的措施，從長遠角度則堅持培養國產人才。從其創辦教育的努力可以看出，盛宣懷對於通過培養人才壯大華商力量是特別關注的。

（三）與洋商爭利開展商戰富國

多數的研究認為，收回和限制洋商利權與同洋商爭利是同一種類型的思想表現，因此不做區分。但如果我們從現代市場經濟的眼光觀察，兩者的性質在實質上又有不同。洋務運動時期，列強通過一系列不平等條約在中國攫取了大量經濟利益。收回利權只是使華商和洋商處於公平競爭的局面，同洋商爭利的思想則要求中國企業不但同洋商競爭，而且要眼光敏銳，經營得法，在競爭中獲勝。盛宣懷說：「中國不患弱而患貧，不患在下占在上之利，而患洋人占華人之利。」他進而提出只有「抵敵洋貨」，才能「力保利權」，「以圖久計」的思想。1886 年，他在擬寫《招商局理財十條》時明確指出，辦輪船招商局的目的「大而言之，借華商之力，以收洋商之利權；小而言之，將本求利而已」。盛宣懷看到輪船及軍工企業的大量用煤多採自外洋時指出，「現在多購洋煤濟用，不亟為設法改用土煤，非特利源日事外流，更恐洋煤日益居奇。」1893 年 10 月，他在《華商機器紡織公所章程》中寫道：「查紗布為民生日用之需，若洋商用機器紡織，係奪華民生計。」因此要求嚴禁洋商進口這種機器。由於他一貫堅持「中國利源除洋人之外，凡華商入股無分彼此，皆利在中國也」的主張，中國自辦的紡織廠也堅決禁止「洋商附搭股份」。

其次，在中國國勢衰微，列強咄咄逼人的經濟背景下，盛宣懷以未雨綢繆的遠見，盡力保護中國的利權不受侵犯，希望保存中國工商業發展的產業基礎，這又是其難能可貴之處的表現。1882 年架設江蘇至廣東電線時，他說：「伏念各國交涉常情，凡欲保我全權，只爭先人一著，是非中國先自設電線，無以遏其機而杜其漸。」又如 1886 年，英美諸國企圖吸收中國為萬國電報協

〔註77〕夏東元：《盛宣懷傳》，第 187 頁。

會會員國，以打破中國電報的自主經營權。盛宣懷警惕地察覺到，一經入約，「恐未得其利益，先被其掣肘」。只有堅守自主之權不爲侵佔，「將來再行酌酬」。還有 1898 年初，當聽說英國要將吳淞口蘊草濱做兵船碼頭時，他搶先一步要求地方官將該地全數劃歸鐵路總公司，「以杜洋人爭佔。」1902 年，在他闡明奏請設立勘礦總公司的理由時，指出「惟有將民間產礦之地，由公中籌款自購，力爭先著。」在今天的開放經濟條件下，我們可能很難理解盛宣懷的思想主張。可是，在晚清的實際情況下，盛宣懷保護弱小民族經濟發展的思路應該說是正確的。

　　本書第一章中已經說明，晚清自兩次鴉片戰爭之後，思想進步的有識之士漸漸發覺傳統經濟和生產技術的落後，必須學習歐美進步的科學技術以適應「變局」的來臨。這種經驗與認識成爲洋務自強運動的主要推動力。在洋務運動中各種新興事業如江南製造局、漢陽鐵廠、福州船政局、輪船招商局，以至鐵路、電報、紡織廠等等相繼出現，這些事業中的民用工業大多以官督商辦模式來經營。官督商辦經營的工、礦、輪、電各企業是由盛宣懷發端並參與創辦和經營的。因此，在清末工業化中，盛宣懷是中國早期經濟現代化的重要推動者。在晚年，盛宣懷曾這樣自我總結道：「創輪船與各洋商爭航路；開電政阻英、丹海線不准越中國海面；建紗廠以吸收洋紗布之利；造京漢以交通南北幹路；恢張漢冶萍，以收鋼鐵權冒奇險而成茲數事。私乎公乎？」〔註78〕從他的話語中，我們不難發現其創辦實業「與洋人爭利」的堅定，其創業之艱險和被人誤解的委屈，以及興辦實業以振興國家的願望。

　　綜觀盛宣懷一生經歷，誠如其後代所言，「府君（盛氏）於經國大計，謀富則主張造路開礦；圖強則主張練兵興學；理財則主張設銀行、增稅率、改幣制；外交則主張牽制均勢、開放口岸、陰結強援；拯荒則主張浚治河道、整實倉儲、勸獎種植；而於鐵道則主張乾路國有；於幣制則主張混金本位」；〔註79〕可見，盛宣懷秉承清末以來的經世思想，以興利、除弊使國家富強爲宗旨，尤其是他「振興工商」的思想系統而詳細，充分表現他在推動經濟現代化方面的遠見與練達。但是，雖然他具有強烈的民族意識和實業富國的遠大理想，盛宣懷畢其一生要建立的卻是以「官督商辦」爲基本模式的國家資本主義盛宣懷以官督商辦模式推動中國近代化的思想在一定的時期內可以取

〔註78〕夏東元：《盛宣懷傳》，第 302 頁。
〔註79〕盛宣懷：《愚齋存稿》，行述，第 60 頁。

得巨大的成就，但終究與歷史發展的客觀進程是錯位的。這也是我們要在下一章進行重點分析的部分。盛宣懷對自己的評價是「有法言而無惡聲，有微慍而無暴怒，故能通天下之志，竭人士之力」，「吾少壯時，銳欲繼繩，而卒屢躓於秋駕；家有治譜，常以理繁治劇自許，而未嘗假手一州一邑，爲親民之官；保使才，辦洋務，日與友邦人士相周旋，而足迹未履歐美一步；此則生平三憾事也。」﹝註80﹞前二事清楚的反映了傳統思想對洋務運動這一代改革者的影響，後者又表現出他對西方文明的向往。這可以說是晚清一代改革思想家內心思想的眞實反映。

至於盛宣懷因其從事洋務運動而「致富」，我們認爲，歷史的進步事業往往不是從什麼高尙的動機開始。「自從階級對立產生以來，正是人的惡劣的情慾─貪欲和權勢欲成了歷史發展的槓杆。」﹝註81﹞正所謂「秦以私天下之心而罷侯置守，而天假其私而行其大功」。﹝註82﹞總而言之，近代中國社會特殊的社會歷史條件早就了盛宣懷這個矛盾統一的特殊歷史人物，而盛宣懷個人經世致用的趨向使得他不得不以維護清王朝封建專制統治的政治立場來換取洋務運動中展現個人才華，振興商務和實業的廣闊空間。這是中國傳統封建社會的政治經濟關係所決定的必然。盛宣懷把富國強兵置於發展近代工商業的基礎之上，重點是與洋商爭利，做到國富而不病民，其經濟上的進步性是顯而易見的。

﹝註80﹞ 盛宣懷：《愚齋存稿》，行述，第 60 頁。

﹝註81﹞ 《馬克思恩格斯選集》第 4 卷，第 233 頁。

﹝註82﹞ 王夫之：《讀通鑑論》卷一。

第四章　國家與社會
——官督商辦的思想與作用

　　前述兩章對洋務運動和盛宣懷的研究，立足點是從整體時代到典型人物來聚焦，以反映出現代化早期在傳統與變革之間或者說中西之間尋求平衡和折衷的思維模式。這種研究思路是很多學者對這個時期的人物思想進行研究時所採取的，本書借鑒吸收了這種研究思路。但是我們特別強調了相比於其他洋務時期的歷史人物，盛宣懷對折衷的兩端，一端是尋找與傳統的接續，另一端是尋找對現代的迎合，做出了更為明顯的努力。顯然，從中國文化的語境來看，這種「執兩端而道中庸」的方式不難理解，就筆者來看甚至是可以同情的。但是不可否認，與我們這種觀點相針對的是，在研究現代化進程的視野中，對盛宣懷的批評是非常顯著的，我們不能迴避。以盛宣懷經營洋務企業積累財富對其進行批評，自洋務運動起就不斷出現，我們認為，因其所謂「首富」而詆毀之確實是一種陳腐的批評。以盛宣懷的財富和他所做的事業相比，倘若中國近代有更多的盛宣懷，中國的實業面貌就會大不一樣，中國近代史的發展也許就會重寫。毛澤東就不至於發出中國「資本主義太少了」之歎。﹝註1﹞更多的批評絕大程度上聚焦於盛宣懷所從事的最重要的活動——經營官督商辦企業。因為在這樣一種中國近代化的特有模式（當然，這種看法也是本章要討論的問題之一）中，盛宣懷成就了他「辦大事，做高官」的人生道路。通過對官督商辦企業的批評而批評盛宣懷的洋務思想以及洋務自強運動中「求富」這一主題的失敗，進而批評中國近代化進程的遲延。這是對盛宣懷進行歷史評價的主要模式，但這其中存在著諸多邏輯推論的環節

﹝註1﹞　夏東元：《盛宣懷傳》，前言，第2頁。

使人迷惑。正因如此，需要解釋的是，本書之所以沒有對盛宣懷做更多篇幅的展開，是因為我們也要更加聚焦，對上述這種聚焦於官督商辦模式的批評重新審視和思考。這種思考對評價盛宣懷固然重要，但是鑒於官督商辦模式在洋務運動也就是中國近代化進程中的核心意義，這種思考對理解中國近代化進程的路徑選擇與依賴具有更重要的作用，它有助於從另一個方面思考和理解，中國為什麼最終走上社會主義道路的必然性。

對於政治和經濟的思想觀點，是基於政治和經濟的本身形成的。我們怎樣去看待政治和經濟以及關係，決定了我們怎樣看待中國的思想歷史現狀。如果將近代的思想線索歸納為救亡與啓蒙，這是清醒地看到了在中國近代思想被長期壓抑和尋求人性解放的反映；那麼在中國政治與經濟的思想與實踐層面上，救亡與啓蒙的表現何在？近代救亡與啓蒙在思想史中的反復糾纏和對今天我們思想狀況的影響，在政治與經濟層面上的反映何在？我們不妨轉換視野。官督商辦模式自出現以來迄今，由於其複雜的背景，鮮明的特色以及對於中國現實問題的意義，一直受到學術領域的長期關注與探討。不過，對官督商辦模式的認識也同樣存在長期爭論，這種現象比較少見。如果從現代化模式的角度來看，官督商辦確實被費維凱等學者認為是一種現代化的模式。但是學者們在這方面卻多持否定的態度。在本章的研究過程中，筆者逐漸對一些關於官督商辦模式的傳統觀點產生懷疑，因此嘗試對其進行探析，得出了一些不同的觀點。就我們的觀點而言，應該看到在這種現代化模式中，國家或者政府力圖與實業領域實現聯盟，在後發型、防禦型、外源型的現代化進程中掌握主動權和國家的命運。從現代化早期的經濟特點來看，這種做法既是為了保護國家核心利益如礦產資源、交通運輸、金融等領域的民族性，也是任何一個政府維護自身合法性和合理性統治的延續所必然產生的政治理念。其積極意義在於避免了中國向殖民地化的進一步發展，其產生的合理性基礎是傳統權力壟斷利益的思維方式和非法理性的威權的政治統治。這種初步的探析當然還是不成熟、不全面的。

第一節　洋務時期官督商辦思想的形成與轉變

洋務運動的參與者是一個極其龐大的知識精英群體，其中既有曾國藩、李鴻章、張之洞、左宗棠等封疆大吏，也包括馮桂芬、王韜、鄭觀應等一大

批近代思想家。儘管這些人的觀點見仁見智、相互交映，甚至有時彼此駁難，但總體上卻構成了一個中國近代思想探求現代化工業文明的思想進程。值得注意的是，他們關於官督商辦模式的論述，即使是在洋務運動的政治家和思想家內部，觀點和論據也互不相同，構成了洋務思想中較爲特殊的內容。以曾國藩爲例可以說明這種現象。從形式上看，曾國藩的「師夷智」論很像是對林則徐、魏源「師夷」思想的直接繼承。但是，林則徐、魏源的「師夷」思想是在鴉片戰爭的背景下提出的，他們提倡「師夷長技」目的是爲了「制夷」，「師夷長技以制夷」是一個完整的，不可分割的整體命題。〔註2〕曾國藩的「師夷智」卻只包含了這個命題的前一半，忽略了後一半的現代面向，其核心變成了接續傳統的變通。因此可以發現，曾國藩較魏源而言，並沒有我們在第一章所指出的洋務時代那種溝通傳統與現代的努力。曾國藩主政時期官督商辦企業還未出現。但是曾國藩明確主張將軍事工業牢牢控制在封建官府手中。從這一點看，曾國藩的思想似乎對後來官督商辦企業的出現埋下了伏筆。所以，對洋務運動領導者和洋務思想家關於官督商辦模式的思想比較和剖析是我們首先要進行的研究。

一、官督商辦模式的原則源自李鴻章

李鴻章是洋務運動的領軍人物，也是官督商辦的堅定支持者，並且一度還是盛宣懷的政治後臺。他的洋務思想主要包含三個方面，即變法自強論、富強相因論和官督商辦論。這三者的關係在於：第一，李鴻章是在變法自強中開始重視民用工業的，這是官督商辦的政治立足點；李鴻章創辦官督商辦模式的開始目的，仍是以有助於自強爲主，求富次之；第二，他逐步接受盛宣懷重視企業經濟作用的觀點，積極主張通過民用工業開闢新稅源，但是晚清封建專制社會體制的一個明顯特徵就是稅制仍沿襲傳統中以土地田賦爲主的狀態，田賦、鹽稅、釐金、關稅是清政府的四大收入。這實際上無法通過民用工業來開闢新稅源，我們已經在盛宣懷的洋務思想部分進行了論述；第三，李鴻章在富強相因思想中就官督商辦企業對國家現代化的作用看到了積極的一面；第四，學術界認爲李鴻章受傳統思想的制約，希望以官督商辦來限制競爭、保護壟斷。例如，他在開辦軍事工業時，就看到了民用工業的

〔註2〕趙靖主編，《中國經濟思想通史續集》，北京大學出版社2004年版，第144頁。

前景，但是卻對官方能否對其發展進行控制感到憂心忡忡。他在一封奏疏中說：「逮其久風氣漸開，凡人心智慧之同，且將自發其覆。臣料數十年後，中國富農大賈，必有仿造洋機器製作以自求其利益者，官法無從爲之區處。」〔註3〕所謂「官法無從爲之區處」，也就是說沒什麼辦法能加以控制。趙靖認爲，李鴻章爲此採取了「官督商辦」的辦法。這有可能是個不全面的觀點，從趙靖先生對李鴻章的思想的整體分析來看，應該說官督商辦是李鴻章變法自強、富強相因思想的重要補充和制度設計。

李鴻章是在 1872 年的《籌議製造輪船未可裁撤摺》中首先提出官督商辦，作爲堅持自強求富的重要主張的，「誠能設法勸導，官督商辦……於富國強兵之計，殊有關係。」〔註4〕這是「官督商辦」概念的首次出現。此後，他又在 1874 年的《籌議海防摺》等奏摺中對官督商辦的意義，內容及運作方式作了進一步的闡釋。主要思想包括以下三個方面：

第一，資本來源。李鴻章認爲，「由官籌借資本，或勸遠近富商湊股合立公司。」〔註5〕即官督商辦企業的資本全部或大部分由商民個人以認股的形式出資創辦；商股不足或尚未認足時，可由官府墊款，商股招足後歸還。因此，官督商辦企業應該說本質上應該屬於私人資本主義性質的企業。

第二，經營管理。李鴻章說：「誠以商務應由商任之，不能由官任之。」〔註6〕即所謂「商辦」，經營管理權自然歸屬出資商民。「聽該商董自立條議，悅服眾商」。〔註7〕但他同時又認爲官督在商辦之上，即「官爲維持」〔註8〕和「官總其大綱，察其利病」〔註9〕。對「維持」的涵義，李鴻章說：「維持云者，蓋恤其隱情，而輔其不逮也。」〔註10〕從字面上看，也就是扶持，保護的意思。至於「官總其大綱」，含義則非常含糊，李鴻章也從未明確解釋，只是在解釋官督商辦企業的「商權」時說過「非謂局務即不歸官也。」〔註11〕

〔註3〕《李文忠公全書·奏稿》卷九，《置辦外國鐵廠機器摺》。
〔註4〕《李文忠公全書·奏稿》卷十九，《籌議製造輪船未可裁撤摺》。趙靖書第167頁有誤。
〔註5〕《李文忠公全書·奏稿》卷二四，《籌議海防摺》。
〔註6〕《李文忠公全書·奏稿》，卷三六。
〔註7〕《李文忠公全書·譯署函稿》卷一。
〔註8〕《李文忠公全書·朋僚函稿》卷十四。
〔註9〕《李文忠公全書·譯署函稿》卷一。
〔註10〕《李文忠公全書·朋僚函稿》卷十四。
〔註11〕《李文忠公全書·奏稿》卷四十，《查覆招商局參案摺》。

劉坤一對官督也有簡單說明，這就是「員董由官用捨，帳目由官稽查，仍屬商爲承辦，而官爲維持也」。〔註12〕因此費維凱指出「無論如何，首先必須強調『官督商辦』體制不是一個法定的制度及其有限的法律性。」〔註13〕

對於官督商辦企業的性質，歷來有所爭論，皆是由於這裡的含糊而起。所謂官督，根據李鴻章的歷次表述，實際上包含兩層意思，一是官對企業進行監督、稽查，二是官對企業進行保護和扶持，即所謂「官爲維持」。可以看出，這裡所謂的官督，包含著兩項權利一項義務，即用人決定權（員董由官用捨）、經營監督權（帳目由官稽查）和扶持維護義務（官爲維持）。所謂商辦，就是「聽該商董等自立條議」，也即「商務應由商任，不能由官任之」，「所有盈虧全歸商人，與官無涉」。由此看來，企業的經營權應由商董掌握。趙靖認爲，如果企業全由商辦，內部的經營管理權都由商任之，企業就是私人資本主義企業；如果是官督商辦，而且由官「總其大綱」，掌握決定大權，企業就是國家資本主義企業，而國家資本主義的性質是由國家的性質決定的。洋務派官僚是封建買辦性國家的掌權者，則官督商辦企業就應該屬於封建買辦性企業。〔註14〕費維凱指出它的發展趨勢是官僚資本主義；許滌新、吳承明則認爲屬於具有國家資本主義性質的官僚資本最初形態。〔註15〕在1885年由李鴻章批准的官督商辦企業「用人章程」卻明確寫道：對官督商辦企業要「專派大員一人認眞督辦，用人理財悉聽調度」。我們認爲，這裡正說明了中國近代化發展的主要特徵，即國家資本主義。我們應注意到，國家資本主義這個性質，可以使我們擺脫一般意義上的對資本主義的否性取向；在國家資本主義的趨向上，我們更應該注意思考的是，它市場資本主義的關係而不是帝國主義、封建主義和官僚資本主義的關係。關於這一點，我們將在第三節中對官督商辦企業的性質進行專門的討論。

第三，利潤分配。李鴻章爲官督商辦規定的分配辦法是：「所有盈虧，全歸商認，與官無涉」。〔註16〕即官府不參加利潤分配，也不對虧損承擔責任。

〔註12〕《洋務運動》（六），第44頁。
〔註13〕〔美〕費維愷：《中國早期工業化：盛宣懷（1844～1916）和官督商辦企業》，第13頁。
〔註14〕趙靖主編，《中國經濟思想通史續集》，第168頁。
〔註15〕許滌新、吳承明：《中國資本主義發展史》（卷二）北京：社會科學文獻出版社2007年版，第343頁。
〔註16〕《李文忠公全書・奏稿》卷二十，《試辦輪船招商局招》。

但是，實際上的情況卻大相徑庭，由於官督在經營管理中起決定作用，官權也就自然決定了贏利分配，不受任何限制。清代對商人原有種種「報效」、「捐納」等等隨之在官督商辦企業中出現。

李鴻章還對於官督商辦企業進行了積極的保護。例如 1882 年成立上海織布局後，他就向清朝廷奏請「十年以內，只准華商附股搭辦，不准另行設局。」〔註17〕1894 年建立華盛紡織總廠，又奏請「無論官辦、商辦，即以現辦紗機 40 萬錠子，布機 5000 張爲額，十年之內，不准續添。」〔註18〕在創辦招商局時，李鴻章也曾規定「五十年內只許華商附股」，不得再開辦同種企業。趙靖認爲，李鴻章採取這種以官權禁止開辦同種企業的做法，實質是壟斷，並不是通常所說「專利權」。並且這種做法是只施用中國企業的，對外國資本在華所辦企業，則不適用。〔註19〕「專利權」的定位似來自費維凱書中對於「有限的專利權」一節的描述，費維凱認爲，這種特權以「官股」爲擔保，對官督商辦企業實施了保護但最終並沒有成功。但是官僚保護的「專利權」對官督商辦企業的壯大有關鍵的作用。〔註20〕費維凱對這種特權的稱謂具有一定誤導，但很多後來的研究都把「專利」或者「專營」作爲官督商辦模式的一個重要特徵，這是不準確的。許滌新、吳承明就認爲民辦企業也有專利，並且礦山和鐵路專利專營也屬正常。因此，該「專利權」是否屬於壟斷似可討論。〔註21〕楊在軍雖未明確分析這一問題，但從其認爲早期公司制具有「特許」特徵的理論觀點上看，事實上應該基本不否定這種保護的做法。〔註22〕我們則認爲從傳統官商關係可以對其產生有更準確的理解，從國家對近代化的推動作用看，這種保護的必要性也可以得到合理的解釋。

二、盛宣懷官督商辦思想的合理之處

盛宣懷是李鴻章官督商辦思想的實踐者，我們在前面已經說過，在整體洋務思想上，盛宣懷與李鴻章是保持高度一致的。但是在官督商辦模式的經

〔註17〕 《李文忠公全書·奏稿》卷四三，《試辦織布局摺》。

〔註18〕 《李文忠公全書·奏稿》卷七八，《推廣機器織布局摺》。

〔註19〕 趙靖主編，《中國經濟思想通史續集》，第 170 頁。

〔註20〕 〔美〕費維愷：《中國早期工業化：盛宣懷（1844～1916）和官督商辦企業》，第 41 頁。

〔註21〕 許滌新、吳承明：《中國資本主義發展史》（卷二），第 343 頁。

〔註22〕 楊在軍：《晚清公司與公司治理》，北京：商務印書館 2006 年版。

營、原則和目的上，盛宣懷與李鴻章有明顯的不同之處。同時盛宣懷經營的官督商辦企業之所以獲得成功，也在於他對官督商辦模式的理解有優於其他人的地方。這方面的研究從目前來看，還是比較欠缺的，基本上都是從整體情況作一般性描述，我們認為，注意到盛宣懷在官督商辦方面的具體思想和實踐，是研究盛宣懷應當予以加強的一面。

第一，關於官督商辦企業的目的。招商局的籌辦始於 1872 年，當時主要有兩種指導思想。以李鴻章為首的洋務派大官僚是著眼於政治目的，認為「夫欲自強，必先裕餉；欲浚餉源，莫如振興商務。微臣創設招商局之初意本是如此。」〔註 23〕而盛宣懷倡辦招商局的指導思想則是著眼於經濟目的。盛宣懷說：「伏思火輪船自入中國以來，天下商民稱便，以是知火輪船為中國必不能廢之物。與其聽中國之利權全讓外人，不如藩籬自固。」〔註 24〕這種經濟目的具體來說就是爭奪洋商利權。他認為「中國不患弱而患貪，不患在下占在上之利；而患洋人占華人之利」。〔註 25〕至於李鴻章「自擴利源，洋商可少至，而中國利權亦可逐漸收回」，「俾外洋損一分之利，即中國益一分之利」的思想反映，實際上是來自盛宣懷。

第二，在官督商辦模式下，盛宣懷非常重視保護商人的權益不被「官」所侵犯，並提出了「籌國計必先顧商情」的精闢見解，並主張按市場經濟規律經營官督商辦企業。他分析道：「中國官商久不聯絡，在官莫顧商情，在商莫籌國計。……試辦之初，必先為商人設身處地，知其實有把握，不致廢馳半途，辦通之後，則兵艘商船並造，採商之租，償兵之費。」〔註 26〕在盛宣懷所督辦的招商局、織布局、電報局、漢陽鐵廠等大型企業中，他都相比其他官督商辦企業更主張保護商人權益。這是他經營官督商辦企業的成功之處，我們對此，要注意當時整體官督商辦模式的運作和盛宣懷經營官督商辦模式的不同，不能一概而論。盛宣懷說：「輪船招商局，外洋所謂公司也。大而言之，借華商之力，以收洋商之利權；小而言之，將本求利而已」，〔註 27〕「將本求利」的目的決定了他的經營活動符合市場經濟的客觀規律，這是盛

〔註 23〕《李文忠公全書·奏稿》，卷三九，《論覆梅啓照條陳摺》。
〔註 24〕盛宣懷擬《上李傅相輪船章程》，引自夏東元：《盛宣懷傳》，第 9 頁。
〔註 25〕夏東元：《晚清洋務運動研究》，成都：四川人民出版社 1985 年版，第 220 頁。
〔註 26〕夏東元：《晚清洋務運動研究》，第 220 頁。
〔註 27〕夏東元編著：《盛宣懷年譜長編》（上冊），第 235 頁。

宣懷經營企業的另一成功之道。值得注意的是，「顧商情」絕不等於「商辦」，二者不能混同。

第三，特別重視「官督」加「商辦」模式。盛宣懷認爲官督商辦模式的作用是「非商辦不能謀其利，非官督不能防其弊」，這在他任招商局督辦之後對招商局的整頓中是一個非常明顯的思想，也是他洋務思想成型後主政六大官督商辦企業的原則，更是他爲人所批評的核心內容。有許多學者在研究盛宣懷洋務思想時，也對盛宣懷有較爲積極的評價，但這種評價往往建立在認爲盛宣懷其實不主張官督商辦，而是主張商辦並舉出了大量的證據。從材料上看，這些材料以他創辦招商局的早期思想爲主，並不代表後來成熟定型的思想。實際上，更爲準確地說，盛宣懷是在堅持「顧商情」的同時，也主張堅持「官督」的體制，這兩者在盛宣懷經營企業的思想中是一個基本思想，他既不像張之洞一樣過分強調「官督」的作用，也不像鄭觀應等人那樣，主張放棄「官督」，完全「商辦」。

在初創輪船招商局時，盛宣懷開始確實是主張「商本商辦」的，但是這個商本商辦是有條件的，並且和朱其昂「商本官辦」的意見相左。1872年（同治十一年壬申）三月，二十九歲的盛宣懷在《上李傅相輪船章程》〔註28〕認爲：「朝廷擬租給商人營運，暫則爲節流，久則爲開源，轉弱爲強，繫此一舉，固非規目前者所能窺測淵微耳。」這裡說明，起初的想法是把招商局所用輪船由政府租給商人營運。「委任宜專也。輪船官本重大，官不宜輕信商人，商亦不敢遽向官領，必先設立招商局創成規矩，聯絡官商，而後官有責成，商亦有憑藉，是非素諳大體，取信眾商者不能勝任。請遴選公正精明，股實可靠道府兩員，奏派主持其事。嗣後招商集本，領船運漕諸事，俱責成辦理，上與總理衙門通商大臣、船政大臣、各海關道交涉，下與各口岸局棧、各輪船管駕兵工交涉，事之成敗全在用人，即視人。既得其人，必與便宜行事，請給發木質關防一顆，曰『籌辦輪船招商總局之關防』，以示鄭重。再，設立招商局不至〔？〕爲聯絡官商起見，至生意盈虧均歸招商，與官無涉。」這裡說的很清楚，所謂「委任宜專」，就是招商局中的官和商各司其職，有明確的職能分工。至於商人爲什麼要繳納股本，盛宣懷認爲「國家以數百萬之重

〔註28〕 盛宣懷：《上李傅相輪船章程》，見夏東元編著：《盛宣懷年譜長編》（上冊），第13～15頁。

物發交該商營運，豈容毫無成本。」可見，盛宣懷在初期對輪船招商局的設想，是成立一家官商合作的公司，政府出船，商人出錢。爲了保證企業的正常運行和漕運等與官交涉事項，設計「官督」的體制。「官督」的目的在於保證官本的妥善安全和交涉的方便。這裡從招商局自身的資本來源和經營上看，盛宣懷是主張「商本商辦」的，但是，前提是國家提供輪船作爲投資或者說工具，因此，要有政府的代表派駐企業和幫助企業。但是，招商局從開辦到出現經營困難，實際上並未按照盛宣懷的這個章程實施。因此，這時的招商局還不能作爲官督商辦的典型模式。

後來盛宣懷所主張的官督商辦，主要是電報、鐵路、銀行等關係國計民生的重要行業，「非商辦不能謀其利，非官督不能防其弊」，關於這一點我們將在第三節關於官督商辦壟斷性質的討論中詳細論證。這裡可以盛宣懷光緒十八年的一段話說明他對官督商辦模式成熟的思想。「泰西官與商合，商力有不逮處，國家恒以全力佐之，故能經營獨盛。中國惟官督商辦乃可聯爲一氣，至於流弊所至，乃辦理不善，非官商不可合一也。」〔註29〕

第四，嚴格管理的思想原則。在對官督商辦模式廣泛的批評中，官督商辦企業的經營管理「弊病」一向是人們批評的重點。幾乎所有的相關論述都會涉及到這方面的內容，舉不勝舉。但是，在盛宣懷經營和管理官督商辦的企業原則中，由於他不同於李鴻章等政治家和其他思想家的身份，他是特別重視對企業的嚴格管理的。例如在盛宣懷受命草擬招商章程中，他明確提出了「委任宜專」、「商本宜充」、「公司宜立」、「輪船宜先後分領」、「租價宜酌定」、「海運宜分與裝運」等條款。〔註30〕這些條款從人事、資本、價格、經營等方面作了切實的規定，使招商局工作得以順利展開。但是由於他沒有獲得督辦的地位，實際上輪船招商局初期的經營困難和管理混亂與其並無關係。招商局成立之初，在經營上弊端較多，針對「船耗之不除，官本之無著，江船之多停」的狀況，盛宣懷提出了《整頓輪船招商局八條》「船舊應將保險利息攤折」、「商股應推廣招徠」、「息項應盡數均攤」、「員董應輪流駐局經理」、「總帳應由駐局各員綜覈蓋戳」等整頓措施，這些措施對經營狀況的好

〔註29〕 轉引自王爾敏《官督商辦觀念之形成及其意義》，《中國近代思想史論續集》，第244頁。
〔註30〕 盛宣懷：《上李傅相輪船章程》，夏東元編著：《盛宣懷年譜長編》（上冊），第13頁。

轉起了較大的作用。夏東元先生就認爲這些整頓意見基本上是科學管理企業的意見，體現了盛宣懷具有現代科學管理的經營才幹。〔註31〕尤其是對輪船機器等固定資本進行「攤折」即折舊，在當時是很有見地的。盛宣懷說：「洋商輪船公司局章，每年遞折船舊，原因輪船值本新舊迴殊，如一船十年之後，價必不值十之五六，是以不折船舊，雖名有利，實則蝕本。」〔註32〕盛宣懷的意見表明，他已經充分認識到折舊這一現代企業必不可少的經營制度。

第五，反對企業經營中的封建特權和侵吞舞弊等陋習。盛宣懷在招商章程中規定：「官場來往搭客搭貨，亦照例收取水腳，」〔註33〕抵制以官勢侵害公司利益。針對局中任用私人之風氣，盛宣懷指出：「局中同事，半屬局員本家親戚，雖其中非無有用之才，但始而濫竽，繼而舞弊，終且專擅者不乏其人」。爲此，他建議凡局員之親戚本家，「無論若何出眾，均宜引嫌辭去」，不得以「某人得力爲詞」。〔註34〕對局中主管經營者，盛宣懷提議要職責分明，和衷商榷，「庶利弊可互相興除，勤惰可互相規勸，盈虧亦可互相比較……杜樓卸之弊，而絕傾軋之端」。夏東元先生認爲這是指出領導者在管理中必須克服的心理缺陷，是比較高明的意見。〔註35〕

三、張之洞對官督商辦中官權的強調

張之洞是李鴻章之後的洋務領袖，他認爲「洋務最爲當務之急」，在洋務活動方面有一些新的舉措，並且在理論上爲洋務運動和官督商辦模式進行了大量的辯護和論證，但是其思想出發點與李鴻章與盛宣懷都有所不同。他的經濟思想雖然屬於典型的洋務派經濟思想，其中「鐵爲富基」與「權利分離」的有關觀點主張與官督商辦模式有密切的關係。但由於他對官督商辦的思想主張由官商之間的平衡與各司其職轉向調調官督，使官督商辦失去了原有的意義。

首先，從張之洞「鐵爲振興工藝商務之始基」的思想來看，他認爲農、

〔註31〕夏東元：《盛宣懷傳》，第20頁。

〔註32〕盛宣懷：《上李傅相輪船章程》，夏東元編著：《盛宣懷年譜長編》，第13頁。

〔註33〕盛宣懷：《上李傅相輪船章程》，夏東元編著：《盛宣懷年譜長編》，第13頁。

〔註34〕盛宣懷：《對赫德整頓招商局條陳之意見》，見夏東元：《盛宣懷傳》，第24頁。

〔註35〕盛宣懷：《對赫德整頓招商局條陳之意見》，見夏東元：《盛宣懷傳》，第24頁。

工、商三個部門是國民經濟的三個互相聯繫、互相依賴的部門，三者之中農為「本」，「以農為本，以工為用」，工為農、商之「樞紐」。指出：「工者，農、商之樞紐也。內興農利，外增商業，皆非工不為功。」〔註36〕由此得出結論「富民強國之本，實在於工。」這種觀點是張之洞重視洋務運動民用工業化的認識基礎，比李鴻章從船堅炮利和「籌餉」的需要出發來辦軍事和民用工業的觀點顯然是更高一籌的。〔註37〕在民用工業部門之中，張之洞認為「鐵為振興工藝商務之始基」，特別重視鋼鐵重工業，在武昌成立了湖北鐵政局，1890年在湖北興辦「漢陽鐵廠」，是當時東方最大的鋼鐵企業，比日本八幡製鐵所還早7年。張之洞認為：第一，「鐵為富國首務」。建立鋼鐵工業，「首在開闢利源，杜絕外耗」，指出西方列強把鋼鐵視為「富國首務」，〔註38〕因此，今日中國講求「興利之法，誠無急於此者」。〔註39〕在興辦新式工業尤其是鋼鐵工業過程中，張之洞還逐漸意識到發展煤炭工業和鐵路建設的重要性。盛宣懷正是因為鋼、煤、路這三項事業與張之洞結下不解之緣的。

其次，在張之洞興辦鋼鐵廠、鐵路這類民用重工業項目的資本來源中，一個重要的渠道就是通過官督商辦模式，吸引私人資本。因此，張之洞產生了「利權分離」的思想主張。所謂「利權分離」是指官督商辦企業中利潤分配和企業經營管理權的關係問題。張之洞的想法是：企業中的「利」和「權」必須分離，企業贏利可按股份分配給出資的「商民」，而企業的經營管理權必須由官方控制和掌握。張之洞對其所轄官督商辦企業也稱：「用人、理財，籌劃布置，……及一切應辦事宜，遵照湖廣總督箚飭，均由督辦一手經理，酌量妥辦，但隨時擇要彙報湖廣總督查考」，而「督辦」則由「湖廣總督奏派」。張之洞說「蓋國家所宜與商民公之者利，所不能聽商民專之者權。」〔註40〕並提出了以下幾條理由：第一，經營管理權對辦新式企業完全是不必要的，商民沒有經營管理權，照樣可以投資辦企業。張之洞說：將以立公司，開工廠歟？有資者盡可集股營運，有技者自可合夥造機，本非官法所禁，何必有權？〔註41〕第二，張之洞指出：「華商陋習，常有借招股欺騙之事，若無官權

〔註36〕張之洞：《勸學篇・外篇・農工商學第九》。
〔註37〕趙靖主編，《中國經濟思想通史續集》，第391～392頁。
〔註38〕張之洞：《籌設鐵廠摺》，《張文襄公全集》卷27。
〔註39〕張之洞：《勸學篇・外篇・礦學第十一》。
〔註40〕趙靖主編，《中國經濟思想通史續集》，第400頁。
〔註41〕張之洞：《勸學篇・外篇・正權第六》。

爲之懲罰，則公司資本無一存者矣。機器造貨廠，無官權爲之彈壓，則一家獲利，百家仿行，假冒牌名，工匠閒門，誰爲禁之？」〔註42〕第三，張之洞以辦礦爲例，指出辦企業所需的一些基本必要條件只有借官府的幫助才能獲得，因而企業必須「官督」。對於第一點，許多學者已經從現代經濟理論的產權和治理結構進行了批評，此不贅述；對於第二點，他顯然又混淆了企業的經營與政府對於經濟監督管理管理職能之間的關係；第三點的本質同上述李鴻章對官督商辦企業的專利權保護類似，對某些產業和行業而言，「官督」是必要的，但並不是說所有的民用工業都必須「官督」。總體看來，張之洞是用傳統封建的農業手工業經濟的一套經濟思想來對現代化工業體系進行理解和詮釋，是「以中化西」式的思維和認識方式，與李鴻章並無本質的區別。

後來，張之洞又將「利權分離」論修改爲「官商分權」論。在擬議粵漢鐵路湖南段的官督商辦辦法時，他提出：「商能分利，不能分權；商能查賬，不能擅路」，並比較完整地闡述了他的官督商辦思想，「官督商辦之要義，大率不過兩端：權限必須分明，而維持必須同心。商無權則無人入股，官無權則隱患無窮。……所謂商權者，用人、用財及一切買地、購料、雇工，凡計費、籌款、管理、出納之事，皆以股東公議爲定，此商之權也，皆關於鐵路資本、利息盈絀之事也。至於地段之宜與不宜，公司所辦之事與法律合與不合，以及鐵路與地方他項民業、商業有關涉之事，此省與他省有關涉之事，皆由官統籌而裁斷之；將來行車章程有應限制者，有應妨禁者，有應變通減價者，則由官按照國家法律，各國鐵道通規，合之本省地勢商情，酌採而施行之，此官之權也，皆關於治理安危之事也。商權官斷不侵，官權商亦不抗，乃能相濟而成功。」〔註43〕

張之洞一向堅持官督商辦企業中不得有商權，這時承認既有商權，也有官權，而且把企業內部的經營管理權基本上都劃入商權的範圍，還承諾「商權官斷不侵」。似乎發生了明顯的改變，有的學者認爲，這說明張之洞的官督商辦思想已經向官商合辦轉化。〔註44〕但他同時又說：「官雖不干預其銀款，而用款必須報知；官雖不干預其用人，而所用之人有不合禮法者，官亦可令

〔註42〕張之洞：《勸學篇·外篇·正權第六》。
〔註43〕張之洞：《湘路商辦室礙難行，應定爲官督商辦並舉總理協理摺》。
〔註44〕羅肇前：《比較李鴻章、張之洞「官督商辦」之異同》，《社會科學》2000年第12期。

公司撤換。」〔註45〕可見，其基本思想並無實質變化。李鴻章把官督商辦的要點歸併爲兩條：一是「官總其大綱」，二是「盈虧皆歸商認，與官無涉」。其實，這也就是「利權分離」論和「官商分權」論的基本內容。張之洞的兩論在內容上並未超出李鴻章說的兩點。

四、鄭觀應對官督商辦的認識與批判

　　鄭觀應是中國近代早期的改良思想家與愛國民族工商業家。他曾充當英商寶順洋行、太古輪船公司買辦，後在輪船招商局、上海機器織布局、上海電報局、漢陽鐵廠和商辦粵漢鐵路公司等擔任高級職務，參與官督商辦企業經營，是一個從買辦轉化的民族資產階級代表人物。其主要著作《盛世危言》，曾對中國思想界發生過很大影響。

　　鄭觀應在光緒八年受到李鴻章延攬，由洋行買辦轉進入招商局。進入招商局之前，他在與友人書信中對官督商辦問題表示了擔心和疑慮：〔註46〕「昨奉環示，心感無既。溯太古創設輪船公司，聘弟總理，攬裁客貨，兼載客貨，兼總理各棧房等事。初定合同三年，期滿續定五年。如在公司二十年後，年老回家，准給半俸，相待甚優。日昨李秋亭（金鏞）、唐景星（廷樞）二君，傳述李傅相諭，將委弟招商局事。李君所傳，較唐君尤爲切實。弟深知局中難處，豈敢率爾從事。惟輪船公司事宜，經歷有年，不敢云一無知解。既蒙傅相謬採虛聲，唐徐二君均繫世交，又嘗相決洽，甚可盡我所能。所慮官督商辦之局，權操在上，不若太古知我之眞，有合同可恃，無意外之慮。竊聞宦海變幻無常，萬一傅相不在北洋，而後任聽信讒言，視創辦者如鷹犬，弟素性愚戇，只知盡心辦事，不識避忌鑽營，更易爲人排擠矣。弟曾對景翁言及，彼託秀山家叔相勸，無庸過慮，勿再與太古訂立合同。心若轆轤，殊難臆決。素蒙垂愛，茲特縷陳衷曲，敢乞大才爲我代決行止。並祈密示遵行，不勝盼禱之至。」〔註47〕

　　鄭觀應加入招商局後，李鴻章又進而委派他擔任上海機器織布局總辦，

〔註45〕羅肇前：《比較李鴻章、張之洞「官督商辦」之異同》，《社會科學》2000 年第12 期。

〔註46〕王爾敏：《官督商辦觀念之形成及其意義》，見《中國近代思想史論續集》，244～245 頁。

〔註47〕鄭觀應：《盛世危言後編》。

這時他的態度已經出現明顯改變，以官督商辦爲事業必成之宗旨。在後來談到煤礦問題時，他自抒己見，認爲官督商辦是最好的經營形式，既優於官辦，也優於商辦。「全恃官力則巨費難籌，兼集商貲則眾擎易舉。然全歸商辦則土棍或至阻撓，兼倚官威則吏役又多需索。必官督商辦，各有責成。商招股以興工，不得有心隱漏；官稽查以征稅，亦不得分外誅求；則上下相維，二弊俱去，與會典「有司治之召商開採」之言，亦正相符合也。〔註48〕」

鄭觀應是買辦資本向民族資本轉化的典型人物，是正在形成中的民族資本的上層代表，他的這段話說明了當時官督商辦的必然性和必要性，即官沒有錢，必須「集商貲」，但完全商辦，必有土棍和吏役掣肘，必須官督商辦。但鄭觀應企盼的官督商辦又不同於清政府主張的官督商辦。在鄭觀應這裡，要求「商招股以興工，不得有心隱漏」，同時也要求「官稽查以征稅，亦不得分外誅求」，只有這樣才能達到「上下相維，二弊俱去」的目的。歸根結底，鄭觀應是要通過官督商辦達到「官商勢合」，「用官權以助商力所不逮」，以同外國資本主義進行「商戰」，發展民族工業的目的。鄭觀應明確強調，官督商辦企業「宜倣照西例，官總其成，防弊而不分其權。一切應辦事宜，由股商中愼選一精明幹練守廉潔之人，綜計出入，另舉在股董事十人，襄贊其成」。〔註49〕也就是說，按照鄭觀應的設想，官督商辦企業的經營權應當屬於商方，而不是由官方掌握。

經過長期參加官督商辦企業的親身體驗，鄭觀應開始認識到封建政治經濟體制的落後對民間經濟活動的阻礙，尤其表現出對新式工商業遇到的的種種「虐政」強烈不滿。鄭觀應關於官督商辦企業應由商方把握經營權而由官方爲之保護的思想在甲午戰後表現得更爲鮮明。他說：「按西例，由官設立者謂之局，由商民設立者謂之公司。總理公司之人，即由商股中推選才幹練達、股份最多者爲總辦，初未嘗假於官，官特爲之保護耳」。他對企業中官侵商權的現象進行了批評：「今中國稟呈大憲開辦之公司，皆商民集股者亦爲之局，其總辦或由股份人公舉，或由大憲簡飭，皆二、三品大員，頒給關防，要以簡副，全以官派行之。位尊而權重者，得以專擅其事；位卑而權輕者，相率而聽命。……試問外洋公司有此法乎？」

〔註48〕 鄭觀應：《開礦》，《盛世危言》初編卷五。
〔註49〕 鄭觀應：《盛世危言》商戰（上）。

　　他指責清政權「但有困商之虐政，而無護商之良法」，〔註50〕「不惟不能
助商，反月夋削之，遏抑之」。〔註51〕他認爲困商之政束縛了民族工商業者的
手腳，使他們在同外國資本的商戰中處於更加困難的境地。鄭觀應批評官督
商辦企業，「皆商民集股者」，然而企業總辦卻「由大憲札委」，他們在企業中
「專擅其事」，企業內部「全以官派行之」，地方政府對企業大搞腐敗，「公司
得有盈餘，地方官莫不思薦人」，針對這些情況，鄭觀應要求對洋務派壟斷新
式企業的制度大加改革整頓，舉凡「應興鐵路、輪舟、開礦、種植、紡織、
製造之處，一體准民間開始，無所禁止，或集股，或自辦，悉聽其便，全以
商賈之道行之，絕不拘以官場體統」。〔註52〕這就是要求廢除官僚壟斷，對新
式工、礦、交通企業一律准許民間經營；在企業內部管理上徹底消除衙門作
風與官場習氣，一切按新式企業制度規律辦事。

　　我們在這裡不妨引用鄭觀應晚年所作《商務歎》一詩，看看他是怎樣以
怨憤的心情，對洋務派官督商辦企業中的弊端予以揭露和抨擊的：「輪船電報
開平礦，創自商人盡商股；國家維持報效多，試看日本何所取？辦有成效倏
變更，官奪商權難自主；開平礦股價大漲，總辦擅自合洋股；地稅不納被充
公，利失百萬眞乳腐；電報貶值歸國有，不容商董請公估；輪船局權在直督，
商欲註冊官不許；總辦商董舉自官，不依商律由商舉；律載大事應會議，三
占從二有規矩；不聞會議集眾商，股東何嘗歲一敍？不聞歲舉查賬員，股息
多少任所予；調劑私人會辦多，職事名目不勝數；不洽輿情無是非，事事輸
入糜費巨；用非所學弊端多，那得不受外人侮；名爲保商實剝商，官督商辦
勢如虎；華商從此不及人，爲叢驅雀成怨府。」

五、嚴復等人對官督商辦不同角度的批評

　　到19世紀末，新式工業已有了一定數量，以官督商辦企業中的「商股」
以及商辦企業爲代表的民族資產階級對投資辦新式工業的願望和要求也逐漸
有所增長。在中國封建農業手工業經濟進一步解體的影響下，某些地主、官
僚和商人也表現出投資辦新式工業的願望。但是，中國封建體制的弊端嚴重
阻礙著新式工業化道路的發展。認眞研讀過西方經濟學著作，對經濟學理論

〔註50〕鄭觀應：《商務二》，《盛世危言》三編卷一。
〔註51〕鄭觀應：《商務一》，《盛世危言》三編卷一。
〔註52〕鄭觀應：《商務一》，《盛世危言》三編卷一。

有系統理解的嚴復，從西學中尋找理論武器，以斯密所宣揚的經濟自由主義深刻批判了官督商辦模式的弊端。

嚴復指出，社會群體是由個人構成的。個人的狀態如何了決定一個國家和一個社會的面貌。只有使群體中每個人都積極求智求強求富，士農工商各業才能興旺發達。「夫而後士得究古今之變，而不僅以舊德之名世爲可食也；農得盡地利之用，而不徒以先疇之畎畝爲可服也；工得講求藝事，探索新理，而不復拘拘高曾之規矩爲不可易也；商得消息盈虛，操計奇贏，而不復斤斤於族世之所鬻爲不可變也。」〔註 53〕嚴復認爲這是西方國家強盛的原因，也是振興中華的惟一正確選擇，「泰西各國所以富且強者，豈其君若臣一二人之才之力有以致此哉？亦其群之各自爲謀也。然則今日謀吾群之道將奈何？曰：求其通而已。」〔註 54〕「凡一切可以聽民自爲者，皆宜任其自由也。」〔註 55〕

嚴復是從批駁各種國家干預經濟的理論和做法上認識官督商辦模式的。國家干預經濟的一種觀點是李鴻章、張之洞等從「開利源」增加國家財政收入角度出發，主張對一些行業予以扶持，而對另一些行業進行限制。嚴復認爲，財富是靠民力生產的。國家的支持和限制，必然要影響百姓生產力的自由發揮，從而影響財富的生產。所以這種干預政策施行的結果，只能減少，而不會增加國家的財政收入。「蓋財者民力之所出，欲其力所出之至多，必使廓然自由，悉絕束縛拘滯而後可。國家每一寬貸，民力即一恢張……若主計者用其私智，於一業欲有所豐佐，於一業欲有所沮撓，其效常終於糾棼，不僅無益而已。蓋法術未有不侵民力之自由者，民力之自由既侵，其收成自狹，收成狹，少取且以爲虐，況多取乎敘」〔註 56〕

另一種國家干預經濟的主張是從平抑物價出發，主張對生產和流通進行干預。這種主張在中國傳統經濟思想中有一定的影響。嚴復則根據斯密的觀點駁斥說，物價如同流水，只要順其自然，它就一定趨平，用不著政府干預、辜榷。政府通過辜榷平抑物價，如同在半山修水庫攔水，庫水雖平，但並非眞平，所造成的水面其實遠遠高出自然形成的水平面。辜榷所造成的平價，

〔註 53〕 嚴復：《嚴覆文選》，上海遠東出版社，1996 年版，第 60 頁。
〔註 54〕 嚴復：《嚴覆文選》，第 60 頁。
〔註 55〕 嚴復：《嚴覆文選》，第 480 頁。
〔註 56〕 嚴復：《原富》，北京：商務印書館 1933 年版，第 2 頁。

實際也遠遠高於自然形成的水平價格，實際是官府壟斷高價。只有自由競爭，才能不僅使物價真正趨平，而且能使物價趨廉。他說，「物價趨經，猶水趨平，道在任其自己而已。……而辜榷之事，如水方在山，立之堤鄩，暫而得止，即以爲平，去真遠矣。……又斯密氏謂辜榷之事，能使求貨者出最貴不可復加之價，而自由相競，則物價最廉。」〔註57〕「自由貿易非他，盡其國地利民力二者出貨之能，恣商賈之公平爲競，以使物產極於至廉而已。……故凡貿易相養之中，意有所偏私，立之禁制，如辜較沮抑之爲，使民舉手觸禁，移足犯科者，皆使物產騰貴而反乎前效者也。〔註58〕」

　　嚴復還批判了官督商辦的行業壟斷行爲，認爲這種壟斷雖然可使該行業產品價高利厚，但卻有損於整個國民經濟的發展。而且在世界各國相通的時代，特別是像中國這種大門已被外國打開，外貨已無法禁絕的國家，這種壟斷實際上也是行不通的。嚴復的這種清醒的思想非常符合費維凱對「有限專利權」的效果的評價。費維凱指出，「有限專利權」的實施，在中國敗於日本後從兩個方面減弱了。「一方面，外國企業在通商口岸的出現削弱了像華盛紡織總廠之類的華人企業的壟斷基礎；另一方面，1895年以後，由於清政府支持工業發展的結果（儘管是有限的和有約束的紙面法令），使這種早已支配著它們各自生產領域的許多行號在『官督商辦』企業的外圍建立起來了。」〔註59〕嚴復指出，外國貨物的低廉價格必定會將該行業的產品擠出市場從而使本國該行業無法生存。「有約聯壟斷之事，皆於本業有大利，而於通國有大損。若總其全效，則貨棄於地者亦已多矣。且其事必絕外交而後可，使其國已弱，力不足以禁絕外交，而他人叩關求通，與爲互市之事，則貨之本可賤者，吾既以法使之成貴矣，而他人無此，則二國之貨，同輦入市，正如官私二鹽，並行民間，其勢非本國之業掃地無餘不止。」〔註60〕嚴復還指出洋務派在中國所推行的官僚壟斷政策，造成的正是這種後果，不僅沒有使國家富強，反而「糜無窮之國帑，以仰鼻息於西人」。〔註61〕使中國經濟愈來愈從屬於外國資本。

〔註57〕嚴復：《原富》，第62頁。
〔註58〕嚴復：《原富》，第636頁。
〔註59〕〔美〕費維愷：《中國早期工業化：盛宣懷（1844～1916）和官督商辦企業》，第40～41頁。
〔註60〕嚴復：《原富》，第142頁。
〔註61〕嚴復：《原富》，第509頁。

　　從自由貿易的角度出發，嚴復對官督商辦企業所謂「塞漏厄」、「收洋商之利權」的目的也進行了批評。他十分讚賞斯密對重商主義的貨幣差額論與貿易差額論的批駁，認為「保商權，塞漏厄之說，無所是而全非」。〔註62〕並認為重商主義的錯誤就是近代洋務自強運動的通病。他說:「漏厄之說，自道、咸以來，至今未艾。其所謂漏厄者，無他，即進出差負而金銀出國之說也。此自林文忠、魏默深至於近世諸賢，皆所力持而篤信之者。」〔註63〕嚴復根據斯密的觀點，結合英國廢除穀物法前後的情況指出，國家如果對糧食進出口加以干預，則弊端叢生，而允許糧食自由進出口，不僅可以調劑國內糧食餘缺，保持糧價平穩，而且可以促進農業生產的發展。「穀之出入，宜一任民之自由而已。蓋穀之外輸，其理猶江河之有湖藪，承其有餘，而即以濟其不足。得此則國之穀價自平，無俟常平社倉等之設也。且有外輸則農常不病而田業自興。至於欠耗之年，農斷無捨國中近市，而反外運遠銷之理，則亦不慮外輸而無以待欠也。大抵任其自然，則自相劑;加之以獎，則諸弊叢生。」〔註64〕英國自廢除重商主義政策，實行自由貿易以後，「民物各任自然，地產大出，百倍於前，國用日侈富矣」。〔註65〕

　　嚴復在同時期思想家中的清醒還體現在他鼓吹經濟自由主義的同時，也承認在有些領域，國家干預不能完全取消，取消反而對經濟發展不利。例如郵政電報就應專之於國家，因為這方面的國家專營，「有大益於賦稅」。〔註66〕嚴復把國家應干預監督的經濟活動歸結為以下三個方面:「一、其事以民為之而費，以官為之則廉，此如郵政電報是已。二、所利於群者大，而民以顧私而莫為，此如學校之廩田，製造之獎勵是已。三、民不知合群而群力猶弱，非在上者為之先導，則相顧趑趄。」〔註67〕但同時嚴復強調，第三點「在上者為之先導」，應「必至不得已而後為之」，〔註68〕也就是說除了「督」之外，「導」才是干預的重點，必須把它和洋務派推行的「官督商辦」區分開來。正如鄭觀應所親身經歷和指出的，洋務派的「官督商辦」是既「督」又「辦」，

〔註62〕嚴復:《原富》，第478頁。
〔註63〕嚴復:《原富》，第478頁。
〔註64〕嚴復:《原富》，第525～526頁。
〔註65〕嚴復:《原富》，第142頁。
〔註66〕嚴復:《原富》，第479頁。
〔註67〕嚴復:《原富》，第724頁。
〔註68〕嚴復:《原富》，第724頁。

「專擅其事」，而對企業的引導和制度保護少之甚少，因此才壓迫、阻礙了民族資本發展，和這裡所說的「在上者為之先導」完全不同。嚴復還指出，實行經濟自由，一個很重要的前提條件，是提高民力、民智、民德。民力不強，民智不開，民德不新，自由只能導致混亂，而不會導致經濟發展和國家富強。嚴復不愧為中國當時的西學第一人，他對官督商辦的清醒認識和批評，在今天仍有強大的思想價值。

王韜是近代經濟思想由傳統經濟思想向近代經濟思想轉變最為典型的思想家。1863年逃港兩年後，他寫了《代上蘇撫李宮保書》，力陳外國資本主義經濟侵略的危害，主張建立和發展中國自己的新式工商業以「自握利權」，抵制外國經濟侵略，並且利用傳統的「藏富於民」觀點來論證國家扶助和保護經營新式工商業的必要。歐遊歸來之後，他的經濟思想進一步受西方資本主義的影響，迫切要求國家對私人的興利活動能夠大力支持和保護，而不止是一般的調劑翼助。在官督商辦制度初起時，王韜曾寄予希望，認為這樣可使企業得到洋務派官僚的大力保護，從而使「衙署差役自不敢妄行婪索，地方官吏亦無陋規名目，私饋苞苴」。他認為這樣一來，官督商辦企業「其名雖歸官辦，其實則官為之維持保護」。〔註69〕因此他把官督理解為「官為之維持保護」，還要求擴大官督商辦的實施範圍，把在輪船招商局實行的官督商辦推廣到採礦業中去。使「衙署差役自不敢妄行婪索，地方官吏亦無陋規名目，私饋苞苴」，他天真地相信，官督商辦，「其名雖歸商辦，其實則官為之維持保護」。〔註70〕

左宗棠是洋務運動中一位有著獨特性格和建樹的政治家，他半生戎馬卻重視經世致用之學，並在累任封圻之時力圖在經濟方面有所作為並提出過一些經濟主張和議論。在他的經濟思想中，對洋務派興辦新式企業究竟採取何種體制和經營方式的問題，左宗棠晚年明確表示反對。如1876年（光緒二年），他在一份批箚中寫道：「招商辦理，乃期便利。一經官辦，則利少弊多，所鑄之器不精，而費不可得而節。」〔註71〕在寫給周渭臣的信中，明確地提出「官辦開其先，而商辦承其後」的發展順序和經營方式。〔註72〕再1885年（光緒

〔註69〕王弢：《弢園文錄外編》，第302頁。
〔註70〕王弢：《弢園文錄外編》，第301、302頁。
〔註71〕左宗棠：《左宗棠全集》，第427頁。
〔註72〕左宗棠：《左宗棠全集》，第12928頁。

十年）2月，左宗棠在奏摺中也說：「以官經商可暫而不可久」，認為「開利之源，自以因民所利而利之為善。蓋源開而流弊自少，故與民爭利，不若教民興利之為得也」。〔註73〕趙靖認為，在七八十年代，批評新式工業官辦的言論不是左宗棠所獨有，但在洋務運動的領導人中像左宗棠這樣以鮮明的態度批評官辦、肯定商辦的人，卻是難得的。馬建忠認為官督商辦目的在於達到官商「互相維繫」，以達到發展民族工業的目的。為達到發展民族工業的目的，馬建忠不僅支持官督商辦，還贊成其他各種經營管理模式。以鐵路為例，他認為資金「或糾集於商，或取給於官，或官與商合辦」都是可以考慮的。他強調，以當時「民貧於下，財絀於上」的情況，「散借於凡民則苦其零星難集」，不能不寄希望於官府的協助。〔註74〕薛福成在提到辦鐵路時也認為應「由華商承辦，而政令須官為督理」，明確贊成官督商辦。但他之所以贊成官督商辦，是希冀通過官督商辦達到「上下相維」、「舉無敗事」的目的。〔註75〕

維新派康梁等人則猛烈地批評洋務運動與官督商辦模式。康有為批評洋務派的變法是「積習難忘，仍是補漏縫缺之謀，非再立堂構之規，風雨既至，終必傾墜」；「觀萬國之勢，能變則全，不變則亡，大變則強，小變仍亡」；「今天下之言變者，曰鐵路，曰礦務，曰學堂，曰商務，非不然也，然若是者，變事而已，非變法也」。梁啟超對洋務運動的批評更加形象化，他說：「中國之改革，三十年於茲矣，然而不見改革之效，而徒增其弊何也？……譬之有千歲老屋，瓦墁毀壞，梁棟崩析，將就傾圮，而室中之人，乃或酣嬉鼾臥，漠然無所聞見，或則補苴罅漏，彌縫蟻穴，以冀支持。斯二者用心雖不同，要之風雨一至，則屋必傾圮而人必同歸死亡一也。夫酣嬉鼾臥者，則滿洲黨人是也，補苴彌縫者，則李鴻章、張之洞之流是也。諺所謂室漏而補之，愈補則愈漏，衣敝而結之，愈結則愈破，其勢固非別構新廈，別出新制，烏乎可哉？」梁啟超對洋務派官督商辦方式的批判也是一針見血，他在《李鴻章傳》中說，「李鴻章所辦商務，無一成效可濱者，無他，官督商辦一語累之而已。」〔註76〕

〔註73〕左宗棠：《左宗棠全集》，第 4809 頁。

〔註74〕趙靖主編，《中國經濟思想通史續集》，第 197 頁。

〔註75〕趙靖主編，《中國經濟思想通史續集》，第 203 頁。

〔註76〕姜鐸：《二十世紀中國歷史學回顧 —— 洋務運動研究的回顧》，見《歷史研究》
　　　　1997 年 02 期。

第二節　官督商辦模式與國家——社會關係的構建

中國傳統社會是一個帝國體系，是在秦王朝建立統一國家的基礎上形成和發展的。漢承秦制之後，通過獨尊儒術，實現了制度體系和價值體系的有機統一，此後這套體系不斷完善，直至存續至清末。中國傳統社會雖然有朝代更替、分合循環，但是帝國體系的基本架構卻持續性存在，與構成這個體系的政治、經濟、社會和文化要素之間具有高度的契合關係。從嚴格的角度言之，傳統中國的國家概念不同於西方近代的「國家」概念，是一個沒有主權、疆界的觀念。〔註 77〕因此，在對「國家」的認同方面，從來不曾出現過近代民族國家觀念，也就是說沒有一個實體的觀念而只有一個文化的觀念。我們在第一章所指出的雙重危機，迫使清王朝按照西方近代主權國家的要求對傳統國家進行改造，從而在客觀上促進了傳統文化中國向近代民族國家的轉變。這就是洋務運動超出經濟變革的意義之一，是現代化的重要內容。從某種意義上講，中國走向近代化的歷程，「是一個使『天下』成為『國家』的過程」。〔註 78〕

在這個宏觀歷史過程中，官督商辦面向現代國家的趨勢雖然比較明顯，但是也受到一定的制約。這種狀況指的是它所生長的那種「官」與「商」的語言所反映出的觀念和意識。如果我們不注意到晚清變局在上述國家觀念上的顛覆性轉變，不注意到這種思想觀念的轉變是近代化社會大轉型的基礎和內容，那麼我們是不可能對官督商辦有清醒的認識的。同時我們也可以清晰地看到，從這個角度去看，上一節洋務時期領導者和思想家對此的初步認識是多麼的意義深遠。我們可以借用相關人物的比較來更加形象地說明這個基礎性的概念澄清。對於盛宣懷的社會印象，人們往往用「官商」來評價，在這種評價體系中，人們也就經常拿他和胡雪巖進行比較。但實際上這種比較是不成立的。因為，盛宣懷和官督商辦企業所面對的「官」與「商」的關係，根本不是傳統意義上由胡雪巖所代表的商人階層所面對的那樣一種「官商」關係。從傳統向現代轉化的意義上說，雖然「官督商辦」使用的「官」與「商」二字，但我們更應當在國家——社會這樣的現代語境下來討論官督商辦中的官商關係。例如，伊藤博文 1898 年訪問中國時曾對盛宣懷說，「輪船、電報

〔註77〕　許倬雲：《中國文化與世界文化》，貴陽：貴州人民出版社 1999 年版，第 42頁。

〔註78〕　〔美〕列文森：《儒教中國及其現代命運》，第 80 頁。

兩局,譬如破屋內有兩張好桌子」。那麼,「桌子」是對官督商辦模式的理解,至少以伊藤博文的方式看來桌子有可取之處;可是,「破屋裏的桌子」顯然無用,「破屋」不會因「桌子之好」而有所增益,這是就晚清整個國家形態的判斷;再可是,「破屋」裏如何能做出好「桌子」,是否正因「桌子」之好,才顯出屋子之「破」?這就是要在國家與社會的互動關係之中來進行思考和分析。

上個世紀 90 年代初以來,美國中國學界在經歷了規範認識危機論和中國中心論等關於中國研究範式問題的種種爭論後,其新的學術範式又受到哈貝馬斯的直接啓發,圍繞中國的社會、公共領域與國家之間的關係問題進行了新一輪的討論,試圖爲中國研究開拓新的分析理路和解釋框架,來細密地審視中國歷史上國家與社會間的多重互動關係。〔註79〕例如,1997 年朱英在《轉型時期的社會與國家——以近代中國商會爲主體的歷史透視》中,力圖把商會放到近代國家與社會的互動關係中去考察,開始嘗試探討清末民初的中國是否出現了類似西方國家的、相對獨立於國家權力以外的市民社會和公共領域。朱英認爲,清末的新政使傳統的強國家、弱社會的狀況發生了前所未有的變化,結果是工商業者獲得了獨立的合法社會地位和經濟活動的領域,地方自治權有所增長和國家對社會控制權有所下移,民間社會享有了一定獨立性和自主權。這表明社會與國家在建構一種新型的互動關係,中國市民社會的雛形得以在其中萌生,但它始終在很大程度上存在著對國家的特殊依賴性,並難以與國家相抗衡和擺脫被扼殺的命運。〔註80〕

在這種思維方式中的「商」,已經不僅僅是傳統意義上的個體的商人,準確的講,在這種模式中,傳統上受到「輕商」、「抑商」思想壓制的工商業與商人(企業家)成爲國家現代化不可或缺的重要力量,同時其自身正在實現著現代的轉化,這正是在現代化社會轉型的視角下洋務運動的另一重要意義。在洋務運動當中,由於出現了官督商辦的招商模式,傳統的商人和地主等封建商業資本,迅速地向產業資本轉化,這是資本主義原始積累時期的共有特點。在此基礎上,可以說是否能夠建立新型的官商關係作爲新型國家——社會關係的

〔註79〕 鄧京力:《「國家與社會」分析框架在中國史領域的應用》,見《史學月刊》2004年第 12 期,第 81～88 頁。

〔註80〕 參見朱英:《關於晚清市民社會研究的思考》,《歷史研究》1996 年第 4 期;朱英:《清末民初國家對社會的扶植、限制及其影響》,《天津社會科學》1998年第 6 期。

建立，是現代化進程中的關鍵要素，也是我們以新的反思看待盛宣懷和官督商辦模式的一個途徑。

一、抑商思想下商人階層的興起

　　傳統的中國社會的獨特性之一，是建立了一個以士大夫為中心，以「士農工商」為基本社會等級劃分與次序的四民社會。而四民社會的重要特點之一，是對長期「重農抑商」思想的存在和對商人階層的貶低和壓制。正如梁漱溟所說，四民社會是一個倫理本位，職業分途的社會。在這種傳統封建社會的四民秩序中，統治階層信奉以農為本的思想，嚴屬限制商業的過度發展和商人勢力的膨脹。春秋時期「士大夫不雜於工商」，法家甚至將重本抑末、重農抑商論推向極端，明確地把商列入末作，主張予以有力抑制。漢朝更是承襲秦制，全面實行抑商政策。漢以後，各代抑商的具體辦法和程度有所不同，但是重農抑商的基本精神卻無改變。我們知道，中國社會至今尚有視商人為「奸商」，視商業為「歧業」的思想遺存。這種抑商思想主要表現在：一、強調農業為本，商業為末；二、在土地問題上，採取抑制兼併的政策，防止農民大量破產，穩固農業生產基礎；三、強化戶籍管理，限制人口流動；四、從多方面限制商人和商業活動：限制商人的政治權利，堵仕途之路，不許其後代做官；利用稅收制度懲罰商人；對重要行業採取官營，不許商人染指；從日常生活方面對商人進行限制，對其穿衣、建房、乘車都有歧視性規定，等等。

　　雖然明清時代中國的傳統工商業較前的確有一定的發展。但「重農抑商」的思想依然存在。明朝時規定：「商賈之家不許著綢紗，只許著絹布。凡城市，鄉村牙行及船碼頭，命選有職業人戶充應，官給印信文薄，附寫客商、船戶姓名、籍貫、路引、貨物數目等，每月赴官查照。行人評估物價、使價不平者，要論罪；……凡造器物不堅固，和絹布不合格的，也都有罪」。〔註81〕明朝政府還壟斷了礦產、鹽、茶等很多手工業部門的生產貿易，長期實行「匠戶」制，限制匠人的人身和生產自由，加重工商業的賦稅，限制海外貿易；派出大批礦監、稅使到各地敲詐勒索工商業者。清代的工商業政策雖比明代有所緩和，但在發展經濟的主導思想上仍然是「以農為本、以商為末」，「四

〔註81〕　童書業：《中國手工業商業發展史》，齊魯書社 1981 年版，第 179 頁。

民之業，士之外，農爲最貴。凡士工商賈，皆賴食於農，以故農爲天下本務，而工賈皆末也」。〔註 82〕在這種思想主導下，清政府才敢於「閉關自守」，拒絕海上貿易，清代的工商業發展依然循著幾千年傳統工商業發展的老路緩慢而沉重地爬行著。

但是，一個可以近似作爲悖論的事實是，在這種長期抑商思想傳統和政策之下。隨著生產發展和商業的繁榮，以及官府對商人勢力的利用和依賴，宋代以後，商人地位開始明顯上昇。而且根據余英時先生的研究，「棄儒就商」的增多和捐納制度使得深受儒家思想影響的「士」和「商」出現了合流、互動的複雜格局，「爲商人開闢了入仕之路，使商人可以得到官品或功名，成爲地方上有勢力的紳商。〔註83〕一種「官商」關係的新格局開始出現。

從 19 世紀中葉起，「紳商」一詞已經流行於各種公私文獻。許多「紳商」研究已證明晚清以來確是出現了紳與商合流的歷史現象，並形成了一個「亦紳亦商」的階層。從學者的研究來看，大多認爲「紳商」一詞標明出現了紳士與商人融合生成的新的階層，日本的「明清紳士論」就是影響很大的研究成果。法國漢學家巴斯蒂教授曾指出：「在二十世紀之初，從傳統的上流社會還產生了一個新的社會階層。這個階層無以名之，但是當時文獻提到的『紳商』幾乎都是指它。紳商既可指官員和文士，也可指商人，這是兩個不同的並列範疇，同時又不同於『民』和『官』。不過這種稱呼越來越罕見了。一般說來，若將這個名稱用於一個集團，那就是泛指參與商業的官吏和文士、擁有功名和官銜的商人，以及同他們有聯繫的純粹文人和商人，如果這個名稱用之於個人，那僅指前面兩類。我們可以將它譯作『商業紳士』。」〔註84〕

「紳商」的出現說明了在商人社會地位提升的同時，商人階層與「士」階層的同化和融合。不僅如此，商人的力量也逐步進入了官僚階層，從政治體制之外的社會層面逐步向政治體制之內的國家層面滲透。在清代，以錢財換取官銜或功名的途徑有兩條，一是捐輸，二是捐納。表面上看二者性質不同，捐輸是獎勵，捐納是賣官，若從效果上看，二者並無實質差別。清朝中葉財政出現危機以後，政府頻繁鼓勵民間紳商捐輸銀兩報效軍餉，捐納這種

〔註82〕童書業：《中國手工業商業發展史》，第 277 頁。
〔註83〕余英時：《士與中國文化》，上海人民出版社 1987 年版，第 536 頁。
〔註84〕費正清：《劍橋中國晚清史》下卷，中國社會科學出版社 1985 年版，第 620 頁。

典型的買官行爲在清代成爲定制。各省遍設捐局，捐官銀數也一再折減以相招徠。〔註 85〕這種現象出現之後，在一定程度上模糊了官與商的界別。洋務運動時期的買辦商人大多都有買官行爲，官與商之間的界限，並不是清晰可以區分的。

但是，我們仍必須指出，在抑商思想下商人階層的興起和買官行爲的大量出現固然是清中期後的社會現實。然而，在相當時間裏，抑商作爲主流社會觀念仍然存在。而且，由於商人階層社會地位和財富的雙重優勢，這種傳統而主流的社會觀念走向了另一個極端，即「奪商有理」。「夫民有四，農爲本，商爲末也。故病農之事不可行，行之由本先拔。病農之事尚可行，行之而末不傷。何則？農之利少而有定，商之利博而無定也。利博而無定，則徵之非過也。」這種狀況在官督商辦企業中造成了深遠的影響，無怪乎盛宣懷說「中國官商久不聯絡，在官莫顧商情，在商莫籌國計。」對此，黃仁宇早有論述，「雖然官員要同商人進行各種交易，但是他們從來不認爲政府同商人之間是一種契約關係。在他們看來，國家高高在上，凌駕於契約關係之上，每個國民都有爲其服務的義務。商人們被希望產生利稅，而且希望是自願地參與政府活動……在某些情況下，商人事實上被期望在同政府進行交易時，要承擔一定損失。」〔註 86〕

因此，我們可以得到一個概括性的綜合結論，即在深厚的抑商思想的影響下，商人以一種依附於官僚權力的形態實現了社會地位的提升。那麼，我們由此可以做出一個推論，如果說現代經濟的本質是工業和商業經濟及其文化的普遍適用的話，這樣一種商人階層的興起是帶有先天性的殘缺的。對此，我們可以從官督商辦模式下不同類型商人及其資本的轉型中得到更加清楚的認識。

二、官督商辦模式下商人的轉型

晚清紳商階層的興起代表了現代化早期的社會轉型趨勢，在新型工商企業中，各種資本來源都可以彙集到一處，以一種新的方式在向現代工業和商

〔註 85〕章開沅、馬敏、朱英主編：《中國近代史上的官紳商學》，武漢：湖北人民出版社 2000 年版，第 217 頁。

〔註 86〕黃仁宇：《十六世紀明代中國之財政與稅收》，阿風等譯，上海：三聯書店 2001 年版，第 264 頁。

業資本轉化，這些來源不同的紳商的身份也逐步向近代資本家轉化，這是在
晚清洋務運動時期新型工商業以官督商辦模式經營所必然發生的一個現代化
的人的轉變過程。〔註87〕儘管其中紳商階層的面目比較模糊，情況十分複雜，
沿海與內地的紳商也各自呈現出不同特徵，很難一概而論，但我們仍可對典
型的商人轉型作一解析。其中不難窺見以資本主義發展的角度來看，中國近
代化進程中的特殊路向。

　　第一，盛宣懷所代表的「官商」。

　　「官商」是「紳商」中的一類，上文已經指出，由於清代的捐輸與捐納
制度，官與商之間的界限十分模糊。在《中國近代的官紳商學》中，作者把
盛宣懷作為官僚型紳商即「官商」的典型代表，既不同於曾國藩、李鴻章、
左宗棠、張之洞等權傾一方的地方督撫群體，也不同於唐廷樞、徐潤、鄭觀
應等買辦型紳商群體，他們「既似商又似官，由似官而為官；用商力以謀官，
由傾向於官發展到利用官勢以凌商」。〔註88〕把「官商」限定為那些私下從
事工商業經營活動的在任的各級政府職官。〔註89〕這種界定只能說是一個近
似的界定，與其說盛宣懷是在私下從事工商業經營活動（當然他確實有正式
的官方身份），倒不如說他類似今天的國有企業領導人。作者認為，他們主
要的社會職業和身份是官，而不是商，是以官而兼商。但是，作者指出，「官
商」係官權與經商的直接結合，官的氣味遠大於商。這是符合盛宣懷的性質
的。夏東元先生也認為雖然盛宣懷在官與商之間徘徊，但還是官的色彩較為
突出。類似於盛宣懷者，即以現任官僚身份而經商殖產的「官商」，在洋務
運動中比比皆是。在重商主義思潮的挾裹下，官員經商更趨普遍，《申報》
上一篇《再論保護商局》的文章說：「且有在官而商者，通爵顯佚，歲俸萬
金，頭銜一、二品，包苴賄賂，坐而受之。其子弟挾資經商，附本店號，所
在皆是。此亦重商之意，故袞袞諸公皆屑為之，似乎風氣一轉，官商儼然齊
體矣。」〔註90〕《中國近代的官紳商學》書中認為，如此之多的官員「居官
經商」，關鍵在於朝廷對此現象不僅不責怪懲戒，反有鼓勵之意。

〔註87〕章開沅、馬敏、朱英：《中國近代史上的官紳商學》，第 233 頁。
〔註88〕夏東元：《盛宣懷傳》，第 31 頁。
〔註89〕夏東元：《盛宣懷傳》，第 247 頁。
〔註90〕章開沅、馬敏、朱英：《中國近代史上的官紳商學》，第 249 頁。

第二，鄭觀應等買辦型紳商。

買辦是隨著西方資本主義對中國的經濟滲透而興起的一個特殊社會階層。「買」與「辦」的內容，從替外商採買物料、食品，管理雜務一蹴而爲替洋行經紀買賣和代理買賣，具體講就是替外商收購土貨，推銷洋貨，從而收取傭金、經紀費。1872 年輪船招商局成立時，在中國的外國洋行已達 343 家，該年在華洋商總數爲 3673 人。〔註91〕從洋行外商到買辦，再到若干坐商、行商，直到直接生產者和消費者，形成了一個完整的洋貨推銷網和地方收購網。這個現代型商業網以通商口岸爲據點滲入廣大內地農村，建立起聯繫緊密的商品流通渠道。輪船招商局等官督商辦的主要參與者唐廷樞、徐潤、鄭觀應等人在擔任怡和、寶順、太古洋行的買辦時，都曾同時經營自己的錢莊、當鋪、茶棧，綢莊、布號等。依據郝延平對買辦階層收入的估計，1842 年至 1894 年買辦的總收入爲 5 億 3000 萬兩。〔註92〕買辦成爲中國近代化進程中資本和資產階級的重要來源。除個別例外情況而外，多數買辦都通過出資捐納官銜。手握鉅資的買辦通過捐納堂而皇之地躋身紳士之列，從而形成了一種亦買辦、亦商人、亦紳士的買辦型紳商群體。在洋務運動中，買辦型紳商成爲各地方督撫和洋務大員競相延納的對象。值得注意的是，過去通常將買辦視爲外國侵略勢力的忠實附庸。其實，就一種商人的形態而言，它們基本上是中性的。許多買辦因其特殊的經歷形成了與西方近代資本主義思想更爲接近的見解和主張，更直接地反映普通民族工商業者的要求，在近代化進程和官督商辦企業經營中發揮了特殊的作用，對新型國家 ── 社會關係的構建起到了不同於官僚型紳商的更爲積極的作用。依存於中西之間是中國早期民族資本的基本生存方式，買辦型紳商也同樣屬於向早期資本家轉型的一個類型。

在上兩種代表商人階層現代轉型的類型中，我們不難發現中國近代化在官商關係上的獨特之處，即這種新型國家 ── 社會關係的構建，從一開始就表現爲依附於官僚體制的典型特徵。即便是另外一種商人類型即張謇、經元善所代表的知識分子型紳商階層，在其被任命爲政府官員之後，多少也具有了官商的意味。因此，費維凱才認爲，官督商辦是晚清新式工商企業的典型

〔註91〕章開沅、馬敏、朱英：《中國近代史上的官紳商學》，第 242 頁。
〔註92〕郝延平：《十九世紀的中國買辦：東西間橋梁》，上海社會科學院出版社 1988 年版，第 105 頁。

特徵，構成了一個「官督商辦」模式，在這種模式中不同的商人階層不同程度地盡力走向現代化。〔註93〕他還認爲官督商辦模式的基本成分，實際上已經存在於清朝滅亡之前的每一個華商企業中，不僅包括盛宣懷督辦的輪船招商局、京漢鐵路和其他官督商辦企業，甚至還包括張謇的江蘇南通紡織廠和其他企業。〔註94〕

問題在於，以上幾個紳商階層依附於官僚體制向近代資產階級轉化的同時，究竟構建出了一種怎樣的國家 —— 社會關係，或者說怎樣的政企關係？這種關係對中國近代化進程起到了怎樣的作用和影響？

三、新型國家 —— 社會關係的構建與反思

晚清時中國現代意義上的國家方才初步形成，這個過程有賴於政府、社會、企業和個人的現代轉型與現代功能的具備。傳統意義上的官商關係也在此時逐步變化。如果說國家 —— 社會範式所指的內容比較廣泛，我們不妨將官督商辦模式中儒家傳統思想影響下的官商關係或士商關係逐步演變的結果稱爲「政企關係」，這種定位仍然是基於國家 —— 社會這樣一個結構或關係的角度，構成我們除了思想史的角度之外，對官督商辦模式進行思考的一個角度。之所以這樣，是因爲本章開始時談到，由於「官」和「商」多少有些指稱個別的人的含義，所以在使用時可能會使我們不容易把握一種現代轉型所具備的整體意義。在中國現代化發展乃至今天改革的諸多線索中，政企關係（官商關係）也可稱爲推動中國社會不斷向前發展的重要動因和阻礙。在洋務運動這一階段的官商關係演變發展中，彙集幾種不同商人來源的官督商辦企業是其中的關鍵。在絕大多數研究中，研究者的思路是探討這樣一對關係中的矛盾而非聯繫，在國家 —— 社會的連接而不是分離式的研究中，我們必須從國家與社會的聯繫，政府與企業的聯繫，官與商的聯繫的關係上進行思考。以此爲方法，來探尋在上一部分所分析的這種商人（資本）的轉型中，其實質性的現代轉型意義究竟爲何？

朱英在《中國社會經濟史研究》1989年第3期發表《清末「官商聯盟」

〔註93〕〔美〕費維愷：《中國早期工業化：盛宣懷（1844～1916）和官督商辦企業》，第11頁。
〔註94〕〔美〕費維愷：《中國早期工業化：盛宣懷（1844～1916）和官督商辦企業》，第13頁。

初探》〔註95〕之後，幾乎沒有人再沿著這個思路延伸下去。問題就在於用怎樣的理論方法來把握這對關係中的「聯盟」這樣一種狀態。因為從學科視角上看，在政治學中國家是優先於社會的概念，而在經濟學中市場（社會）是優先於國家的概念；所以我們看到運用現代經濟觀點則把官督商辦企業同規範意義上的企業進行對比，而運用政治學話語體系則分析它對革命和國家形態的影響。我們認為，對於官督商辦模式中涉及到的官商關係，必須有聯繫地進行政治與經濟的共時分析，因此，我們把官督商辦模式看做為一種社會聯盟的形態來加以研究，更注重於分析現代化進程中國家與社會的互動。因為我們不能否認，國家和社會總是在趨勢上傾向於結成利益共同體，它們之間並沒有絕對的界限，所謂互動「是國家的組成部分和社會的組成部分在不同利益的驅使下的交叉聯合與鬥爭。」〔註96〕

第一，在官督商辦模式中出現了以經濟現代化為目的的社會精英聚集。

上述近代紳商階層可以稱之為中國資產階級的早期形態。所謂「早期形態」是從現代化轉型的角度所賦予的特殊意義。這意味著紳商之所以進入官督商辦模式或者積極向官商轉化，都說明了他們難以成為成熟和完備形態的近代資產階級。一方面，中國在走出中世紀，由農耕社會向近代工商社會轉軌過程中，資產階級現代意識興起，這從官督商辦模式中對「商辦」的重視和買辦進入企業的積極性中可以印證，包括盛宣懷在內的所有商人，他們都比較重視企業的商業化經營，與李鴻章等政治家對官督商辦企業的經營目的有明顯的不同。在這個意義上，一種新型的政企關係存在構建的可能，也意味著符合現代化經濟社會要求的新型國家——社會關係，出現了構建的可能性。官督商辦模式相比於其他近代化進程中的經濟與管理模式，把官紳商學等近代紳商階層與其資本整合到以企業為中心的現代工商業形態中，從而使得來源於近代異常複雜的多種資本和商人形態與與新的資本主義生產方式發生廣泛和密切的聯繫。使得具備政治領導力和財富基礎的各類社會精英在總的趨向上，共同地「堅定的支持經濟現代化」，〔註97〕縱觀洋務運動時期的各種現代工業形態，只有官督商辦模式做到了這一點。

〔註95〕 朱英：《清末「官商聯盟」初探》，《中國社會經濟史研究》1989 年第 3 期，第 78～85 頁。

〔註96〕 朱天飈：《比較政治經濟學》，北京大學出版社 2006 年版，第 123 頁。

〔註97〕 陳錦江：《清末現代企業與官商關係》，北京：中國社會科學出版社 1997 年版，第 9 頁。

第二，官督商辦模式說明中國近代化進程表現出強國家，弱社會的特有形態。

向現代企業轉化的官督商辦企業和其中向資本家轉化的官、紳和商人，一方面表現出明顯地和舊的社會母體中脫離的趨勢，以獲得新的內涵和活力，開始初步具有現代資產階級的思想意識和文化特徵；但另一方面，它又沒有能夠成功地和舊的政治經濟體制「一統」的母體上眞正地分離，從官僚、地主、士紳和舊式商人中分離出來的早期資本家，又以依附於「官」的方式回到傳統體制之下。這種狀況充分反映出中國近代化進程的特殊性與實現現代化轉型的艱難的過渡歷程。這個進程在起點上，反映出中國近代化進程甚至整個中國歷史的體制特點，即強國家、弱社會的常態。不僅在常態上是這樣，即便在激蕩的變革時代，也同樣體現出這樣的特點。

僅僅從官督商辦所處的時代來看，官督商辦模式中的「官」和「商」，都不是一般意義上的官員和商人。強國家、弱社會關係的存在，使得官督商辦模式中的官，不得不依附於更大的政治領導者，因爲在官僚群體中他們也屬異類；同樣由於這種關係的存在，在官督商辦企業之中，官督始終可以凌駕於商之上，始終不能建立盛宣懷所設想的各司其職，合作共贏的官商合作模式，他本人也自然在官的道路上越走越遠；還是由於這種國家——社會不平衡關係的存在，官督商辦企業中的商人們，也具備優於一般商人們的資源，狀元企業家張謇對官的依附也是一個例證。可見，官督商辦模式中所濃縮進來的官與商，即「兼官商之任」，又「通官商之郵」，具有複雜的社會屬性，與西方現代化資產階級興起中工商階層或知識分子的不同發展路徑很難相提並論。

在這樣一種國家——社會關係之下，如果不實施政治體制的變革，來源不同的人和資本因素，就始終不能完成我們上述的現代化的、資本主義式的階層和經濟模式的整合與創新。在中國近代化進程中，本來最具優勢實現這一變革的官督商辦模式，在實踐中卻使中國中產階級的階級整合似乎一直沒有完成，因此中國近代社會也就不存在西方意義的中產階級，也因此不可能走向西方式資本主義的發展道路。在這個意義上我們來重新理解「中西文化」之爭，也許可以獲得一些新的啓示。

對西方式現代化發展以國家——社會視角來看，在從傳統社會轉變到近代社會的轉型時期，地主貴族階級的資產階級化或資產階級的貴族化是世界

各國所共有的普遍歷史現象。在各國的近代化進程中，堅固的國家——社會聯盟形式廣泛存在並作爲現代化和資本主義興起的動力是不爭的事實。明治維新當中，日本政府對於從底層武士階層中分化出來的商人階層賦予了政治上的尊重，人們像尊重武士一樣尊重富商。明治維新後，明治政府將培養「把刀劍換成算盤的武士」作爲施政目標之一，政治領導者們採取一系列措施促成各級武士向近代資產階級轉化。〔註98〕明治十年，政府公佈職業自由的法律取消了特定的所謂「武士階級」，從此建立了一種新型的國家——社會關係。可見，前近代國家在其現代化早期都產生過類似於中國官商的社會力量，但在一個較短的時間內，大多較順暢地實現了向近代資產階級的社會轉型，成爲在民間推動市場經濟的主導力量。只有中國國家與社會的分離過程遲遲難以完成。〔註99〕辛亥革命所建立的民國政府，直至滅亡都無法實現這個過程，在接近一百年的時間裏，中國資本主義現代化的事實最終使中國社會的現代化轉型，只能以社會主義革命從反向上不再建立國家——社會分離的西方式現代化模式，而採取國家——社會完全一體的計劃經濟模式來實現中國的現代化。

洋務運動時期官督商辦企業曾大放光彩，但在甲午戰爭後逐步走向衰落。一般認爲，這是由於中國資本主義的發展受到了封建專制力量和帝國主義力量的雙重鉗制所造成。但是，從國家——社會關係下的社會聯盟視角來看，在政企互動的過程中，封建專制力量是這一關係演變的關鍵所在。許多學者指出在洋務運動時期缺乏有效的商業法律約束，〔註100〕在當時的社會現實下，這種商業法律可能更多地不是約束商，而是約束官。在沒有法律或者即使有商業法律的情況下，封建專制力量及其政府可以通過各種非契約手段影響企業和企業家行爲，這樣社會聯盟就必然逐步解體。輪船招商局和諸多晚清官督商辦企業在發展壯大後逐漸衰敗的命運究其根本，不在於企業本身和實業的建設與經營，而在於半封建社會的國內政治環境。「是由於掌握政治權力的政府在生產力不發達的情況下，從這種經濟結構中獲得了最大的利益。」〔註101〕當官督商辦中「官的保護」逐漸變爲壓榨和剝削時，這些近代

〔註98〕章開沅、馬敏、朱英：《中國近代史上的官紳商學》，第265頁。
〔註99〕章開沅、馬敏、朱英：《中國近代史上的官紳商學》，第268頁。
〔註100〕可參見楊勇：《近代中國公司治理》，上海人民出版社2007年版，第一章。
〔註101〕朱蔭貴：《中國近代股份制企業研究》，上海財經大學出版社2008年版，第244頁。

化企業即已失去了最後掙扎的希望。盛宣懷走的是官督之下商辦為主的路線，其之後的官督逐漸走樣，張之洞作為李鴻章之後的洋務領袖全面強化了官督的內容。政府擁有絕對的監管權力，因而官場腐敗和政局糜爛漸漸滲透到企業運作中去，昏庸暗弱但卻身居要職的官員向企業索賄、勒索成風，企業衰敗可想而知。

第三節　國家功能的忽視——對部分觀點的探析

在有關官督商辦的論述中，史學著作一般採取較為中立的立場，只歸納官督商辦模式的特點略作評判。例如《中國近代通史》中將其特點概括為經營活動中的四種表現：第一，官操決策之權；第二，商操執行之權；第三，依賴於官府扶持；第四，徇私舞弊。顯然第四個特點是批評性的。〔註102〕在《中國資本主義發展史》中，從名稱的來源、資金、經營管理、專利權四個方面歸納了官督商辦模式的特點，指出這種工業方式也具有洋務派軍工工業具備的買辦性、封建性和殖民地依賴性。〔註103〕由於相關文獻在這方面都不夠具體而詳細，我們只能將最具批評性的觀點歸納為以下幾個主要方面：第一，官督商辦模式具有壟斷性質，阻礙了中國近代民族資本和資本主義的發展；第二，官督商辦模式在經營上具有封建的行政官僚管理特徵，沒有法律制約，因此腐敗叢生，管理不善；第三，官督商辦模式不符合現代公司的特點，商人作為出資者的股東地位和權益沒有得到保護。〔註104〕當然，也有一些學者對這些批評提出了不同的意見，從目前來看，顯得不夠系統，往往只是引用不同的歷史材料來證明自己的觀點。因此，我們試從以下三個方面運用不同的視角進行商榷和反思。

一、官督商辦合理的歷史慣性

有一些觀點認為，洋務派最初舉辦軍事工業之時採取了完全官辦的模式，而在興辦以「求富」為目的的民用工業之時，因資金、經營等原因無力一手包辦，被迫利用商人的資金和經營來開辦民用工業；同時，由於洋務派

〔註102〕虞和平、謝放：《中國近代通史：早期現代化的嘗試（1865～1895）》（第三卷）第106～108頁。
〔註103〕許滌新、吳承明：《中國資本主義發展史》，第二卷，第332～343頁。
〔註104〕有關文獻可參見本書研究綜述部分。

擔心如果完全「商辦」，一則難以成功，二恐即獲成功亦難以爲官所用，甚或爭利滋弊，互相傾軋。〔註105〕於是不得不採用了官督商辦模式。這種觀點容易形成一種錯覺，即官督商辦模式是洋務派的一個發明。也因此，有些觀點認爲官督商辦模式是洋務運動「中體西用」指導思想中「中體」的一個輸出，也即是說輸出了「中體」當中的傳統政治「官本位」，兩者是因果邏輯關係。作爲揭示事物發展變化的矛盾方面，這些觀點是比較合理的。但是我們同時應該注意到，實際上官督商辦模式早已有之，並非洋務派首創。甚至其歷史沿襲的慣性不僅存在，還具有一定的合理性，因爲在當時官督商辦是一種較爲新穎的、行之有效的管理方式。而且，官督商辦模式並沒有隨著洋務運動的衰亡而消失，我們也應該看到，官督商辦模式中蘊含的國家資本主義線索在中國具有一定的影響。我們認爲，超越洋務時代，更深地挖掘官督商辦模式產生的合理邏輯並進一步剖析其利弊得失的實質，是對中國思維方式的有益的探討。

不僅就企業的經營形式和官商關係而言，而且從行業性質上看，洋務派採用官督商辦模式都是對歷代工商政策的基本沿襲，有著內在的歷史繼承。洋務運動之前，中國歷史上顯然沒有經營新式工業的現成模式可循。但是從漢朝開始，封建王朝的政府一直對工商業採取嚴格的控制制度，如鹽鐵、権酤、平準、五均、六莞、市易之類累代都已有之。這種歷史上官與商之間的模式有它的特殊政治功能，就是維護儒家政治思想中大一統的中央集權的君主專制統治，有某種「國有制」或者說「混合經濟」的特徵，但是和資本主義與社會主義等今天的國有制有本質的不同。〔註106〕許滌新、吳承明先生將其綜合歸納爲「招商」模式。我們可以發現，從清朝政府對經濟的管理模式來看，官督商辦模式大體沿襲了清朝的鹽政、招商、礦廠、漕運、軍工制度等幾個領域的即成之法。

所謂「招商」，即將原來官府經辦的經濟事業招攬商人承辦，第一個官督商辦企業稱輪船招商局即師此名。唐代以官鹽招商運銷可視爲招商之始，宋代開始以招商用於開礦，明代將招商制擴大到糧、布、鐵等多種軍需物資

〔註105〕虞和平、謝放：《中國近代通史：早期現代化的嘗試（1865～1895）》（第三卷）第104頁。
〔註106〕杜恂誠：《中國近代國有經濟思想、制度與演變》，上海人民出版社2007年版，第25頁。

的採辦，清代已經比較普遍。〔註 107〕為了更加準確地對官督商辦模式進行分析，我們應當注意到洋務運動之前招商政策這種管理模式的內容和改進，澄清一些認識混淆。

第一，在第二章盛宣懷的經世思想來源中我們已經談到，道咸年間包世臣、魏源等人提出「海運南漕」即將原官運漕糧招沙船由商人海運的改革思路，後來這種做法逐步普及，得到地方官員的擁護，咸豐年間除山東省外都已是「官督商運」了。

第二，「官督商銷」的行鹽之法也是官督商辦模式的一個來源。費維凱就認為「官督商辦」的直接來源是 19 世紀後半期出現的政府鹽務壟斷權。證據是鹽務署的記錄中，充滿著諸如「官督商銷」、「官運商銷」之類近似於「官督商辦」的名稱。這是他較早的發現，得到國內學者的認可。《清史稿》記載：「清之鹽法，大率因明制而損益之。……其行鹽法有七：曰官督商銷，曰官運商銷，曰商運商銷，曰商運民銷，曰民運民銷，曰官督民銷，惟官督商銷行之為廣且久。」〔註 108〕既然「官督商銷行之為廣且久」，說明方法得當有效。當然，費維凱沒有準確地意識到，鹽在中國歷代都是一種極為特殊的敏感商品。其特殊性在於清朝廢除鹽引制度〔註 109〕的時間並不長，在鹽政中出現的「官督商銷」已經是一種大大進步的制度。光緒年間，薛福成、丁日昌等人都以行之有效的「官督商銷」行鹽之法來類比官督商辦模式。〔註 110〕如薛福成力倡採用機器開採各種礦產，方法有二：一為官探，即完全由官府酌撥款項，購買機器開採，係為官辦企業；一為商探，即「仿照淮鹽招商之法，查有殷實華商，准其集資報名，領帖設廠，置備機器，自行開採。官為稽其廠務，視所得之多寡，酌定收稅章程，嚴禁隱漏」。〔註 111〕

第三，清朝中期對外貿易中廣東的行商制度（十三洋行），所需資本巨大，也是一種招商制度，我們可以稱之為「官督商貿」。行商制把國內沿海貿易與國際貿易區分開來，洋行專門經營進口洋貨和出口土貨，經營者有經

〔註 107〕許滌新、吳承明：《中國資本主義發展史》（卷二），第 332～334 頁。

〔註 108〕《清史稿》食貨四，鹽法。

〔註 109〕注：鹽引是有價的交易許可證。如果商戶合法販鹽，就必須先向官府購得鹽引，因此成為鹽商聚富和官員腐敗的工具。清道光十二年改革為票鹽制，實行「官督商銷」，打破了鹽業的壟斷。

〔註 110〕王開璽：《論洋務派官督商辦企業的經營形式》，《河北學刊》2009 年 5 月，第 69～76 頁。

〔註 111〕薛福成：《庸庵全集文編》，上海古籍出版社 1985 年版，卷 1，第 23 頁。

營和管理雙重職能。他們須經官府批准發給行貼（執照），具有官商的性質。
〔註 112〕這批商人逐步發展為後來我們熟知的買辦，是民族資產階級的構成
部分，也是官督商辦中的民間資本一大來源。

第四，在傳統的製瓷業方面，不但民間社會生活中的瓷器，即使是清宮
內廷所用瓷器，清政府亦未曾採取完全的官窯燒製，而是採用了官借民力，
「官搭民燒」的制度。這種官搭民燒製度，似乎也已具有了較為明顯的官商
合辦色彩。

第四，許滌新、吳承明特別指出礦業當中在洋務運動之前就存在著行之
有效的官商制度。清代自康熙後期開放礦禁，乾隆時已放寬民營，煤鐵礦等
已經屬不禁；只有銀、銅、鉛這些鑄幣材料必須為政府掌握，於是採取了招
商制度，也就是官督商辦制度。至遲在清康熙年間，清廷就在銅、鉛等礦的
開採中實行了「官為經理，嗣由官給工本」，由私人具體經營，清政府「遣官
監採」的方法與政策。清乾隆後期，清廷更明確規定：凡屬招商初次開採的
小型礦廠，一般不設專員管理，而是由地方官「就近兼管督察」；凡屬開採有
年，出產較豐的大廠，則由政府派員「總理廠務」。〔註 113〕官督商辦歷史更長
的雲南銅礦還在官督商辦的同時禁止官辦，因必禁官辦，才能使「商民樂於
趨事，而成效速」。並且，清政府為了加強對雲南銅礦的官督，還由各省籌撥
資金 100 萬兩做營運資本，其中一部分以預付貨款形式交給商人，稱「官本」；
又對若干礦發放貸款，稱「底本」。而督察之嚴格設有專管機構，有「七長治
礦」之說。這已是比較完備的官督商辦了。〔註 114〕

綜上所述，洋務運動以前，清政府的傳統礦廠、商務政策中雖未明確使
用「官督商辦」、「官商合辦」等字，但就其形式與內容而言，與洋務運動中
由官方墊借部分資金籌建企業，由官府委派督辦、總辦等監控企業等情形十
分相似。如果就歷史的聯繫性方面來考察，二者存在著密切的歷史關聯性，
這種歷史關聯性不僅表現在歷史事實上，也反映在人們的思想認同方面。如
鄭觀應曾明確承認，其本人當時所強調的官督商辦，並非新的企業創辦形式，
而是與《清會典》中「『有司治之，召商開採』之言，亦正相符合也」。〔註 115〕

〔註 112〕許滌新、吳承明：《中國資本主義發展史》（卷二），第 103 頁。
〔註 113〕許滌新、吳承明：《中國資本主義發展史》（卷二），第 333 頁。
〔註 114〕許滌新、吳承明：《中國資本主義發展史》（卷二），第 333 頁。
〔註 115〕《洋務運動》（一），第 538 頁。

我們在這裡還要強調的是，對於上述領域的招商政策，我們不僅要注意到其採取了官督商辦模式，還必須清醒客觀地看到為什麼要在這些工商領域實行官督商辦模式，它的現代意義是什麼。

二、官督商辦的公共壟斷性質

關於官督商辦企業的性質，過去有非常多的爭論，這一爭論往往與官督商辦企業的所謂壟斷問題結合在一起。對官督商辦企業的性質主要有官僚資本說、國家資本說和官僚資本與民族資本混合說。代表性的觀點如費維凱雖然未對官督商辦給予明確的定性，但認為其發展趨勢是走向官僚資本；改革開放以前的絕大多數研究也持同樣的觀點；汪敬虞認為官督商辦有官僚資本和民族資本兩個性質的混合；〔註 116〕許滌新、吳承明就認為官僚資本這個通俗名稱原義並不明確，官辦企業和國家與私人合作經營的官督商辦企業可統稱為國家資本主義的萌芽形態。〔註 117〕杜恂誠也持同樣的看法。定性為官僚資本意味著屬於三座大山之一，定性為官僚資本和民族資本兩個性質的混合，往往也指出對帝國主義的依附，意在揭示半殖民地半封建社會的基本性質；國家資本主義說相對較為客觀，在性質上沒有對其進行特別的否定。由於這種討論進行的非常之多，因此，進來這個問題已經少有人討論，多數學者轉而研究公司制度或者股份制問題，我們放在後面一一分析。

首先我們分析官督商辦企業的性質。我們認為上述引用的學者看法都有一定的道理，但是也存在另一種可能，那就是從官督商辦的經濟部門屬性來看，實業是一個較為籠統的說法。「實業」一詞包括農、工、商、礦各業，可以說凡是有關工業與商業經濟，凡是具有生產和經營性質的均在其範圍內。與實業所對應的，是金融或者投資的行業。最早提出「實業」一詞的是鄭觀應。光緒十九年（1893），鄭觀應在《致金茗仁觀察書》中提到：「查工藝一道向為士大夫鄙為末技，謂與國家無足輕重。不知富強之國，首在振興實業。改良製造，多設工藝廠，殫億兆人之智力，闡造化之靈機，奮志經營，日臻富強，以雄宇宙。〔註 118〕鄭觀應所提的實業與富強相關，把實業視為使國家

〔註 116〕汪敬虞：《論中國資本主義兩個部分的產生》，《近代史研究》1983 年第 3 期。

〔註 117〕許滌新、吳承明：《中國資本主義發展史》，第二卷，第 343 頁。

〔註 118〕鄭觀應：《鄭觀應集》，第 523 頁。

富強之道，欲求國家富強，則必須以振興實業爲首。除鄭觀應外，張謇亦爲
提倡發展實業的推動者。在洋務運動之前，中國雖有官辦工業經濟，但並無
實業的概念。

因此，就實業領域而言，官督商辦企業在涉足的行業之內，確實在政府
的支持之下，大量採取了限制競爭和排他的政策，也就是所謂的壟斷。有些
學者論述爲「洋務官僚依靠封建政權的力量取得封建性的壟斷權和排他性的
專利權，以壓制民族資本的發展。」以上海機械織布局爲例，籌備期間，李
鴻章曾奏請「十年以內，只准華商附股搭辦，不准另行設局」，〔註119〕又如華
盛紡織總廠之例，1893 年籌建時規模就被定爲「紗機四十萬錠子，布機五千
張」，「十年之內，不准續添」；〔註120〕再如開平礦務局，其初開唐山煤井時，
「距唐山十里之內不准他人開採」，〔註121〕此類的例子非常之多。

許滌新、吳承明已經在《中國資本主義發展史》中指出，這些專利權是
否屬於壟斷性質，對民族資本的發展起著何種作用，應當分別不同情況，做
具體分析，不可一概而論。〔註122〕這是非常客觀的研究態度，相比其他研究
更爲可取。爲了下文分析的方便，這裡首先以最簡單的列表方式對官督商辦
企業的基本概況做一個說明。

洋務派官督商辦企業基本情況（1872～1894 年）〔註123〕

開辦年	單 位 名 稱	創 辦 人	行 業 性 質
1876	湖北興國煤礦※	盛宣懷	採煤工業
1877	安徽池州煤礦※		
1883	安徽貴池煤礦		
1878	唐山開平礦務局	李鴻章、唐廷樞	
1879	湖北荊門煤礦※	盛宣懷	
1880	山東中興煤礦※		
1884	北京西山煤礦		
1880	廣西富川煤礦※		

〔註119〕李鴻章：《試辦織布局摺》，《李文忠公全書》奏稿卷 43，第 44 頁。
〔註120〕李鴻章：《推廣機器織布局摺》，《李文忠公全書》奏稿卷 78，第 11 頁。
〔註121〕許滌新、吳承明：《中國資本主義發展史》，卷二，第 340 頁。
〔註122〕許滌新、吳承明：《中國資本主義發展史》，卷二，第 341 頁。
〔註123〕許滌新、吳承明：《中國資本主義發展史》，卷二，第 290～291 頁。

1882	江蘇徐州煤礦※		
1882	奉天金州駱馬山煤礦※	盛宣懷	
1881	承德平泉銅礦	李鴻章	金屬礦和冶鐵工業
1882	河北臨城礦務局※		
1882	直隸順德銅礦		
1883	湖北長樂銅礦		
1883	山東登州鉛礦		
1887	山東淄川鉛礦		
1885	山東平度金礦		
1883	安徽池州銅礦		
1890	吉林天寶山銀礦		
1882	熱河承平銀砂		
1885	福建石足山鉛礦		
1882	湖北施宜銅礦※		
1886	貴州青溪鐵礦		
1887	雲南銅礦		
1889	黑龍江漠河金礦	李鴻章、榮 暌	
1879	上海機器織布局	李鴻章	紡織
1894	華盛紡織總廠	李鴻章、盛宣懷	
1881	上海公合永絲廠※		
1872	輪船招商局	李鴻章	交通運輸
1887	臺灣商務局		
1880	上海電報總局	李鴻章	通信
1885	中國鐵路總公司	李鴻章	鐵路
1874	上海同茂船廠※	輪船招商局	造船
1875	濟和保險公司※	輪船招商局	保險
1876	仁和保險公司※	徐潤	
1877	安大保險公司※		

注：※者為資料不一致。

第一，《中國資本主義發展史》繼而指出，就礦業而言，礦山屬於國家資源，在批准開採時，限定礦區是必要的。從上表也可以看到，官督商辦企業中，大多數是煤炭和金屬礦產開採企業，確實存在壟斷，但這種壟斷顯然是

必要的，沒有再討論的必要。第二，棉紡織業也就是華盛紡織總廠的「紗機四十萬錠子，布機五千張，十年之內，不准續添」；許滌新、吳承明也已經指出本意是在限制洋貨，實際也未實行。〔註124〕我們也就不再分析。第三，航運方面的情況較為複雜，《中國資本主義發展史》指出，航運方面並未設立壟斷，而其他華商請辦輪船公司之所以未獲批准，是因為不能像輪船招商局一樣被賦予漕運之利，而其在申請時或有外商或沙船之背景企圖爭取漕運的權利，如果不賦予漕運專利，這些輪船公司是不可能與外商競爭的，因此李鴻章沒有同意這些申請。而不能賦它們漕運的權利，是由於除了輪船招商局承擔了一部分漕運之外，晚清所謂頑固派大小官僚在漕運中有潛在的收益，一向對漕運改革十分反對。我們在第一章就已經特別強調，洋務運動在甲午戰爭之前的三十年間，是在與頑固派的鬥爭中艱難發展的，這是我們看待洋務運動不可忽視的背景。忽視了這個背景，單純批判洋務運動中的人與事似乎是一種厚今薄古的做法。第四，電報。《中國資本主義發展史》中非常簡略地指出，電報屬於「公用事業」，設立專利「似無不可」。這卻是一個比較含糊的判斷，其他研究也很少採用。在「公用事業」一詞的啓發下，我們針對上述情況進行了詳細的考察，進而認為「公用」應當是多數官督商辦企業的重要性質，從這一點出發可以得到許多與傳統觀點並不一致的結論。當然需要說明的是，「公用事業」的概念迄今在國內也還是一個較新的概念，並不為相關研究領域的學者們熟知。

今天我們在生活中已經對「公用事業」非常熟悉，但是卻很難有一個明確的界定。用現代的觀點來看，「公用事業」指的是由政府經營的工商業也就是「實業」。公用事業在世界各國的發展有三個背景，第一是各國本身的政治、經濟、社會環境、歷史及傳統習俗等；第二是政府利用公共事業作為直接干預經濟活動的政策工具，服務於國家政治和經濟目的；第三是由於某些市場不能充分自由競爭，不得已由政府直接經營，也就是公共壟斷經營，這是公共壟斷產生的最主要原因。其中一個重要的限制競爭的原因就是公用事業所需資本通常比較巨大，收益緩慢，但易於形成自然壟斷。例如水、電、煤氣、鐵路、航空等。可見，公用事業在各個國家都是一種非常普遍的現象。在法國，鐵路、電信、石油、電力等都是由政府設立公司經營的；在英國公用事業則全屬國家經營；美國雖然是最為自由的市場經濟體系，沒有國家經

〔註124〕許滌新、吳承明：《中國資本主義發展史》，卷二，第343頁。

營的公用事業，但對航空、鐵路、航運、公路運輸、金融要設立嚴格的管制措施。

因此我們不難發現，就體制特點而言，官督商辦模式與當今各國普遍實行的「公用事業」壟斷具有一定的共性。第一，從資本來源上看，官本與商本均有；第二，由官方予以壟斷性保護；第三，官督商辦所涉及的「實業」領域，多數是在現代化早期對國計民生起到關鍵作用的經濟領域，從上表中我們不難發現，除了煤炭、金屬礦產之外，尤其是盛宣懷所督辦的鐵路、電報以及未列在表內的中國通商銀行，均與國家利益息息相關。這也就是許多學者指出官督商辦模式對近代化的積極意義所在。可見，以公用事業比擬官督商辦企業並不為過。甚至，我們可以用「公私合營的公用事業」對其進行一個概括。

因此，如果今天廣泛採用的公用事業都採取公共壟斷的形式經營的話，官督商辦企業使用壟斷形式也就不能成為對其歷史作用的批評。公共性質決定了壟斷的形式而不是官督商辦模式決定了壟斷的形式。反之，如果說官僚資本的性質決定了其壟斷的特點，而民族資本對官僚資本具有依附性，並不排斥甚至是收益於這種壟斷，那麼我們就無法解釋今天各國普遍存在的公共壟斷。在此意義上，國家資本主義也許都不是一個恰當的結論。同樣我們可以發現，今天的公共事業也普遍存在官督商辦模式所存在的問題，即機構膨脹、經營不佳、組織僵化、腐敗、缺乏經營管理的自主權等等。那麼，從邏輯反思的角度來看，我們也不能單純地說傳統政治思想和中體西用的思維模式是造成官督商辦模式弊病的原因，我們只能說，傳統政治中蘊含的某些因素造成了官督商辦模式不可避免的困境，而這種因素今天仍然存在，它與某個特定的時代，或者說傳統或封建無關。那是所有蘊含於公權力當中的人性，而不是對某個時代的人之集體所具有的特性的理解。

三、官督商辦的反殖積極作用

應該說，關於官督商辦模式的討論，學術界的觀點是相當豐富的。但是也不可否認主流的觀點還是認為包括官督商辦企業在內的洋務派興辦的近代工業具有所謂「封建壟斷性」，並且進一步認定洋務運動在經濟上是失敗的。首先，是不是能以甲午戰爭失敗就作為自強求富的失敗也似乎有商榷的餘地，我們暫且不論。關於壟斷我們也初步提出了一些設想。那麼，關於封建

性所代表的哪些社會力量，有沒有反殖民地、反帝國主義的一面呢？至少在辯證思維的意義上，我們可以嘗試進行一點這樣的討論。以輪船招商局為例，在列強最具經濟侵略性的航運業中，官督商辦發揮了顯著的抵禦經濟侵略的作用，遏制了經濟的殖民地化。

根據中國近代史資料叢刊《洋務運動》第 6 冊輪船招商局、鐵路、電報三編史料所載，到 19 世紀 60 年代初，「中國內江外海之利，幾乎被洋人占盡」。十餘年間，洋商輪船日增，中國民航日減，上海的沙船業急劇衰落，連漕運也受到嚴重威脅。所以，輪船招商局的設立，具有鮮明的抵制外國經濟侵略的意義。連當時的外國評論也認識到，此舉是力圖「把外國人從中國沿海及內河貿易排斥出去」。〔註 125〕所以，才有了後來外輪公司與輪船招商局的殘酷競爭。盛宣懷在這種情況下，利用「官督商辦」模式的優勢，由政府一再提供官款和政策支持，在敵強我弱的情況下取得這場中外商業競爭的勝利，進而在 1877 年收買了美商旗昌輪船公司。還先後三次與太古、怡和兩外輪公司簽訂了「齊價合同」，限制了外資航運業在中國的擴展。〔註 126〕李鴻章也在這場競爭中表示：「此局關係商務，不可半途而廢，致為外人恥笑，並墮其專中國利權之計，必應官商合力設法維持。」〔註 127〕在這種堅定的抵禦經濟侵略的思想下，到 1887 年止，即「創設招商局十餘年來，中國商民將減價之益，而水腳少入洋商之手者，奚止數千萬？止實收利權之大端」，「長江生意華商已占十分之六，南北洋亦居其半。」〔註 128〕

洋務運動時期，洋務派所辦民用企業從輪船開始即採用官督商辦模式。從 19 世紀 70 年代起到中日甲午戰爭為止，洋務派所辦民用企業共約 27 個，經費 2964 萬元，工人 25500～29500 人。中國早期現代工業化中的許多個第一都產生於這個時期，它們在當時中國資本主義近代企業中佔有很重要的地位，除輪船外，其力量要比外國在華企業雄厚得多。

我們也應認識到，官督商辦雖然具有現實的合理性，但缺乏深刻的思想基礎和必要的物質條件，就此意義下，可以說它是官商合作所採取的一種折衷形態。但是，折衷與妥協並不是我們今天可以隨意評價的動機與努力。在

〔註 125〕中國史學會：《洋務運動》（八），第 441 頁。
〔註 126〕夏東元：《盛宣懷傳》，第 78～85 頁。
〔註 127〕中國史學會：《洋務運動》（六），第 95 頁。
〔註 128〕李鴻章：《李文忠公全集》，奏稿，第 40 卷第 42 頁。

前人卓越的研究基礎上，我們要做的是從思想的深刻性出發，試圖理解傳統之中內含的現代努力。傳統之所以成為傳統，乃是因為其能夠持久地抗拒改變它的力量。許多研究現代化的學者指出，中國的現代化有三個層面的構成，即器物、制度、思想。本章對官督商辦模式的研究可以綜合性地指出，這三個層面並不可能同時的推進。畢竟歷史的偶然性作為後人我們可能永遠無法知曉。官督商辦從政治與思想精英的論述裏，從國家 —— 社會形態的轉變中，從一些有待發現的現代合理性方面，都使其成為一種東方權威主義制度結構下最有可能採取的現代化改革的模式。更應當注意到的是，我們認為就官商關係或者稱之為政企關係而言，兩者從來就不應構成一方對另一方的壓抑和阻礙。從洋務運動直至今天的中國現代化進程，如果在某種意義上仍舊沒有擺脫那種由官督商辦模式帶給我們的路徑限制，恐怕是今後一段時間不得不面對的問題。

我們認為，從後發型現代化國家的路徑規律和現代化早期的工業經濟特點來看，這種做法既是為了保護國家核心利益如礦產資源、交通運輸、金融等領域的民族性，也是任何一個政府維護自身合法性和合理性統治的延續所必然產生的政治理念。其積極意義在於避免了中國向殖民地化的進一步發展，其產生的合理性基礎是傳統權力壟斷利益的思維方式和非法理性的威權的政治統治。

第五章 比較與反思——官商模式的現代化功能及啓示

　　雖然從傳統社會之舊向現代社會之新的現代轉變來看，官督商辦模式確實對新型國家 —— 社會關係的建構有所幫助；並且，我們知道現代化客觀上也是國家或者說行政權力的社會管理職能彰顯的過程。因此，上一章正是從這兩個方面對洋務運動中出現的官督商辦模式進行了不同於原有範式的研究和分析。由此不難做出判斷，官督商辦模式的出現順應了現代化的潮流和發展進程。不僅如此，我們的思路還可以更進一步，官督商辦模式中是否具有某些普遍性的因素，使得它本身就是現代化進程早期的有機組成，而不是傳統範式無法解釋的一種現代化的伴生現象？或許，這才是官督商辦模式出現的合理、必然和積極意義所在，而並非由於晚清洋務派激進或保守的政治觀點能夠左右這一現代化進程的早期特點。那麼，如果我們通過簡單的瞭望就可以發現，大部分處於資本主義工業化早期的國家，也就是哪些處於現代化初期的國家（對中國而言是近代化），而且並不僅僅是東亞國家，連歐洲國家在現代化過程中都在官商關係和模式上具有相同或者類似的特點，這一比較無疑是非常有意義的。這種現象說明了現代化的又一事實本質，即早期現代化政府主導和推動的重要意義。那種認爲資本主義現代化進程屬於「市場自發」演進模式的哈耶克式自由主義觀點在現實面前，僅僅是一種浪漫地理想主義而已。但是，政府主導和推動的現代化只能是加速現代化啓動和後發型現代化追趕的模式，而不可能成爲一種符合現代性特徵的永久模式。其過渡性特徵也是明顯的。換言之如果長期實行政府主導和推動型的早期現代化模

式，往往使得現代化出現畸形發展。對於深受官督商辦思想和模式影響的中國，恐怕現實的反思意義將更加深遠。官督商辦在中國的出現，符合後發型現代化國家的普遍趨勢，但是卻沒有像其他國家一樣眞正建立政府推動的早期現代化機制。這才是洋務運動和盛宣懷的悲劇和遺恨所在。今天僅僅批評官督商辦的危害和洋務運動的落後是需要反思的。

世界各國的近代化和現代化過程都是經濟因素與非經濟因素（歷史因素）共同作用的結果。換言之，在努力實現近代化的過程中，一旦各個社會階層形成共識，那麼整個國家會動員一切可能動用的資源來實現現代化，而這種動員能力只有國家具備。這即表現爲在政府主導和推動下迅速實現工業化。因爲只有政治與產業革命的力量集合，才能夠將一切生產力要素以不同於歷史以往的特殊方式結合在一起，迸發出改造自然和人類本身的力量。這其實是說明，生產力和生產關係、經濟基礎和上層建築在特定的過渡階段是可以相互替代的。例如在生產關係不發達的情況下，密集的生產力一樣可以提高經濟的效率。中國社會正式通過生產力的不斷密集化使得封建社會得以長期延續。我們可以發現，在現代化初期實現官商的緊密聯繫是一些國家採取的共同做法。但是，過去的研究往往以日本爲對象，我們認爲這種比較分析應該擴展到世界範圍內，這樣還可以更好地檢討所謂的東亞官商模式在今天東亞各國出現的問題和困境。

第一節　現代化早期官商關係的普遍強化

一、現代化進程中強化官商關係的普遍性

日本、韓國、新加坡、臺灣等東亞國家以及德國、意大利等歐洲國家都是比較明顯的在現代化早期強化官商關係的國家，因此都在現代化早期取得快速的經濟成功，這基本上屬於現代化早期的普遍經驗。並不是東亞所獨有。這種強化關係中，官督商辦式的結合是最爲顯著的一種，同時，官商聯盟等形式也廣泛存在。可以說，在現代化早期官商關係得到強化是一種普遍的規律，也並不是東亞國家所特有。當然，官商結合的具體形式有所不同，而我們所特別關注的，是這種關係中爲什麼「官」與「商」在存在不一致利益的情況下仍然緊密的方式結合在一起。

　　明治維新當中，日本政府對於如何實現後發型經濟現代化，也採取了和洋務運動類似的改革模式。德川幕府末期，日本同中國一樣因為受外國經濟的衝擊而興建了一批官辦的近代企業，範圍比洋務運動中官辦的範圍更廣。這些工廠的經營方式起初全是官辦，在明治維新中，其官辦企業和官民合辦企業的殖產興業模式與中國的官督商辦異常相似。但從 1880 年開始，明治政府陸續以拍賣的方式將官辦企業轉為民營，終於促進了日本經濟現代化的巨大發展，使日本走上現代化之路，躋身發達國家之列。1870 年明治政府專門成立工部省負責經濟現代化的政府推動。工部省接辦與創辦的企業大體有鐵路、礦山、加工製造三類，並對其進行了大量的官方投資。〔註1〕領導工部省的大隈重信〔註2〕希望通過政府直接干預，試圖建立一個由採礦、冶煉、機器製造三部門為主體，輔以近代交通、電信等部門，組成一個完整的近代工業體系。〔註3〕同所有以重工業官辦體制為主的現代化模式一樣，明治初期的官辦很快也遇到資金財力的困難。1874 年，大久保利通〔註4〕提出了經濟現代化的總綱《殖產興業建議書》。明確提出仿傚西方，鼓勵民眾發展工商業。「大凡國家之強弱，繫於人民之貧富；而人民之貧富，繫於物產之多寡；物產之多寡，繫於是否勉勵人民之工業」。而要打破恪守古法的局面，「非賴政府官員獎勵誘導之力不可」。〔註5〕相比以前政策，該方針最大的特點是正確認識到民營經濟同政府的關係，將民營經濟擺到了殖產興業的核心位置，認為鼓勵、扶植民間經營實業，才是經濟現代化成敗的關鍵，政府的作用是誘導、服務。這一認識是明治維新成功的關鍵，也是日本「官督商辦」即殖產興業與洋務時期官督商辦的細微不同之處。

　　殖產興業的主要方針是官辦和官督商辦並舉。官辦是指在民眾無力經營的領域採取官辦示範策略，由政府出資經營，例如礦山、造船、機械以及郵政、鐵路等領域。對於輕紡工業則設立國營繅絲紡織廠，由政府推動進行技

〔註1〕　姚傳德：《從官辦到民營──日本明治政府殖產興業方針的演變》，《安徽史學》2003 年第 5 期。
〔註2〕　大隈重信（1838～1922），日本政治家、改革家，早稻田大學創立者。繼伊藤博文後兩次出任內閣總理大臣。
〔註3〕　〔加〕諾曼：《日本維新史》，北京：商務印書館 1962 年版，第 129 頁。
〔註4〕　大久保利通（1830～1878），明治時期政治家，日本維新三傑之一，享有明治維新後日本第一場國葬。
〔註5〕　姚傳德：《從官辦到民營──日本明治政府殖產興業方針的演變》，《安徽史學》2003 年第 5 期。

術改造並引進先進的設備。官督商辦是指對於民間有一定基礎、但尚不能獨立運作的行業，以官督民辦的形式予以「扶植」，待其能獨立自主之後即撤回監督，完全民營化。例如航運業即由政府在資金與政策上對私人業主予以資助、扶植，政府只對公司的賬目以及成效進行監督。明治 8 年至明治 14 年間，明治政府除了船隻、人才、業務方面的支持外，平均每年給經營航運業的三菱公司的資助相當於明治政府年收入的 2.4%。〔註 6〕這種支持的力度甚至比清政府對輪船招商局的支持力度還要強。

韓國則在二戰後用了不到 30 年的時間，建立起比日本更為典型的「財閥」政治經濟體系，官與商結為一體，依靠政府主導型的現代化戰略，從一個貧窮落後的小農國家一躍成為新興工業化國家。典型的財閥具有幾個特質，除了緊密的家族企業特徵；經營範圍廣泛等等，其關鍵的特徵在於財閥通常與政府關係良好，經常獲准經營政府特許的行業，例如石化重工等，而財閥也會透過政治獻金、參選等方式，直接或間接介入政治。韓國的官督商辦模式被稱為「官民合作體制」，或者「官商共治」體制，在政府與企業的「合作」關係中，政府始終居於主導地位。20 世紀 60 年代以來，韓國政府以行政手段合併企業，用國家資金扶植出了三星、現代、大宇、樂金及鮮京五大財閥，造就了韓國經濟短期內迅速崛起的「漢江奇迹」，單單一個三星集團就佔了韓國國民生產毛額的 15%。韓國「官商合作」、「官商共治」的緊密程度要遠甚於「官督商辦」模式，這可以從韓國政府與勞工的關係中明顯地觀察出來。在韓國，罷工和停業被政府宣佈為非法活動，工會化比率僅為10.6%。政府在相當長的時間內對工會運動採取壓制政策，政府通過對工會運動的有效壓制在官商關係中保持了主導地位。〔註7〕

我們同樣熟知，同日本、韓國在現代化早期同樣採取強化官商關係的還有新加坡、臺灣、香港等東亞國家和地區。所以，一般都認為由於受到相同文化傳統的共同影響，具有相近的社會結構導致了東亞國家在現代化早期都採取了相同的官商合作模式。但是，我們發現，雖然在強度和模式上不近相同，即使是歐洲國家也有同樣的現象，這種情況在歐洲較多地被稱為「社會聯盟」模式。

〔註 6〕 姚傳德：《大久保利通的經濟近代化思想》，《日本學刊》1995 年第 2 期。
〔註 7〕 趙一紅：《東亞模式中的政府主導作用分析》，北京：中國社會科學出版社 2004 年版，第 157 頁。

德國在追趕英法的現代化過程中也採取了官商結合，政府主導的機制。彼得・古勒維奇在 1986 年出版《困難時期的政治：各國應對經濟危機的比較研究》中比較了英國、德國、法國、美國和瑞典五個國家橫跨三個「困難時期」（即 1873 年至 1896 年的世界經濟危機，1929 年開始的世界經濟大蕭條，和 20 世紀 70 年代的世界經濟衰落）的政治演變。他的發現說明即使是在沒有東亞文化影響的歐洲國家，在市場自發機制不完善的現代化早期也採取了強化政府與企業關係並突出政府主導作用的方式渡過經濟危機。〔註8〕可見，我們需要具備新的視角來看待官商關係問題，不能總是在儒家傳統文化的固定思路裏思考。1873 年至 1896 年的世界經濟危機是歐美資本主義國家在現代工業化進程中遇到的第一場世界性危機。面對經濟危機，英國和德國（包括法國和瑞典）作出了涇渭分明的選擇。德國同英國相比屬於當時的後發型現代化國家，因此德國首相俾斯麥以強大的政府官僚結構爲後盾與新興工業家結盟，壓制和限制容克地主，使得德國的重工業如鋼鐵、機械製造等行業在渡過經濟危機之後獲得極大飛躍。爲德國的現代化超越英國等老牌國家創造了條件。在 1929 年和 20 世紀 70 年代的兩次危機中，相對經濟實力較弱的國家都會採取政府和企業結盟的方式。甚至我們還可以看到，即使是在今天，西方國家已經不再普遍實行官商緊密聯繫的現代化推動體制，但是在經濟危機中也仍然常常採取這種方式，比如美國就在金融危機後宣佈政府直接接管銀行和企業。

二、官商關係強化帶來的現代化發展悖論

通過對上述歷史的回顧我們發現，像中國這樣的後發現代化國家的經濟與社會發展，與先發現代化國家的一個根本不同，就是國家在發展中的作用十分突出。傳統上以東亞文化模式來解釋官商關係強化這一東亞現代化早期的政治經濟現象是不夠充分的。歐美國家在早期現代化中同樣強化官商關係，採取政府對企業實施強有力控制和市場干預的辦法就和東亞早期的官商模式具有本質上相同的特點和目的。所以，東亞文化傳統只能解釋爲被強化的官商關係在東亞長期存在的原因和東亞特殊現代化路徑的影響因素，而不能解釋爲產生這一事實的本質原因。洋務運動中採取官督商辦模式的根本原

〔註 8〕 Peter Gourevitch, "Politics in Hard Times: Comparative Responses to International Economic Crises", Ithaca and London: Cornell University Press, 1986.

因在於後發型現代化中國家對現代化的普遍推動和主導的規律，同時，這一規律又給後發型現代化國家帶來了發展的悖論。

從後發型現代化的規律來看，洋務運動中採取官督商辦模式主要有以下幾個方面的原因。第一，後發型現代化使得漸變的現代化過程轉變爲突變和劇變的過程，後發展國家要迅速實現現代化、產業化在後發社會中的紮根，就需要中央政府承擔起自上而下地向自己的國民推行現代化的任務；第二，後發型國家在發展過程中，沒有先進國家的既有優勢和有利條件，因此必須發揮「後發優勢」，克服「後發劣勢」。因此需要國家爲市場的建立和經濟的發展創造條件；其現代化是「作爲在面臨外部壓力的情況下維護自己的特性的一種手段」，〔註9〕主要目標是要儘快實現富國強兵，單靠社會或市場力量來推進其現代化，勢必難以達到國家動員所具有的特殊優勢和高效率。這種「後發優勢」就是政府力量替代市場的價格規律和資源配置功能。第三，現代化過程必然會帶來各種傳統社會利益關係的調整，由於缺乏現代性生長的堅實基礎，傳統社會的既得利益者會對此強烈反對，傳統體制中有強大的反現代化力量存在。在此情況下，主張改革的政府領導集團的穩定性就變得極爲重要。〔註10〕正因爲如此，後發現代化國家的政府不僅僅在指導現代化發展方面發揮著不同尋常的重要作用，而且常常成爲經濟發展的實際參與者，舉辦大量國營企業。

可是，國家在後發型現代化發展過程中的這種深度介入狀況，既可以促進現代化的快速發展，又隱含了許多的風險，尤其是存在著國家壓倒市場、國營企業壓制民營企業的極大可能性。「國家的存在是經濟增長的關鍵，然而國家又是人爲經濟衰退的根源。」〔註11〕一方面，這種狀況形成了具有強大領導、控制、動員、滲透能力的強政府，這樣的政府不但偏好控制政治和社會，而且偏好控制經濟甚至是人們的生活方式，勢必造成國家與社會、國家與市場之間的不協調，形成強國家、弱市場的局面；另一方面，官僚機構屬於既得的特殊利益集團，勢必假借國營企業的存在和政府對市場的管制來謀取私利。缺乏自律性的官僚機構往往偏向於舉辦更多的國營企業以及對市場

〔註9〕 〔美〕西里爾·E·布萊克等著：《日本和俄國的現代化》，北京：商務印書館1984年版，第209頁。

〔註10〕 趙一紅：《東亞模式中的政府主導作用分析》，第76～77頁。

〔註11〕 〔美〕道格拉斯·諾斯：《經濟史的結構與變遷》，上海三聯書店1994年版，第20頁。

進行更多的干預，破壞市場的自主發育。盛宣懷個人與洋務官僚集團都無法避免這種悖論的發生，但是我們上述分析重點所指出的是，這是由於後發型現代化的政治經濟結構使然，而並不是所謂中國傳統政治思想和文化使然。

可見，只有當一個國家的政府比較自律、制度比較健全、官僚機構也比較廉潔時，後發型現代化才能眞正發展爲長久的現代化；否則，國家不僅會成爲經濟衰退的根源，整個國家的政治前途也面臨嚴峻的考驗。時至今日，這個發展悖論仍然沒有完全解決。以辛亥革命爲例，按照孫中山的設想，在允許私人企業存在的同時主張將具有獨佔性質的、規模過大爲私人所不能辦者，尤其是交通運輸事業，收歸公有並由國家經營，目的在於建立一個均富的理想社會。至少在形式上，這個思路與洋務運動差別不大。至於如何避免國家壓倒市場、公營經濟壓迫私人經濟，他沒有在制度上進行認眞的考量和建設。因此，孫中山的民生主義在其身後就存在著三個方向發展的可能性，即走向社會主義的計劃經濟模式、國家主導的資本主義市場經濟 —— 東亞模式以及官僚資本主義模式。〔註12〕這三種模式都沒有脫離官商模式中政府主導現代化進程的實質

第二節　強化官商關係後的現代化進程

後發型現代化國家在早期現代化進程中採取的強化官商的模式，也就是政府主導的現代化模式，從歷史意義上看是具有價值的，也因此形成了一種普遍規律。但是，在渡過早期現代化階段之後，這種官商模式所塑造的現代化能否持久就是一個必須加以考慮的問題。實際上，上一節所指出的發展悖論意味著如果不能夠對國家和官僚結構進行現代化之後的深度改造，早期現代化也將無法持續，陷入困境。從中國的情況來看，在洋務運動之後的近一百年裏，中國對各種現代化模式都進行了「快速試錯」的嘗試，直至改革開放才找到了初步實現現代化的有效方案，但是，仍舊沒有改變早期現代化中政府主導的模式。在已經取得經濟現代化初步成績的中國，愼重地重估洋務運動中現代化發展模式的歷史局限性和現代化遲滯的根源無疑是對百多年來中國現代化進程思考獲得的啓示。

〔註12〕　王文章：《中國現代化進程中的國家與市場 —— 從孫中山、毛澤東到鄧小平》，北京大學出版社 2004 年版，第 91 頁。

一、日本二次現代化的教訓

今天我們認為日本是一個已經實現現代化的國家。但是日本明治維新後的歷史告訴我們，明治維新中日本的現代化模式和對西方文化的態度並沒有使日本真正走上今天的現代化道路。二戰後日本經由美國進行的對國家機構的徹底改造才真正使日本政府主導的現代化走上了正規。日本現代化的這種獨特方式在研究日本作為現代化的成功典範時往往被忽略，只從出口導向等經濟發展政策角度出發，而忽視日本現代化進程中的非經濟因素的特殊作用，這種片面的觀點似乎至今尚很有影響，這對全面理解現代化危害不淺。〔註13〕

日本明治時代的變革是完全以西方早期現代化為樣板的，精心仿傚英國君主立憲與普魯士模式。洋務運動後維新派所主張的戊戌維新也是效法日本變法的道路。但是，「和魂洋才」指導思想下的現代化卻把日本導向軍國主義的發展軌道。許多人都把日本早期現代化的出色表現首先歸之於日本文化的開放性，善於學習與攝取外來文化。進而批評洋務運動中傳統文化的封閉性，這種解釋是以「富國強兵」的表面現象和單純的經濟增長作為評估的基準。胡適在1938年曾用英文發表《中國與日本的現代化運動 —— 文化衝突的比較研究》一文認為，日本式的現代化處在統治階級的中央集權的控制之下，「它是有秩序的、精打細算的、連續性的、穩定的、有效率的現代化」。但他指出：「日本的現代化並非沒有很重大的不利之處。日本領導人在較早時期實現這一急速的轉變，他們之中的最有遠見者也只能看到與理解兩方文明的某些表相，他們處心積慮要保存自己的民族遺產，加強國家與皇朝對人民的控制，因而小心翼翼地保護日本傳統的大量成分，使之不致受到新文明的觸染。人為地採用好戰的現代化的強硬外殼來保護大量中世紀傳統文化，在這其中不少東西具有原始性，孕育著火山爆發的深重危險。」〔註14〕

我們在第一節所指出的與官督商辦相類似的「殖產興業」模式就是一個典型。雖然日本進行了比洋務運動更加徹底的改革和具有更加有利的內外部環境，但是日本明治維新啟動的自上而下的現代化，雖然在初期獲得了成功，但始終沒有徹底完成國家機構和官僚體系的重建，最終被錯誤的導向擴張。正是由於政府力量的強大獲得了早期現代化的成功，也正是由於政府力量的

〔註13〕羅榮渠：《現代化新論：世界與中國的現代化進程》，第459頁。
〔註14〕羅榮渠：《現代化新論：世界與中國的現代化進程》，第460頁。

強大和文化因素的影響造成錯誤至深，自上而下的糾偏已經不再可能，在這種情況下只有靠自下而上地革命發動或外力地干預，進行第二次現代化。這就是第二次世界大戰以後日本所走的道路。

二、中國現代化受到的制約

恩格斯指出：「歷史是這樣創造的：最終的結果總是從許多單個的意志的相互衝突中產生出來的，而其中每一個意志，又是由於許多特殊的生活條件，才成為它所成為的那樣。這樣就有無數互相交錯的力量，有無數個力的平行四邊形，而由此就產生出一個總的結果，即歷史事變，這個結果又可以看作一個作為整體的、不自覺地和不自主地起著作用的力量的產物。」〔註15〕那麼，洋務運動中的現代化設計是否也像日本一樣面臨著二次現代化的風險呢？

現代化的本質特徵之一是開放的社會，開放的社會則意味著經濟繁榮。此乃充分條件而非必要條件，也即是說，繁榮的社會經濟並不一定只能在開放條件下產生。就中國而言，傳統農業手工業同樣創造了繁榮，但是由於缺乏開放的社會條件，因此只能夠實現一種封閉循環式的繁榮而不可能導致現代化。中國傳統政治體制是以君主專制為核心，中央集權為形式的政治體制。君主對國家所轄範圍內的一切擁有絕對的支配權。在中國傳統官僚政治條件下，整個官僚系統內部有著嚴格的等級制度，層層鉗制，不可逾越。而在該系統之外，官僚處於「四民」之上，依仗其掌握的政府權力，對社會其他階層進行統治。他們只對上級、君主負責，而不對社會負責。

在晚清官督商辦企業中，官僚政治這種政治形態通過「官督」的形式介入新式企業的經營管理中。在「古代中國的全部價值取向都在於『官』，是一個地地道道的『官國』，一個行政權力至上的『官本位』社會。」〔註16〕的政治和社會背景下，李鴻章和盛宣懷所設計的理想官督模式和作用逐步走樣。經營自主和權力制約平衡等現代管理的基本機制在官督商辦企業中產生了「變異」——現代管理形式最終被以「官本位」為核心的政治秩序所取代。這是我們研究官督商辦模式所必須指出的。官督商辦模式的積極作用在當政府對企業的扶植逐漸演變為企業發展的重大障礙時，其消極作用就不可避免

〔註15〕　《馬克思恩格斯選集》第 4 卷，第 478～479 頁。
〔註16〕　馬敏：《官商之間：社會劇變中的近代社會紳商》，第 384 頁。

的產生了。

　　同日本不同的是，中國的早期現代化是一個漫長而曲折的過程。儘管現代化的主要推動力一直來自政府，但是中國先是走向了官僚資本主義，然後發展了社會主義的計劃經濟模式，這是一種全能國家模式。在改革開放之後，才借鑒東亞模式進行了以國營經濟爲主的混合經濟模式的現代化。這種曲折的原因正是中國在特殊的歷史和國情條件下始終沒有擺脫政府在經濟發展中的主導作用，因此現代化發展的成敗始終要依賴於政府和官僚階層的現代化認識和努力，而且還要受制於政府和官僚們對手中行政權力的自律。

　　西方的現代政治體制是隨著民權運動的發展而逐步完善的，其現代化本質是經濟權力支配政治權力。而未經改造的所謂東亞政治體制是隨著民族解放運動發展起來的，民族解放運動與現代化進程結合併且以民族解放爲主，在中國就表現爲以「救亡」爲主題。「啓蒙」僅僅是現代化的先決條件，可見現代化的主題始終沒有凸顯出來。在這種情況下，政治權力通過民族解放運動的領導權而凌駕於一切權力之上，民權運動幾乎沒有發展的空間。因此，通過政治上的民權運動和經濟上工商業興起而成長的下層現代化動力始終缺失，儘管政府通過強有力的領導和干預可以替代市場的作用，取得早期現代化的成功。但是，作爲現代化進程所依存的客觀理性精神賦予的現代性，中國始終沒有具備。

　　隨著現代化的深入，國家結構與發展模式也必將發生相應的轉變，只有這樣才能加強經濟的自組能力與社會的自主性，從而容納更大的現代生產力發展和進一步解放生產力。1978 年以來中國從計劃經濟向市場經濟的模式轉換的重大意義就在於此。日本和韓國的歷史說明，即使政府不自覺地進行適應性的政治體制改革，只要市場經濟繁榮起來，這種變革終究會發生。但是我們注意到，現代全球經濟的一體化趨勢使得經濟波動加劇，這給通過國內市場繁榮所誘發的政治體制改革的深化增加了變數。

餘論　不可複製的盛宣懷

　　實現中國的現代化是幾代仁人志士的理想，這些人不是完美的。現代化社會與傳統社會最大的不同，在某種意義上是個體的無法逃避。經濟社會的集體理性，本質是一種個人理性，個人為其個人利益的最大化而為之奮鬥，甚至是政治家也是這樣。這種經濟理性觀點最大程度地貼近我們的直觀感受，解釋了這個現代化社會裏挾我們自己的原因。但是，社會發展的目的何在，現代化的社會如何建立在個人私利之上？在不道德的個人基礎上可以建立一個道德的社會嗎？或者是相反，我們盡力去做道德的個人但是社會確實不道德的？在中國，這好像是傳統與現代社會最大的不同。也是盛宣懷無法為我們理解之所在。

　　晚清洋務運動的興起，是一批深受傳統儒家文化「以天下為己任」薰陶，同時具有經世致用精神的有識之士，在滿清統治者和普通民眾還未感受到現代化壓力的時候，以強烈的憂患意識堅決主張學習西方科學技術，甚至主張漸次實現政治改革的運動。無論其指導思想是否存在缺陷，他們試圖在保存傳統文化的同時，通過大規模的經濟建設實現國家富強。可見，洋務運動的整體改革方向和以經濟建設為中心的思想是具有明顯的積極意義的。如前面幾章所述，盛宣懷發端、創辦和經營了許多的官督商辦企業，在中國近代化中，盛氏實為經濟現代化的最早的有力推動者。

　　儘管現代化的內涵複雜，但是，經濟現代化是所有現代化現象的根源和表現。我們不可能創造或者發現一個國家，在沒有實現經濟現代化的情況下能夠實現其他方面的現代化。在這個意義上，只有認真思索怎樣建立一個經濟長久繁榮，市場具有自發活力的國家經濟體系。現代化才能沿著其固有的

規律，給社會和人們的生活帶來益處。現代化作爲一種形式和過程，其本質仍然在於創建更加平等、開放和自由的社會。或者換言之，現代化自有其向善的一面。但是，後發型現代化的國家不得不放棄這些現代化的內在要求，而片面地追求經濟成長。洋務派和盛宣懷的局限正在於此，在一百多年之前，即使是西方初步實現現代化的國家，也往往沒有意識到現代化所帶來的現代性之深刻。

所以，西方國家現代化進程中所展現出的現代性是理性而自然的發展，中國的近代化和現代化進程沒有這樣的條件。我們對此必須有清醒的認識，絕不可以單純地以經濟成果來衡量中國的現代化進程。因此，盛宣懷所督辦的各項實業成長有限，沒有引起中國近代工業化的連鎖反應來加速經濟現代化和政治現代化的腳步，然後自然而然地推動整個國家的現代化進程。此即政府所主導和推動的現代化模式所欠缺的自發機制。

中國的近代化是在中華民族危機日益嚴重、社會動亂不斷加劇、生產力的發展嚴重滯緩的背景下產生的，因此現代化的主題不斷地被轉換和降格爲一些社會問題作爲目的和任務。中國近代思潮也往往表現爲對這些問題的呼應，很少有對現代化主題的全面回應。洋務、改良、維新、立憲等政治思潮，重商、振興實業等經濟思潮，以及中體西用等文化思潮都是針對某種特定的現實缺憾和現實需要而提出來的。這些思想對於徹底地改造傳統中國發展的個別方面是有進步意義的，但是都是局部和臨時性的思想主張。在經歷痛苦的探索之後，中國逐步轉而尋求以革命的方式作爲徹底的全面的轉型方案，馬克思主義便以其對現代化進程的深刻分析和全面回應獲得了中國的認可，傳統中國終於以徹底拋棄傳統的方式獲得了現代性。

盛宣懷必定應該是無法複製的。與當下所流行的對他的熱衷不同，我們之所以對他進行研究，最後終於使我們相信，如果中國再度出現盛宣懷式的人物，那將一定是今日中國現代化的悲劇。這恰就是洋務運動中的盛宣懷和官督商辦模式在近代化進程中所展示給我們的偉大意義。中國現代化的最重要經驗之一是帶有「試錯」的性質。由於我們在實踐一場沒有前人經驗的事業，因此似乎必須不斷地付出試錯的代價。但是，付出代價並不可怕，重複地付出代價才是眞正可怕的。

參考文獻

1. 盛宣懷：《愚齋存稿》，臺北：文海出版社 1974 年版。

2. 盛宣懷：《愚齋未刊信稿》，臺北：文海出版社 1974 年版。

3. 盛宣懷：《盛宣懷日記》，揚州：江蘇廣陵古籍刻印社 1998 年版。

4. 陳旭麓、顧廷龍、汪熙主編：《盛宣懷檔案資料選輯》第一輯，《辛亥革命前後》，上海人民出版社 1979 年版。

5. 陳旭麓、顧廷龍、汪熙主編：《盛宣懷檔案資料選輯》第二輯，《湖北開採煤鐵總局、荊門礦務總局》，上海人民出版社 1981 年版。

6. 陳旭麓、顧廷龍、汪熙主編：《盛宣懷檔案資料選輯》第三輯，《甲午中日戰爭》（上下），上海人民出版社 1982 年版。

7. 陳旭麓、顧廷龍、汪熙主編：《盛宣懷檔案資料選輯》第四輯，《漢冶萍公司》（一），上海人民出版社 1984 年版。

8. 陳旭麓、顧廷龍、汪熙主編：《盛宣懷檔案資料選輯》第四輯，《漢冶萍公司》（二），上海人民出版社 1986 年版。

9. 陳旭麓、顧廷龍、汪熙主編：《盛宣懷檔案資料選輯》第五輯，《中國通商銀行》，上海人民出版社 2000 年版。

10. 陳旭麓、顧廷龍、汪熙主編：《盛宣懷檔案資料選輯》第六輯，《上海機器織布局》，上海人民出版社 2001 年版。

11. 陳旭麓、顧廷龍、汪熙主編：《盛宣懷檔案資料選輯》第七輯，《義和團運動》，上海人民出版社 2001 年版。

12. 陳旭麓、顧廷龍、汪熙主編：《盛宣懷檔案資料選輯》第八輯，《輪船招商局》，上海人民出版社 2002 年版。

13. 北京大學歷史系近代史教研室整理：《盛宣懷未刊信稿》，北京：中華書局 1960 年版。

14. 吳倫霓霞、王爾敏編：《盛宣懷實業函電稿》（上下），香港中文大學出版社 1993 年版。

15. 吳倫霓霞、王爾敏編：《盛宣懷實業朋僚函稿》（上中下），香港中文大學出版社 1997 年版。

16. 夏東元：《盛宣懷年譜長編》，上海交通大學出版社 2004 年版。

17. 夏東元：《盛宣懷傳》，上海交通大學出版社 2007 年版。

18. 易惠莉主編：《二十世紀盛宣懷研究》論文集，南京：江蘇古籍出版社 2002 年版。

19. 〔清〕魏源：《海國圖志》，光緒二年刻本。

20. 〔清〕魏源：《魏源集》，北京：中華書局 1976 年版。

21. 〔清〕曾國藩：《曾國藩全集》（奏稿、日記），長沙：嶽麓書社 1987 年版。

22. 〔清〕李鴻章：《李鴻章全集》，海口：海南出版社 1997 年版。

23. 〔清〕張之洞：《勸學篇》，鄭州：中州古籍出版社，1998 年版，

24. 〔清〕張之洞：《張之洞全集》，石家莊：河北人民出版社 1998 年版。

25. 〔清〕鄭觀應：《鄭觀應集》，上海人民出版社 1982 年版。

26. 〔清〕馮桂芬：《校邠廬抗議》，上海書店出版社 2002 年版。

27. 〔清〕薛福成：《籌洋芻議》，瀋陽：遼寧人民出版社 1994 年版。

28. 〔清〕王韜：《弢園文錄外編》，北京：中華書局 1959 年版。

29. 〔清〕佚名：《晚清洋務運動事類彙鈔》，北京：全國圖書館文獻縮微複製中心 1999 年版。

30. 嚴復：《嚴復集》，王栻主編，中華書局 1986 年版。

31. 梁啟超：《清代學術概論》，朱維錚導讀，上海古籍出版社 1998 年版。

32. 石峻主編：《中國近代思想史參考資料簡編》，北京：三聯書店 1957 年版。

33. 馮契：《中國近代哲學史》（上下），上海人民出版社 1989 年版。

34. 馮契：《中國近代哲學的革命進程》，（馮契文集第七卷）華東師範大學出版社 1995 年版。

35. 張岱年、方克立：《中國文化概論》，北京師範大學出版社 1994 年版。

36. 馮友蘭：《中國現代哲學史》，廣州：廣東人民出版社，1999 年版。

37. 周桂鈿：《中國傳統政治哲學》，石家莊：河北人民出版社 2001 年版。

38. 蔣國保：《晚清哲學》，合肥：安徽人民出版社 2002 年版。

39. 馮天瑜、黃長義：《晚清經世實學》，上海社會科學院出版社 2002 年版。

40. 李澤厚：《中國現代思想史論》，天津社會科學院出版社 2004 年版。

41. 王繼平：《晚清湖南學術與思想》，長沙：湖南師範大學出版社 2006 年版。

42. 吳雁南：《中國近代社會思潮》第 1 卷，湖南教育出版社 1998 年版。

43. 劉澤華：《中國傳統政治思想反思》，北京：三聯書店 1986 年版。

44. 彭平一：《衝破思想的牢籠——中國近代啟蒙思潮》，湖南師範大學出版社 2000 年版。

45. 趙豐田：《晚清五十年經濟思想史》，出版社不詳，1939 年版。

46. 馬伯煌：《中國近代經濟思想史》，上海社會科學院出版社 1992 年版。

47. 高力克：《歷史與價值的張力——中國現代化思想史》，貴陽：貴州人民出版社 1992 年版。

48. 葉世昌、施正康：《中國近代市場經濟思想》，上海：復旦大學出版社 1998 年版。

49. 程美東：《現代化之路——20 世紀後 20 年中國現代化歷程的全面解讀》，北京：首都師範大學出版社 2003 年版。

50. 趙靖主編，《中國經濟思想通史續集》，北京大學出版社 2004 年版。

51. 杜恂誠：《中國近代國有經濟思想、制度與演變》，上海人民出版社 2007 年版。

52. 葛兆光：《中國思想史》，上海：復旦大學出版社 2009 年版。

53. 中國史學會：《中國近代史資料叢刊》之《鴉片戰爭》（1～6），上海人民出版社 1954 年版。

54. 中國史學會：《中國近代史資料叢刊》之《第二次鴉片戰爭》（1～6），上海人民出版社 1978 年版。

55. 中國史學會：《中國近代史資料叢刊》之《洋務運動》（1～8），上海人民出版社 2000 年版。

56. 中國史學會：《中國近代史資料叢刊》之《戊戌變法》（1～4），上海人民出版社 2000 年版。

57. 蔣廷黻：《中國近代史》，上海古籍出版社 1999 年版。

58. 夏東元：《洋務運動史》，上海：華東師範大學出版社 1992 年版。

59. 夏東元：《晚清洋務運動研究》，成都：四川人民出版社 1985 年版。

60. 許滌新、吳承明：《中國資本主義發展史》，北京：社會科學文獻出版社 2007 年版。

61. 姜濤、卞修躍：《中國近代通史（第二卷）：近代中國的開端（1840～1864）》，南京：江蘇人民出版社 2007 年版。

62. 虞和平、謝放：《中國近代通史（第三卷）：早期現代化的嘗試（1865～1895）》，南京：江蘇人民出版社 2007 年版。

63. 樊百川：《清季的洋務新政》，上海書店出版社 2003 年版。

64. 張國輝：《洋務運動與中國近代企業》，北京：中國社會科學出版社 1979 年版。

65. 彭澤益：《十九世紀後半期的中國財政與經濟》，北京：人民出版社 1983 年版。

66. 阮芳紀、左步青、章鳴九編，《洋務運動史論文選》，北京：人民出版社 1985 年版。

67. 邵循正：《邵循正歷史論文集》，北京大學出版社 1985 年版。

68. 徐泰來：《洋務運動新論》，長沙：湖南人民出版社 1986 年版。

69. 羅榮渠、牛大勇：《中國現代化歷程的探索》，北京大學出版社 1992 年版。

70. 北京大學世界現代化進程研究中心編，《羅榮渠與現代化研究──羅榮渠教授紀念文集》，北京大學出版社 1997 年版。

71. 羅榮渠：《現代化新論：世界與中國的現代化進程》（增訂版），北京：商務印書館 2004 年版。

72. 羅榮渠：《從西化到現代化》（上中下），合肥：黃山書社 2008 年版。

73. 虞和平：《商會與中國早期現代化》，上海人民出版社 1993 年版。

74. 虞和平：《中國現代化歷程》，南京：江蘇人民出版社 2007 年版。

75. 孫立平：《傳統與變遷──國外現代化及中國現代化問題研究》，哈爾濱：黑龍江人民出版社 1992 年版。

76. 江秀平：《走向近代化的東方對話──洋務運動與明治維新的比較》，北京：中國社會科學出版社 1993 年版。

77. 章開沅：《比較中的審視──中國早期現代化研究》，杭州：浙江人民出版社 1993 年版。

78. 章開沅、馬敏、朱英主編：《中國近代史上的官紳商學》，武漢：湖北人民出版社 2000 年版。

79. 馬敏：《官商之間──社會劇變中的近代紳商》，天津人民出版社 1995 年版。

80. 朱英、石柏林：《近代中國經濟政策演變史稿》，武漢：湖北人民出版社 1990 年版。

81. 朱英：《晚清經濟政策與改革措施》，武漢：華中師範大學出版社 1996 年版。

82. 胡福明主編：《中國現代化的歷史進程》，合肥：安徽人民出版社 1994 年版。

83. 汪熙、魏斐德主編：《中國現代化問題──一個多方位的歷史探索》，上海：復旦大學出版社 1994 年版。

84. 朱蔭貴:《國家干預經濟與中日近代化》,上海:東方出版社 1994 年版。

85. 朱蔭貴:《中國近代股份制企業研究》,上海財經大學出版社 2008 年版。

86. 丁偉志、陳崧:《中西體用之間 —— 晚清中西文化觀述論》,北京:中國社會科學出版社 1995 年版。

87. 張忠民:《前近代中國社會的商人資本與社會再生產》,上海社會科學院出版社 1996 年版。

88. 張忠民:《艱難的變遷 —— 近代中國公司制度研究》,上海社會科學出版社 2002 年版。

89. 張忠民:《近代中國的企業、政府與社會》,上海社會科學院出版社,2004 年版。

90. 周積明:《最初的紀元 —— 中國早期現代化研究》,北京:高等教育出版社 1996 年版。

91. 蕭功秦:《危機中的變革 —— 清末現代化進程中的激進與保守》,上海三聯書店 1999 年版。

92. 蕭功秦:《中國的大轉型 —— 從發展政治學看中國變革》,北京:新星出版社 2008 年版。

93. 豆建民:《中國公司制思想研究(1842~1996)》,上海財經大學出版社 1999 年版。

94. 周育民:《晚清財政與社會變遷》,上海人民出版社 2000 年版。

95. 尹保雲:《什麼是現代化:概念與範式的探討》,北京:人民出版社 2001 年版。

96. 周建波:《洋務運動與中國早期現代化思想》,濟南:山東人民出版社 2001 年版。

97. 北京大學世界現代化進程研究中心編,《現代化研究》(第一輯),北京:商務印書館 2002 年版。

98. 北京大學世界現代化進程研究中心編,《現代化研究》(第二輯),北京:商務印書館,2004 年版。

99. 北京大學世界現代化進程研究中心編,《現代化研究》(第三輯),北京:商務印書館 2005 年版。

100. 南開大學世界現代化進程研究哲學社科科學創新基地主編,《現代化研究》(第四輯),北京:商務印書館 2009 年版。

101. 高淑娟:《近代化起點論》,北京:中國社會科學出版社 2004 年版。

102. 姜林祥:《儒學與社會現代化》,廣州:廣東教育出版社 2004 年版。

103. 梁景和:《中國近代史基本線索的論辯》,南昌:百花洲文藝出版社 2004 年版。

104. 汪敬虞：《近代中國資本主義的總體考察和個案辨析》，北京：中國社會科學出版社 2004 年版。

105. 汪敬虞：《中國資本主義的發展和不發展：中國近代經濟史中心線索問題研究》，北京：經濟管理出版社 2007 年版。

106. 汪戎：《晚清工業產權制度的變遷》，昆明：雲南人民出版社 2004 年版。

107. 陳國慶主編，《中國近代社會轉型研究》，北京：社會科學文獻出版社 2005 年版。

108. 李青：《洋務派法律思想與實踐的研究》，北京：中國政法大學出版社 2005 年版。

109. 李揚帆：《走出晚清 涉外人物及中國的世界觀念之研究》，北京大學出版社 2005 年版。

110. 劉增合：《鴉片稅收與清末新政》，北京：三聯書店 2005 年版。

111. 鄭大華、鄒小站主編，《西方思想在近代中國》，北京：社會科學文獻出版社 2005 年版。

112. 陳旭麓：《近代中國社會的新陳代謝》，上海社會科學院出版社 2006 年版。

113. 陳明明主編，《權利、責任與國家》，上海人民出版社 2006 年版。

114. 樊雙志：《晚清中央與地方關係演變史綱》，北京：中共中央黨校出版社 2006 年版。

115. 楊在軍：《晚清公司與公司治理》，北京：商務印書館 2006 年版。

116. 雷頤：《歷史的裂縫——近代中國與幽暗人性》，桂林：廣西師範大學出版社 2007 年版。

117. 蕭黎主編，《20 世紀中國史學重大問題論爭》，北京師範大學出版社 2007 年版。

118. 嚴亞明：《晚清企業制度思想與實踐的歷史考察》，北京：人民出版社 2007 年版。

119. 楊勇：《近代中國公司治理：思想演變與制度變遷》，上海人民出版社 2007 年版。

120. 中國社會科學院近代史研究所政治史研究室，蘇州大學社會學院編，《晚清國家與社會》，北京：社會科學文獻出版社 2007 年版。

121. 朱維錚：《走出中世紀》（增訂本），上海：復旦大學出版社 2007 年版。

122. 耿雲志：《近代中國文化轉型研究導論：文化轉型》，成都：四川人民出版社 2008 年版。

123. 賈小葉：《晚清大變局中督撫的歷史角色》，上海書店出版社 2008 年版。

124. 姜朋：《官商關係：中國商業法制的一個前置話題》，北京：法律出版社

2008 年版。

125. 李志英：《近代中國資本主義經濟形態的多重考察》，北京：商務印書館 2008 年版。

126. 宋惠昌：《人的發現與人的解放：近代中國價值觀的嬗變》，成都：四川人民出版社 2008 年版。

127. 王中江：《近代中國思維方式演變的趨勢》，成都：四川人民出版社 2008 年版。

128. 汪榮祖：《晚清變法思想論叢》，北京：新星出版社 2008 年版。

129. 楊明齋：《評中西文化觀》，合肥：黃山書社 2008 年版。

130. 虞和平、胡政主編：《招商局與中國現代化》，北京：中國社會科學出版社 2008 年版。

131. 杜恂誠：《民族資本主義與舊中國政府》，上海社會科學院出版社 1991 年版。

132. 吳相湘：《中國近代史論叢》第一輯第五冊，《自強運動》，臺北：正中書局 1966 年版。

133. 李國祁：《中國早期的線路經營》，臺北：中央研究院近代史研究所 1976 年版。

134. 金耀基：《中國現代化與知識分子》，臺北：言心出版社 1977 年版。

135. 金耀基：《從傳統到現代》，北京：中國人民大學出版社 1999 年版。

136. 金耀基：《金耀基自選集》，上海教育出版社 2002 年版。

137. 呂實強：《早期的輪船經營》，臺北：中央研究院 1978 年版。

138. 王爾敏：《清季兵工業的興起》，臺北：中央研究院 1978 年版。

139. 吳倫霓霞、王爾敏編：《清季外交因應函電資料》，香港中文大學出版社 1993 年版。

140. 王爾敏、陳善偉編：《清季議訂中外商約交涉》（上下），香港中文大學出版社 1993 年版。

141. 王爾敏：《中國近代思想史論》，北京：社會科學文獻出版社 2003 年版。

142. 王爾敏：《晚清政治思想史論》，桂林：廣西師範大學出版社 2005 年版。

143. 王爾敏：《中國近代思想史論續集》，北京：社會科學文獻出版社 2005 年版。

144. 中華文化復興與運動推行委員會主編，中國近代現代史論集編輯委員會編輯，《中國近代現代史論集》第 19，《近代思潮》（上下），臺灣商務印書館 1986 年版。

145. 趙岡、陳鍾毅：《中國經濟制度史論》，臺北：聯經出版公司 1986 年版。

146. 中央研究院近代史研究所編，1988 年 6 月《清季自強運動研討會論文集》

（下冊）。

147. 成中英：《中國文化的現代化與世界化》，北京：中國和平出版社 1988 年版。

148. 周陽山、傅偉勳：《西方思想家論中國》，臺北：正中書局 1994 年版。

149. 唐德剛：《晚清七十年》，臺北：遠流出版事業公司 1998 年版。

150. 汪榮祖：《從傳統中求變 —— 晚清思想史研究》，南昌：百花洲文藝出版社 2002 年版。

151. 余英時：《士與中國文化》，上海人民出版社 2003 年版。

152. 黃宗智主編，《中國研究的範式問題討論》，北京：社會科學文獻出版社 2003 年版。

153. 余英時：《現代儒學的回顧與展望》，北京：三聯書店 2005 年版。

154. 李明輝：《儒家視野下的政治思想》，北京大學出版社 2005 年版。

155. 張灝：《危機中的中國知識分子：尋求秩序與意義》，高力克，王躍譯，毛小林校，北京：新星出版社 2006 年版。

156. 〔法〕弗朗斯瓦‧魁奈：《中華帝國的專制制度》，北京：商務印書館 1992 年版。

157. 〔美〕郝延平：《十九世紀的中國買辦：東西間橋梁》，上海社會科學院出版社 1988 年版。

158. 〔美〕羅伯特‧海爾布羅納：《現代化理論研究》，華新天等譯，華夏出版社 1989 年版。

159. 〔美〕郝延平：《中國近代商業革命》，陳潮、陳任譯，上海人民出版社 1991 年版。

160. 〔美〕史華茲：《尋求富強：嚴復與西方》，南京：江蘇人民出版社 1990 年版。

161. 〔美〕西里爾‧E‧布萊克：《日本和俄國的現代化》，周師銘等譯，北京：商務印書館 1992 年版。

162. 〔美〕T.L.康念德：《李鴻章和中國軍事工業近代化》，成都：四川大學出版社 1992 年版。

163. 〔美〕塞繆爾‧亨廷頓，羅榮渠主編，《現代化：理論與歷史經驗的再探討》，上海譯文出版社 1993 年版。

164. 〔美〕費正清、劉廣京編：《劍橋中國晚清史》（上下），中國社科院史研所譯，北京：中國社會科學出版社 1993 年版。

165. 〔美〕費正清：《偉大的中國革命》（1800～1985 年）》，劉尊棋譯，北京：世界知識出版社 2000 年版。

166. 〔美〕費正清：《中國：傳統與變遷》，張沛譯，北京：世界知識出版社

2002 年版。

167. 〔美〕西里爾·E·布萊克：《比較現代化》，楊豫譯，上海譯文出版社 1996 年版。

168. 〔美〕陳錦江：《清末現代企業與官商關係》，北京：中國社會科學出版社 1997 年版。

169. 〔美〕列文森：《儒教中國及其現代命運》，鄭大華、任菁譯，北京：中國社會科學出版社 2000 年版。

170. 〔美〕費維愷：《中國早期工業化：盛宣懷（1844～1916）和官督商辦企業》，虞和平譯，吳乾兌校，北京：中國社會科學出版社 2001 年版。

171. 〔美〕柯文：《在中國發現歷史 —— 中國中心觀在美國的興起》（增訂本），林同奇譯，北京：中華書局 2002 年版。

172. 〔美〕斯蒂格利茨：《東亞奇蹟的反思》，王玉清等譯，北京：中國人民大學出版社 2003 年版。

173. 〔美〕羅茲曼：《中國的現代化》，國家社會科學基金「比較現代化」課題組譯，南京：江蘇人民出版社 2005 年版。

174. 〔加〕卜正民、格里高利·布魯主編，《中國與歷史資本主義 —— 漢學知識的系譜學》臺灣國立編譯館主譯，古偉瀛等譯，北京：新星出版社 2005 年版。

175. 〔美〕馬士：《中華帝國對外關係史》（全三卷），張彙文等譯，上海書店出版社 2006 年版。

176. 〔美〕波蘭尼：《大轉型：我們時代的政治與經濟起源》，馮鋼、劉陽譯，杭州浙江人民出版社 2007 年版。

177. 〔美〕蒂利：《強制、資本和歐洲國家（公元 990～1992 年）》魏洪鐘譯，上海人民出版社 2007 年版。

178. 〔美〕斯考切波：《國家與社會革命 —— 對法國、俄國和中國的比較分析》，何俊志、王學東譯，上海人民出版社 2007 年版。

179. 〔日〕神川彥松：《中華帝國之崩潰與再建》，東亞同文館 1937 年版。

180. 〔日〕富永健一：《社會結構與社會變遷 —— 現代化理論》，董興華譯，昆明：雲南人民出版社 1988 年版。

181. 〔日〕永井道雄：《非西方社會的現代化》，姜振寰譯，哈爾濱工業大學出版社 1989 年版。

182. 〔日〕桑田幸三：《中國經濟思想史論》，沈佩林、葉坦孫新譯，北京大學出版社 1991 年版。

183. 〔日〕依田熹家：《日本的近代化 —— 與中國的比較》，卞立強譯，北京：中國國際廣播出版社 1991 年版。

184. 〔日〕依田熹家:《日中兩國比較現代化研究》,卞立強譯,北京大學出版社 1997 年版。

185. 〔日〕溝口雄三:《中國前近代思想的轉變》,索介然譯,北京:中華書局 1997 年版。

186. 〔日〕高阪史朗:《近代之挫折》,吳光輝譯,石家莊:河北人民出版社 2006 年版。

187. 〔英〕赫德:《赫德與中國早期現代化 —— 赫德日記(1863～1866)》,陳絳譯,北京:中國海關出版社 2005 年版。

188. 〔澳〕黎志剛:《盛宣懷等與輪船招商局經營管理問題(1872～1901)》,見易惠莉主編:《二十世紀盛宣懷研究》論文集,南京:江蘇古籍出版社 2002 年版,第 217～278 頁。

189. 〔澳〕黎志剛:《輪船招商局國有問題(1878～1881)》,見「中央研究院」《近代史所集刊》第 17 期上冊,1988 年版,第 15～40 頁。

190. 〔以〕艾森斯塔德:《現代化:抗拒與變遷》,張旅平譯,北京:中國人民大學出版社 1988 年版。

191. Tung-Tsu Ch'u(瞿同祖), Local Government in China Under the Ch'ing, Cambridge, Mass, Harvard University Press, 1962.

192. Wellfngton K, Chan(陳錦江), Merchants, Mandarins, and Modern Enterprise in late Ching China, Cambridge, Mass, Harvard University Press, 1977.

193. Randall Peerenboom(皮文睿), China Modernizes, Threat to the West or Model for the Rest 敍 Oxford University Press Inc., New York, 2007.

194. Tobias J. Lanz, Beyond Capitalism & Socialism: a n e w statement of an old ideal, Norfolk, Virginia, IHS Press, 2008.

195. David Scott, China and the International System, 1840～1949, State University of New York Press, 2008.

196. Daniel A. Bell(貝淡寧), China's New Confucianism, Politics and Everyday Life in a Changing Society, Princeton University Press, 2008.

197. 邵循正:《洋務運動和資本主義發展關係問題》,《新建設》1963 年 3 月號。

198. 邵循正:《關於洋務派民用企業的性質和道路一論官督商辦》,《新建設》1964 年 1 月號。

199. 黃逸峰:《論洋務派所辦官督商辦的性質及其對私人資本的阻礙作用》,《新建設》1964 年 5、6 月號。

200. 汪熙:《論晚清的官督商辦》,《歷史學》1979 年第 1 號。

201. 汪熙:《試論洋務派官督商辦企業的性質與作用》,《歷史研究》1983 年第 6 期。

202. 夏東元、楊曉敏：《論清季輪船招商局的性質》，《歷史研究》1980 年第 4 期。

203. 夏東元：《盛宣懷戊戌維新異同論》，《河北學刊》1988 年第 6 期。

204. 黃德林：《明治維新與洋務運動若干政策之比較》，《中南財經大學學報》1988 年第 4 期。

205. 胡濱、李時岳：《李鴻章和輪船招商局》，《歷史研究》1982 年第 4 期。

206. 汪敬虞：《再論中國資本主義和資產階級的產生》，《歷史研究》1983 年第 5 期。

207. 丁日初、沈祖煒：《論晚清的國家資本主義》，《歷史研究》1983 年第 6 期。

208. 朱英：《清代商會「官督商辦」的性質與特點》，《歷史研究》1987 年第 6 期。

209. 江秀平：《中國洋務運動和日本明治維新創辦近代企業的比較》，《中國社會經濟史研究》1992 年第 2 期。

210. 趙曉雷：《盛宣懷與輪船招商局》，《財經研究》1993 年第 8 期。

211. 劉偉：《洋務官商體制與中國早期工業化》，華中師範大學學報（哲社版）1995 年第 4 期。

212. 李玉：《晚清國人公司意識的演進》，四川大學學報（哲社版）1996 年第 1 期。

213. 程霖：《盛宣懷興辦銀行思想評議》，《寧夏大學學報》（哲社版）1998 年第 1 期。

214. 鄭建華：《近代中國股份制企業的政企關係》，《學術界》1999 年第 1 期。

215. 閭小波：《夏東元及其盛宣懷研究》，《社會科學戰線》2000 年第 3 期。

216. 王玉茹：《中國近代政府行為的特徵及其對國家工業化的影響 —— 關於近代中國制度變遷幾個理論問題的思考》，《南開經濟研究》2000 年年第 1 期。

217. 昌文彬、劉長征：《盛宣懷辯》，《伊犁教育學院學報》2004 年第 1 期。

218. 張慶鋒：《盛宣懷的實業富國思想及實踐》，《華北水利水電學院學報》（社科版）2007 年第 10 期。

219. 王爾敏：《官督商辦觀念之形成及其意義》，見王爾敏主編，《中國近代思想史論續集》，北京：社會科學文獻出版社 2005 年版。第 217～255 頁。

220. 朱蔭貴：《從招商局的歷史看近代中國的政企關係》，見虞和平、胡政主編，《招商局與中國現代化》，北京：中國社會科學出版社 2008 年版。第 24～41 頁。

221. 王開璽：《再論洋務派官督商辦企業經營形式 —— 以輪船招商局及李鴻

章爲中心》，見鄭起東、史建雲主編，《晚清以降的經濟與社會》，北京：社會科學文獻出版社 2008 年版。108～119 頁。

222. 武力：《從官營工商到「官僚資本」 —— 中國近代國家資本產生和演變的歷史分析》，見鄭起東、史建雲主編，《晚清以降的經濟與社會》，北京：社會科學文獻出版社 2008 年版。143～153 頁。

223. 湯照連主編，《招商局與中國近代化》，廣州：廣東人民出版社 1994 年版。

224. 易惠莉，胡政主編，《招商局與近代中國研究》，北京：中國社會科學出版社 2005 年版

225. 虞和平、胡政主編：《招商局與中國現代化》，北京：中國社會科學出版社 2008 年版。

226. 陳禮茂：中國通商銀行的創立與早期運作研究，〔博士學位論文〕上海：復旦大學，2004 年。

227. 孟凡東：東亞現代化研究的經濟文化史觀，〔博士學位論文〕上海：華東師範大學，2006 年。

228. 楊勇：近代中國公司治理思想研究，〔博士學位論文〕上海，復旦大學，2005 年。

229. 吳永：晚清洋務派政治思想研究，〔博士學位論文〕西安：陝西師範大學，2007 年。

230. 線文：晚清重商思想研究，〔博士學位論文〕西安：西北大學，2008 年。